Vittorio Hösle

Globale Fliehkräfte

VERLAG KARL ALBER A

Vittorio Hösle

Globale Fliehkräfte

Eine geschichtsphilosophische
Kartierung der Gegenwart

Mit einem Geleitwort
von Horst Köhler

Verlag Karl Alber Freiburg / München

Vittorio Hösle

Global centrifugal forces

A mapping of the present based on the philosophy of history

What is going on in world politics? Since 2016, there are many reasons for worry. Right-wing populists undermine the separation of powers, separatists endanger the EU, Donald Trump divides the USA and detaches himself from Europe, migratory movements seem inevitable. Vittorio Hösle explains which economic and pyscho-social factors favor the rise of right-wing populism, which intellectual mistakes have corroded classical liberalism, and which consequences the self-destruction of the West will have in a new geopolitical arena. He connects Hegel's philosophy of progress with Spengler's theory of historical decline.

The Author:

Vittorio Hösle, born in 1960, has taught since 1999 as Paul Kimball Professor of Arts and Letters in the Departments of German, Philosophy, and Political Science at the University of Notre Dame. He has published many books in twenty languages.

Vittorio Hösle

Globale Fliehkräfte

Eine geschichtsphilosophische Kartierung der Gegenwart

Was ist gerade los in der Weltpolitik? Seit 2016 gibt es viele Gründe zur Beunruhigung: Rechtspopulisten untergraben die Gewaltenteilung, Separatisten gefährden die EU, Donald Trump spaltet die USA und distanziert sich von Europa, Migrationsbewegungen scheinen unvermeidlich. Vittorio Hösle erklärt, welche wirtschaftlichen und psychosexuellen Veränderungen den Aufstieg der Rechtspopulisten begünstigen, welche intellektuellen Fehlentwicklungen den klassischen Liberalismus zersetzt haben und wie sich die Selbstzerstörung des Westens innerhalb eines neuen geopolitischen Umfelds auswirken wird. Er verbindet dabei Hegels Geschichtsphilosophie des Fortschritts mit Spenglers Theorie des Niedergangs.

Der Autor:

Vittorio Hösle, Jahrgang 1960, ist seit 1999 Professor für deutsche Literatur, Philosophie und Politikwissenschaft an der University of Notre Dame in Indiana (USA). Zahlreiche Buchveröffentlichungen in zwanzig Sprachen.

Originalausgabe

© VERLAG KARL ALBER
in der Verlag Herder GmbH, Freiburg / München 2019
Alle Rechte vorbehalten
www.verlag-alber.de

Coverbild: »Festplatte | zu Babel«, © pencake / Photocase.de, 2017
Satz: SatzWeise, Bad Wünnenberg
Herstellung: CPI books GmbH, Leck

Printed in Germany

ISBN 978-3-495-49111-9

Inhalt

Geleitwort von Horst Köhler 9

Vorwort 13

1. Die Hoffnungen von 1991:
   *Fortschritt und Frieden durch den globalisierten
   Handel und den unaufhaltsamen Sieg der
   Demokratien* 19

2. Der Schock von 2016:
   das Brexit-Referendum und die Wahl Trumps.
   *Die Korrosion der Europäischen Union und der trans-
   atlantischen Gemeinschaft sowie die zunehmende
   Unregierbarkeit der USA* 33

3. Was sind die Ursachen für den
   Aufstieg der Populisten?
   *Die Schattenseiten der Globalisierung. Der Niedergang
   der Arbeiterklasse der entwickelten Länder und die
   Verunsicherung der Männer* 72

4. Die Zersetzung politischer Rationalität.
   *Welchen Politikertypus selektiert die moderne
   Mediendemokratie? McLuhan Reloaded: Wie die
   neuen Medien Inhalte festlegen.
   Das Vakuum der Ideologien, der Kult des eigenen Ichs
   und die Sehnsucht nach simplen Antworten* 96

5. Was unterscheidet die USA von der
   Europäischen Union?
   *Das Stagnieren des europäischen Einigungsprozesses
   und das Versagen der EU angesichts von Euro- und
   Flüchtlingskrise* 137

6. Das Ende der amerikanischen Hegemonie,
   der Aufstieg Chinas und das neue Rußland.
   Die Wiederkehr des Risikos eines nuklearen Krieges . 174

7. Auswege aus der Krise 197

Anhang

Anmerkungen 207

Bibliographie 218

Namensregister 221

Geleitwort

Im September 2017 war ich für eine Gastvorlesung an der katholischen Notre Dame-Universität in Indiana (USA) zu Besuch, an der auch Vittorio Hösle lehrt. Donald Trump war noch kein Jahr im Amt; der Schrecken über die Realität seiner Wahl saß vielen noch in den Gliedern. Meine zahlreichen Gespräche mit Studierenden und Lehrenden kreisten immer wieder um eine Frage: »Was passiert hier eigentlich gerade?« An meiner europäischen Sicht auf die Dinge war man sehr interessiert. Gleichzeitig waren die amerikanischen Fragen an Europa nicht kleiner: Die politische Wunde der Flüchtlingskrise von 2015 schwelte in der EU offen weiter, ohne Aussicht auf baldige Heilung. Das Rätsel, was das zerrissene Vereinigte Königreich mit dem Brexit wollte und was er für die Zukunft Europas bedeutete, war ungeklärt (heute, im Jahr 2019, sind wir diesbezüglich nicht viel schlauer).

Man fand Trost in der gemeinsamen Ratlosigkeit. Und ahnte, dass dies keine voneinander unabhängigen Ereignisse waren, sondern dass hier ganz grundlegende Dinge in einem weltumspannenden Zusammenhang ins Wanken gerieten.

Bei einem privaten Abendessen bei der Familie Hösle versuchten wir in einer mehrstündigen Diskussion die Puzzleteile zusammenzufügen. Es war nur eine sehr kleine Runde, aber mit Vittorio Hösle saß jemand am Tisch, der eine Vielzahl von Perspektiven einbrachte, in einem großen Gespräch der Disziplinen: Mühelos verband er die Psychologie des amerikanischen weißen Mannes mit Analysen der russischen Seele (die Tagespresse und Online-Medien aus Russland verfolgt er in der Originalsprache), schöpfte aus reicher europäischer Geistesgeschichte, sezierte die ökonomischen Gesetze der Globalisierung und stellte all dies in den konkreten Kontext der aktuellen politischen Entwicklungen, mit einer für einen Philosophen ungewohnten Furchtlosigkeit.

Geleitwort von Horst Köhler

Beeindruckt von diesem Panorama (und sehr gesättigt vom Truthahn) sagte ich meiner Frau auf dem Weg ins Hotel: »Hätte ich besser mal mitgeschrieben.«

Ich bin froh, dass er es selbst aufgeschrieben hat. Dabei macht es uns der vorliegende Essay nicht einfach. Hösle geht mit seinen Thesen darüber, welche weltpolitischen Entwicklungen er für möglich hält, bis an die Schmerzgrenze dessen, was wir uns nach mehr als 70 europäischen Friedensjahren vorstellen wollen. Er warnt deutlich davor, moderne Errungenschaften wie Rechtsstaat, Demokratie und Friedensordnung für irreversibel zu halten. Dabei schont er auch Europa und den Westen nicht in seiner Analyse der Fehler, welche die Selbstgefährdung beschleunigt haben.

Die ökonomischen, politischen, ökologischen und technologischen Verflechtungen der Welt haben im 21. Jahrhundert ein solches Ausmaß von globaler Komplexität und gegenseitiger Abhängigkeit angenommen, dass unsere politischen Institutionen im Umgang damit an ihre Grenzen stoßen. Der Such- und Lernprozess, der dadurch ausgelöst wird und in den sich auch dieses Buch kraftvoll einreiht, wirft teilweise sogar die grundlegende Systemfrage auf: Ist unsere Demokratie noch fähig, die gewaltigen globalen Veränderungen zu gestalten?

Ich glaube, dass wir in der Suche nach einer Antwort zwei Fallen unbedingt vermeiden müssen.

Die erste Falle ist jene des Ohnmachtsgefühls. Angesichts der Komplexität der globalen Herausforderungen und der überwältigenden Geschwindigkeit des Wandels ist es nur ein kleiner, verführerischer Schritt zur passiven Haltung des Opfertums, zu dem Gefühl des Ausgeliefertseins gegenüber Kräften, die weder zu verstehen noch zu beeinflussen sind. Nicht zuletzt das Motiv der Alternativlosigkeit hat die Erzählung vom vermeintlichen Kontrollverlust geboren, welche viele Populisten stark gemacht hat. Es braucht deshalb eine starke Gegenerzählung, die Politik und Menschen als Subjekte politischen Handelns wiederentdeckt. Der Klimawandel, um ein gewichtiges Beispiel zu nennen, passiert nicht einfach, er bricht nicht über uns herein wie eine biblische Plage, sondern er wird von Menschen gemacht – also kann er auch von Menschen aufgehalten werden. Ironischerweise kann diese Wiederentdeckung des Handelns am besten gelingen mit dem Gegenteil der nationalistisch-autoritären Rezepte, wie sie vielerorts en vogue sind:

- Dazu gehört, sich international wieder Handlungsspielraum zu erkämpfen in neuen Allianzen für den Multilateralismus. Längst überfällig ist beispielsweise ein strategischer Schulterschluss Europas mit seinem direkten Nachbarn Afrika, dessen Schicksal auch unser europäisches unmittelbar bestimmen wird.
- Dazu gehört, den kleineren Gliedern unserer politischen Ordnung wieder mehr Handlungsfreiheit zu geben und deshalb z.B. in der Europäischen Union das Subsidiaritätsprinzip konsequent durchzusetzen. So kann sich die Gestaltung der Globalisierung in neuen lokalen Ankern festigen.
- Und nicht zuletzt gehört dazu auch, den einzelnen Bürgern und Konsumenten etwas zuzutrauen – die wichtigsten Antworten in dieser neuen Welt kommen möglicherweise nicht von oben, sondern von unten.

Die zweite Falle, die es auf der Suche nach Orientierung im weltpolitischen Chaos zu vermeiden gilt, ist jene der moralischen Beliebigkeit. Politisches Handeln darf sich nie in einem normativen Vakuum vollziehen. Die Idee, dass Macht sich an Regeln binden muss, und zwar Regeln, die auf der Freiheit und der unantastbaren Würde des Menschen basieren – sie ist die Grundlage für unsere Sicherheit und unseren Wohlstand. Diejenigen, die uns weismachen wollen, dass es keinen Unterschied mehr gibt zwischen der Logik des Stärkeren und der Logik dessen, was moralisch richtig ist – sie gefährden diese Grundlagen. Leider hat es auch in Deutschland einiger demoskopischer Lernzyklen bedurft, um festzustellen, dass es wenig bringt, die Sprache und politischen Prämissen der Populisten einfach zu übernehmen oder sie in einem Unterbietungswettbewerb des Anstands schlagen zu wollen. Das »anything goes« im politisch Sagbaren und Machbaren kennzeichnet übrigens nicht nur die neuen *Strongmen* dieses Planeten, sondern auch so manchen geld- und machtgeilen

Internetvisionär. Wir sind jedenfalls heute zunehmend herausgefordert, eine politische Ordnung zu entwickeln, die den Menschen als politisch handelndes Subjekt nicht nur vom Tier unterscheidet, sondern auch vom Algorithmus.

Es freut mich, dass Vittorio Hösle auch in diesem Buch auf die unverzichtbare Rolle von Religion in diesem Prozess hinweist. Dass der Islam eine selbstkritische Auseinandersetzung mit seinem Bezug auf die moderne freiheitliche Gesellschaft braucht, ist unbestritten. Aber auch die Frage, wie eigentlich der christliche Glaube angesichts der drängenden ökologischen und sozialen Ungerechtigkeiten im 21. Jahrhunderts relevant bleibt, muss auf den Tisch – und wird ja etwa von Papst Franziskus offensiv aufgegriffen. Sein Mut zur Erneuerung wäre auch manch christlich-konservativer Partei in Europa zu wünschen. Die Vereinnahmung des Christlichen durch allerlei Scharlatane für Hass- und Ausgrenzungskampagnen zählt jedenfalls zu den schamlosesten Perfidien der letzten Jahre.

Vittorio Hösle hat ein aufrüttelndes, aber kein entmutigendes Buch geschrieben. Seine Antworten sind klar, aber nicht simpel. Damit unterscheidet er sich wohltuend von denen, die in der Unübersichtlichkeit, welche das Jahr 2016 mit sich brachte, Emotionen der Angst als politische Strategie verkaufen. Hösle handelt in einer anderen Währung, in der der Klugheit. So wird, wer dieses Buch liest, möglicherweise nicht nur klüger, sondern auch darin bestärkt, den Wirrungen unserer Zeit hoffendes Handeln entgegenzusetzen.

Berlin, im Mai 2019 *Horst Köhler*
Bundespräsident a. D.

Vorwort

Was ist gerade los in der Weltpolitik? Nehmen wir einmal an, jemand hätte 2013, zu Beginn der zweiten Amtszeit Barack Obamas, der die Weltoffenheit der USA in höchstem Maße repräsentierte, folgendes vorausgesagt: Im nächsten Jahre werde Rußland mit einer Wiederaneignung alten sowjetischen Territoriums beginnen. Schwere, von dem 2014 ausgerufenen Islamischen Staat inspirierte islamistische Attentate würden bald Frankreich, Belgien und Großbritannien erschüttern. Rechtspopulistische Parteien würden, u. a. aufgrund der Migrationskrise von 2015, in verschiedenen Ländern der Europäischen Union an die Regierung kommen und 2016 würden sich Großbritannien für einen Ausstieg aus der Europäischen Union entscheiden, Polen den Weg eines Rechtsstaates verlassen und die Türkei, gerühmtes seltenes Beispiel einer rechtsstaatlichen islamischen Demokratie, nach einem Putschversuch den Weg in einen autoritären Staat antreten. Ja, die Führungsmacht des Westens, die USA, würde u. a. dank russischer Unterstützung einen Mann zum Präsidenten wählen, der nie ein öffentliches Amt innehatte und der die globale Zusammenarbeit der USA weitgehend zu beschränken sich vorgenommen hat. Wie hätte man wohl reagiert? Hätte man diesen Schwarzseher nicht ausgelacht, ja, vielleicht sogar für verrückt erklärt? Wie inzwischen alle wissen, ist all dies in der Tat eingetreten. Man kann vermutlich jetzt schon sagen, daß das Jahr 2016 späteren Geschichtsschreibern als Schwellenjahr des 21. Jahrhunderts gelten wird – und leider als annus horribilis, als Schrekkensjahr. *Warum sind 2016 mehrere Pfeiler der letzten Nachkriegsordnung, also der nach dem Ende des Kalten Krieges sich herausbildenden Weltordnung, eingebrochen? Und wie wird es weitergehen?* Mein Essay, der Text eines Philosophen mit einem besonderen Interesse an der politischen Philosophie, geht diesen Fragen nach, die es für ein breites Publikum zu verdeutlichen und zu beantworten hofft, ohne irgendwelche philosophische Fachkenntnisse vorauszusetzen.

Gewiß gibt es schon mehrere vorzügliche zeitgeschichtliche Analysen der letzten Jahre. Ich nenne etwa »Zerbricht der Westen? Über die gegenwärtige Krise in Europa und Amerika« (München 2017) des großen Historikers des Westens, Heinrich August Winkler – ein Buch, dem ich viele Informationen verdanke. Aber was vielleicht meinem Essay eine Sonderstellung unter den verschiedenen Schriften der zwei letzten Jahre zu diesem Thema verschafft, ist, daß er einerseits die seit 2016 sich beschleunigende Entwicklung mit ähnlich scharfer Ablehnung beobachtet wie die Eliten Westeuropas in Politik, Wirtschaft und Medien, daß er aber andererseits auch diejenigen von innen verstehen will, die sich gegen die Globalisierung und den Universalismus in unseren moralischen Überzeugungen wenden. Ohne eine Anerkennung der Fehler, die in den letzten Jahrzehnten von der liberalen Politik begangen wurden, wird eine Modifikation dieser Fehler kaum erfolgen; und ohne derartige Modifikationen werden die Kräfte, die sich gegen den Liberalismus formiert haben, sich nicht zähmen lassen. Den Liberalismus, den ich selbst vertrete, verstehe ich hierbei im weiten Sinne, der also die meisten westeuropäischen Parteien von den Konservativen bis zu den Sozialdemokraten einschließt. Liberal ist danach, wer allen Menschen bestimmte Grundrechte zubilligt, an der Herrschaft des Rechts und an Mechanismen der Gewaltenteilung innerhalb des Staates festhält und eine vom Staat unterschiedene freiheitliche Gesellschaft mit Marktordnung verteidigt, wer internationale Zusammenarbeit z. B. durch den Welthandel begrüßt, Krieg nur im Verteidigungsfall für zulässig hält und allgemein die Vernunft statt der Affekte für das richtige Instrument hält, um politische Fragen zu lösen – kurz, wer die Ideale der Aufklärung teilt. Eine genauere Ausarbeitung der Normen, die eine moralisch begründete Politik leiten sollen, habe ich in meinem Hauptwerk »Moral und Politik« von 1997 vorgelegt, zu dessen geschichtsphilosophischem Teil in Kapitel 6.2. und 6.3 diese zeitanalytische Gelegenheitsschrift gleichsam einen Anhang darstellt. Weil er sich auf die Gegenwart bezieht, werden hauptsächlich Online-Quellen benutzt; und weil die

Gegenwart anders als die Vergangenheit noch im Fluß ist, ist das Risiko von Fehlern noch größer als sonst. Wenn Zhou Enlai auf Henry Kissingers Frage, ob denn die Französische Revolution erfolgreich gewesen sei, zu Recht die Antwort gab: »Zu früh, um das zu beurteilen«, ist dieser im Frühling und Sommer 2018 verfaßte, im August abgeschlossene und später nur um wenige Bemerkungen noch ergänzte Essay geradezu vermessen. Dennoch ist ein solches Unternehmen nötig, weil wir eine Phase beschleunigten geschichtlichen Wandels erleben, die man auch dann versuchen muß zu verstehen, will man ein verantwortlicher Staatsbürger sein, wenn die Beobachtungen den Ereignissen hinterherhinken. Anders als die Zeitanalyse sind dagegen die Prinzipien der Moral zeitlos, und ich habe daher den normativen Teil meines früheren Buches als weitgehend gültig voraussetzen können. Das gilt auch für dessen Anwendung auf das Umweltproblem, das allerdings in diesem Buche nicht thematisch ist; denn es ist viel älter und umfassender als die 2016 manifest gewordene politische Krise. Es wird sich zwar mit ihr noch verschränken, und vermutlich ist es heimtückischer, weil die Umweltzerstörung, anders als ein etwaiger Kriegsausbruch, schleichend vor sich geht. Aber in diesem Buch muß ich dieses Problem ausblenden. Zudem habe ich es in meiner »Philosophie der ökologischen Krise« schon 1991 ausführlich besprochen, und konzeptionell hat sich seitdem nicht viel daran geändert.

Die Aufklärung, von der ich sprach, setzt eine bestimmte Vernunft- und Rechtstheorie voraus, und es ist deren zunehmende Zerrüttung durch Kräfte, die sich selbst als liberal verstehen, ohne die die Revolte gegen den Liberalismus nicht angemessen verstanden werden kann. Das Zurückführen der gegenwärtigen Krise auf weltanschauliche Weichenstellungen der letzten Jahrzehnte sowie deren geschichtsphilosophische Einordnung bilden das philosophische Zentrum meines Buches. Schlechte Philosophie ist nicht nur theoretisch verderblich; sie wirkt sich, viel gründlicher als man denkt, auch in der Praxis aus. Auf eine Bändigung der Feinde des Liberalismus kommt es aber an, wenn eine Wiederholung jener Epoche vermieden werden soll, die in den 1920er und 1930er Jahren die westlichen Demokratien von innen zersetzte – ich denke an den europäischen Faschismus. Immerhin blieben damals die USA als Bollwerk des Liberalismus bestehen: Heute ist dagegen der Liberalismus auch und gerade in jenem Land bedroht, das ihm einst zum Sieg verholfen hatte. Die ehemalige US-amerikanische Außenministerin Madeleine Albright sieht in »Fascism. A Warning« (New York 2018) heute daher den Faschismus weltweit als ernste Gefahr. Da ich, selber italienisch-deutscher Herkunft, seit zwanzig Jahren in den USA lebe und seine Veränderungen in den letzten Jahren persönlich miterlebt habe, mag mein Blick auf dieses Land, aus physischer Nähe und innerer Distanz gemischt, eine besondere Objektivität haben.

Wie auch immer die nächsten Jahre sich entwickeln werden, das Ende der Geschichte, von dem einige nach dem Zusammenbruch der Sowjetunion geträumt hatten, ist selbst zu einem raschen Ende gekommen. Wir leben wieder in interessanten Zeiten – was die Chinesen angeblich jemandem wünschen, den sie verfluchen wollen. Der Mahlstrom der Geschichte hat uns alle erfaßt, wir erleben den Beginn einer großen geschichtlichen Krise, und niemand weiß, was deren Ausgang sein wird. Aber er wird glimpflicher ausfallen, wenn Klarheit über die Fragen gewonnen wird, um die es in der gegenwärtigen Auseinandersetzung geht, und über die Kräfte, die miteinander ringen. Zu solcher Klarheit will dieser Essay beitragen.

Er gliedert sich in sieben Kapitel. Erstens beschreibe ich den geschichtlichen Fortschritt, der seit dem 18. Jahrhundert erfolgt ist und sich von 1989 bis 2016 nochmals rasant zu beschleunigen schien. Das zweite Kapitel erklärt, warum das Jahr 2016 auf krasse Weise den Entwicklungstendenzen widerspricht, die man bisher wahrnehmen zu können glaubte. Im dritten Kapitel werden die sozialen, im vierten die mentalitätsmäßigen Voraussetzungen analysiert, die den Vorgängen seit 2016 zugrunde liegen. Es zeigt sich, daß diese nicht einfach Ausrutscher sind, sondern tiefe Wurzeln haben, die uns noch lange in Atem halten werden. Aber wenn sich gerade die USA von dem liberalen Konsens der Moderne verabschieden, kann man nicht hoffen, daß wenigstens die Europäische Union die Ideale des Westens hochhalten wird? Leider steckt diese, wie ich im fünften Kapitel zeige, selber in einer großen Krise ihrer Handlungsfähigkeit, wie zumal das Flüchtlingsproblem beweist, bei dem es um ihr Verhältnis zu den ärmeren Staaten geht. Dabei ist Europa selbst bei weitem nicht mehr das mächtigste politische Gebilde Eurasiens; der unaufhaltsame Aufstieg Chinas und die Rückkehr Rußland als militärische Supermacht sind – sechstens – die wichtigsten neuen geopolitischen Fakten. Ein kurzer Ausblick geht der Frage nach, was angesichts dieser weltpolitischen Situation zu tun sei.

Das Geleitwort von Herrn Bundespräsidenten a. D. Horst Köhler, das mich ganz besonders freut und ehrt, erwähnt ein langes Gespräch im September 2017 bei uns zu Hause über das, was 2016 passiert ist. Es war einer der Keime zu diesem Buch, zu dem mich auch Bundesminister a. D. Theo Waigel und Bundesminister Gerd Müller auf freundlichste Weise ermutigt haben, denn mein Buch von 1997 bedürfe dringend einer zeitgeschichtlichen Aktualisierung. Ich danke allen dreien für diese Aufforderung, der ich in der Hoffnung nachgekommen bin, philosophische Klärungen könnten auch einer auf Langfristigkeit zielenden Politik von Nutzen sein.

1. Die Hoffnungen von 1991

Fortschritt und Frieden durch den globalisierten Handel und den unaufhaltsamen Sieg der Demokratien

Historische Epochen machen unserer Bequemlichkeit nicht den Gefallen, sich durch leicht lernbare Daten abgrenzen zu lassen. Denkt man das 20. Jahrhundert als eine abgeschossene Einheit, muß man es als viel kürzer fassen als die Zeit von 1901–2000. Man wird es 1914, also mit dem Ausbruch des Ersten Weltkrieges, beginnen lassen; sein Ende wird man in den Jahren zwischen 1989 und 1991 ansetzen, also zwischen der Auflösung des Ostblocks und dem Ende der Sowjetunion. Nach dem langen 19. Jahrhundert von 1789 bis 1914 – also der Zeit vom Ausbruch der Französischen Revolution über die Glanzzeit des westeuropäischen Bürgertums und den Höhepunkt der kolonialen Expansion Europas bis zur Katastrophe von 1914 – ist das 20. Jahrhundert zwar sehr ereignisreich, aber doch auffallend kurz. Zwei Weltkriege, die Entstehung zweier totalitärer Systeme in Europa, schließlich deren Überwindung zunächst im Zweiten Weltkrieg, alsdann unter Vermeidung eines heißen Krieges am Ende des Kalten Krieges und eine immer intensivere Verflechtung der Weltwirtschaft scheinen seine Hauptereignisse und wichtigsten Etappen zu sein. Das so konzipierte 20. Jahrhundert endet, anders als das lange 19., mit dem Wunder der friedlichen Überwindung des sowjetischen Totalitarismus, und so lag seine optimistische Bewertung nahe. Schon 1989 verfaßte der US-Amerikaner japanischer Herkunft Francis Fukuyama einen Aufsatz mit dem provokativen Titel »The End of History?« (»Das Ende der Geschichte?«), der 1992 zu dem Buch »The End of History and the Last Man« (deutsch als »Das Ende der Geschichte«) ausgearbeitet wurde. Sehr vereinfacht ist seine Grundthese, daß mit dem Ende der sowjetischen Herausforderung sich weltweit Marktwirtschaft als ökonomische und Demokratie als politische Institution global durchsetzen würden. Denn die Alternativen zu ihnen seien gescheitert – nach den faschistischen Systemen eben auch die kommunistischen. Gewiß werde es noch schwierige Anpassungsprobleme geben, aber theoretisch seien das wirtschaftliche und das politische Problem gelöst. Eine zunehmende Verflechtung der Weltwirtschaft und ein friedlicher Wettbewerb zwischen immer mehr demokratisch regierten Staaten würden eine zunehmend rosige Zukunft bestimmen. Zwar beklagt Fukuyama, daß mit der Erleichterung des menschlichen Lebens unweigerlich eine existenzielle Verflachung einhergehen werde, wie sie Nietzsche unter dem Stichwort »letzter Mensch« vorweggenommen hat; aber das sei eben der unvermeidliche Preis für das Ende großer weltanschaulicher Kämpfe, d. h. eben das Ende der Geschichte.

Fukuyama hat beredt einem Gefühl Ausdruck gegeben, an das sich diejenigen, die 1989 schon erwachsen waren, sicher erinnern können – der unglaublichen Erleichterung darüber, einem drohenden und mit der Zunahme der Zeit unweigerlich immer wahrscheinlicheren Nuklearkrieg entronnen zu sein. Wer wie der Autor dieses Essays nicht weit vom Eisernen Vorhang aufgewachsen ist, wußte, daß die Gefahr der Vertilgung in einem Nuklearkrieg hoch war, sei ein solcher Nuklearkrieg beabsichtigt oder sei er das Resultat von Fehlern etwa von Computern und menschlichen Versagens. Die Angst beherrschte damals das Bewußtsein derjenigen, die die Wirklichkeit nicht verdrängten, unentwegt, auch wenn sie meist nur im Hintergrund alle Erlebnisse tönte. Die Last, die mit dem friedlichen Ende des Kalten Krieges von der Seele fiel, war enorm, denn niemand hatte dieses Ende erwartet, verdankte es sich doch wesentlich der großartigen weltpolitischen Verantwortung Michail Gorbatschows; und es lag psychologisch nahe, die damaligen Risiken zu vergessen und als endgültig erledigt zu betrachten. So war das »goldene Vierteljahrhundert« von 1991 bis 2016 (oder, wenn man will, von 1989 bis 2014) eine der optimistischsten und sonnigsten der Weltgeschichte: Deutschland wurde wiedervereinigt, die ehemaligen Staaten des Warschauer Paktes außerhalb der Sowjetunion und die drei ehemals sowjetischen baltischen Republiken wurden zu Demokratien mit Marktwirtschaft und schließlich zu Mitgliedern von EU und NATO, die Globalisierung führte zu ungeheuren Wohlstandsgewinnen. Ja, da Wirtschaftswachstum mit großer Ungleichheit einhergehen kann, sei ausdrücklich hervorgehoben, daß zum ersten Mal seit 1820 im frühen 21. Jahrhundert die *globale* Einkommensungleichheit, die seit der Industriellen Revolution massiv zugenommen hatte, weil anfangs nur die westlichen Staaten wirtschaftlich von ihr profitiert hatten, endlich abzunehmen begann[1] – allerdings auf Kosten der Zunahme der Ungleichheit innerhalb vieler westlicher Länder, von deren politischen Folgen noch die Rede sein wird.

Vom 6. bis 8. September 2000 fand in New York die als Millenniumsgipfel bezeichnete 55. Generalversammlung der Vereinten Nationen statt. Am 9. September beschlossen 189 Mitgliedstaaten der Vereinten Nationen die Annahme verbindlicher Zielsetzungen, die in acht Gruppen geordnet wurden. Die erste war die Bekämpfung von extremer Armut und Hunger, die zweite Primärschulbildung für alle, die dritte die Gleichstellung der Geschlechter, die vierte die Senkung der Kindersterblichkeit, die fünfte die Verbesserung der Gesundheitsversorgung von Müttern, die sechste die Bekämpfung schwerer Krankheiten wie HIV/AIDS und Malaria, die siebte ökologische Nachhaltigkeit, die achte der Aufbau einer globalen Partnerschaft für Entwicklung. Selbstredend hätte man sich noch mehr gewünscht, und sicher wurden manche Daten und zumal Definitionen geschönt: So rechnete man von 1990 an statt von 2000, zählte also Fortschritte mit, die von den eigenen Tätigkeiten ganz unbeeinflußt waren. Dennoch ist es durchaus eindrucksvoll, was bis 2015 erreicht wurde: Von 1990 bis 2015 fiel die Rate der in den Entwicklungsländern von weniger als 1.25 Dollar pro Tag Lebenden von 47 % auf 14 %, die Zahl der von Grundschulbildung ausgeschlossenen Kinder wurde fast, die Zahl der Sterbefälle von Kindern unter fünf Jahren mehr als halbiert, und dies trotz beachtlichen Bevölkerungswachstums. Auch die weltweite Müttersterblichkeitsrate sank um 45 %.

Es war daher nicht utopisch, daß das erste der neuen siebzehn Ziele für nachhaltige Entwicklung der Vereinten Nationen, die am 1.1.2016 in Kraft traten, die Überwindung von Armut »in all ihren Formen und überall«, schon für das Jahr 2030 angesetzt wurde. Zwar kann man sinnvollerweise »in all ihren Formen« nur auf Formen absoluter, nicht auch relativer Armut beziehen, da Ungleichheit viel schwerer zu bekämpfen ist als bittere Not, ja oft in Kauf genommen werden muß, gerade wenn man absolute Armut überwinden will. Aber auch mit dieser Einschränkung wäre allein die Erreichung dieses einen Ziels die Verwirklichung von etwas, das bisher in der ganzen Menschheitsgeschichte wie eine unerreichbare Utopie erschienen war. Allerdings muß betont werden, daß seit 2015 die absolute Zahl der Unterernährten in der Welt wieder zunimmt, zu gutem Teil wegen des Klimawandels.[2] Da dieser sich verschärfen wird, ist das kein gutes Omen.

In vielem sind die siebzehn Ziele für nachhaltige Entwicklung eine natürliche Fortsetzung von Ideen, die erstmals Ende des 18. Jahrhunderts artikuliert worden waren. Die großen Theoretiker des wirtschaftlichen und politischen Liberalismus, z. B. Montesquieu (1689–1755) in Frankreich, Adam Smith (1723–1790) in Schottland und Immanuel Kant (1724–1804) in Deutschland, begrüßten alle den Welthandel, und zwar keineswegs nur aus wirtschaftlichen Gründen, sondern auch weil die immer weitergehende Abhängigkeit zwischen den Staaten Kriege unwahrscheinlicher machen werde, da diese, für alle sichtbar, gegen immer stärkere Eigeninteressen verstoßen würden. Der Liberalismus, wie er sich ideengeschichtlich und in Ansätzen auch institutionell schon im siebzehnten Jahrhundert herauszuschälen beginnt, ist gegründet in einer universalistischen Ethik, die, anders als die vormoderne, hierarchisch denkende Wertordnung, im Prinzip eine fundamentale Gleichheit aller Menschen annimmt. Diese Gleichheit gelte zumal für die allgemeinen Abwehrrechte – daß jeder ein Recht auf Leben und Eigentum hat, bedeutet, daß niemand, auch nicht der Staat, ihm sein Leben oder sein Eigentum streitig machen dürfe (es sei denn, er habe es durch ein Verbrechen verwirkt), keineswegs, daß eine Privatperson oder der Staat verpflichtet sei, ihm beim Überleben oder beim Erwerb von Eigentum zu helfen. Angesichts der Knappheit der Wirtschaftsgüter der damaligen Zeit wäre eine Anerkennung von Leistungsrechten in der Tat nicht realistisch gewesen. Im Namen des liberalen Freiheitsbegriffs werden in der Epoche der Aufklärung jahrhundertelang tradierte Beschränkungen etwa des Wirtschaftshandelns in Frage gestellt, und zwar in der durchaus realistischen Hoffnung, das dadurch ermöglichte Wirtschaftswachstum werde mit der Zeit auch den Ärmeren zugute kommen.

Die Verbindung von moderner Wissenschaft, Technik und Kapitalismus erzeugte schon im siebzehnten Jahrhundert bei einem Philosophen und Wissenschaftstheoretiker wie dem visionären britischen Lordkanzler Francis Bacon (1561–1626) die Hoffnung, bei weiteren wissenschaftlichen Fortschritten könne die Menschheit viele der sie peinigenden Probleme überwinden. Im 18. Jahrhundert beginnt sich ein ganz neuer Typus von Geschichtsphilosophie auszubilden. Frühere Modelle der Geschichte bei antiken Philosophen gingen von einem periodischen Aufstieg und Niedergang von Kulturen aus, nicht viel anders als im Zyklus der Jahreszeiten. Dieses Modell wurde allerdings durch das Christentum radikal in Frage gestellt, und vermutlich ist das eine der Ursachen, warum sich der neue Glaube an einen unaufhaltsamen Fortschritt zunächst in den christlichen Kulturen durchsetzte. Warum brach das Christentum mit dem antiken Zyklenmodell? Nun, weil es mit dem Glauben an die Einzigartigkeit der Menschwerdung nicht kompatibel ist – Christus sei einmal für die Menschen gestorben, und diese Heilstat könne nicht in einem späteren Zyklus gleichsam weggewischt sein. Allerdings ist das geschichtstheologische Modell des Christentums von demjenigen, das sich im 18. Jahrhundert herausbildet, noch sehr verschieden. Die Welt gilt nur als einige wenige Jahrtausende alt; die Heilsgeschichte beginnt im jüdischen Volk, erreicht einen vorläufigen Höhepunkt im Christusereignis und wird durch das zweite Kommen Christi abgeschlossen werden. Dieses zweite Kommen, das Ende der Geschichte, kann selbstredend nicht durch Menschen bewirkt werden. Im achtzehnten Jahrhundert, in dem erstmals der Begriff »Philosophie der Geschichte« auftaucht, wird die christliche Heilsgeschichte dagegen ersetzt durch die Auffassung, die Menschheit entwickle sich aufgrund rein immanenter Gesetze zu einem immer freiheitlicheren und wirtschaftlich besseren Zustand. Das ist teils eine theoretische Annahme; diese ist, besonders deutlich in Kants berühmtem Aufsatz »Idee zu einer allgemeinen Geschichte in weltbürgerlicher Absicht« von 1784, in dem Glauben an eine Endabsicht der Natur begründet, einem Glauben, der selber theologische Wurzeln hat. Teils ist es aber – so ebenfalls bei Kant – ein moralisches Postulat: Wir haben die Pflicht, auf eine Welt hinzuarbeiten, in der sowohl im Inneren der Staaten rechtsstaatliche Strukturen herrschen als auch zwischen ihnen, beflügelt durch den Welthandel, friedliche Verhältnisse walten und ein Staatenbund die Geißel des Krieges verhindert. Es ist sicher kein Zufall, daß die Fortschrittstheorie in Europa zu einer Zeit artikuliert wurde, in der sich Europas Macht über den ganzen Globus auszudehnen begann, und zwar u. a. dank der wissenschaftlichen Revolution des 17. Jahrhunderts und der beginnenden Industriellen Revolution des 18. Jahrhunderts.

Sowohl der amerikanische Revolutionskrieg von 1775 bis 1783 als auch die Französische Revolution von 1789 wurden bald als entscheidende Schritte auf dem Wege zu einer besseren Zukunft gedeutet und entsprangen zum Teil selber einer Einstellung, die sich zur Beförderung geschichtlichen Fortschritts verpflichtet fühlte. Man kann heute nicht ohne Rührung Nicolas Condorcets »Esquisse d'un tableau historique des progrès de l'esprit humain« (»Entwurf einer historischen Darstellung der Fortschritte des menschlichen Geistes«) lesen, in dem der liberale Marquis, der sich für die Abschaffung der Sklaverei und ein Frauenstimmrecht ausgesprochen hatte, in der Menschheitsgeschichte einen zunehmenden wissenschaftlichen und rechtlichen Fortschritt, eine Emanzipation von religiöser und politischer Unterdrückung erblickt und für die Zukunft eine unbegrenzte Perfektibilität des Menschen annimmt, also seine immer weitere Vervollkommnung. Die Rührung entspringt daraus, daß Condorcet sein Werk 1793/94 in einem Versteck schrieb – das er die Unvorsichtigkeit besaß zu verlassen, wofür er mit dem Tode büßen mußte. Aber die ihn existenziell direkt bedrohende Verfolgung durch den Terror Robespierres konnte seinen Glauben an die Französische Revolution und die herrlichen Zukunftsaussichten der Menschheit nicht im mindesten erschüttern. Die Erfahrung der Französischen Revolution motivierte im 19. Jahrhundert die Entstehung einer neuen Geschichtsphilosophie, der marxistischen, die sich keineswegs mit der Beschreibung der bisherigen Entwicklungen begnügte, sondern durch die angeblich wissenschaftliche Voraussage einer paradiesischen Zukunft zu einer neuen, definitiven Revolution antrieb und dadurch selbst massive geschichtliche Veränderungen auslöste. Die Zurückweisung jeder rationalen Theologie gefährdete freilich den Glauben an die Unausweichlichkeit des Fortschritts, die sonst nicht zu begründen ist; zusammen mit den schrecklichen geschichtlichen Erfahrungen mit dem kommunistischen Totalitarismus erklärt dies, warum, verstärkt seit den 1980er Jahren, die Linke den Marxismus mit der Postmoderne als herrschender Ideologie vertauschte.

Eine fortschrittsorientierte Geschichtsphilosophie lag auch dem klassischen Liberalismus zugrunde, dessen philosophisch anspruchsvollste Legitimierung Georg Wilhelm Friedrich Hegels »Grundlinien der Philosophie des Rechts« von 1820 darstellen. Gleichsam als Anhang dazu entwickelt Hegel in den Paragraphen 346–360 seine Geschichtsphilosophie, die in den erst postum veröffentlichten »Vorlesungen über die Philosophie der Geschichte« zu einem grandiosen Gesamtbild der menschlichen Geschichte als Fortschritt im Bewußtsein der Freiheit ausgearbeitet wird. Liberalismus und Marxismus stritten zwar über den Weg zu allgemeinem Wohlstand – aber sie zielten beide auf ihn ab und vertrauten darauf, daß sich die Geschichte in die richtige Richtung bewege. Eine faszinierende Synthese Hegelscher und Marxscher Gedanken legte im 20. Jahrhundert Eugen Rosenstock-Huessy vor. Sein Werk »Die europäischen Revolutionen. Volkscharaktere und Staatenbildung« von 1931 (1951 in einer erweiterten Auflage unter dem Titel »Die europäischen Revolutionen und der Charakter der Nationen«) geht zwar zunächst den unterschiedlichen Revolutionserfahrungen der großen europäischen Nationen nach und versucht, aus ihnen entscheidende Züge der unterschiedlichen Nationalcharaktere Europas zu erklären. Aber wie der Titel der anders angelegten englischen Fassung »Out of Revolution: Autobiography of Western Man« belegt, geht es Rosenstock-Huessy ganz hegelsch darum, in dem Übergang von Revolution zu Revolution einen Fortschritt zu erkennen, der zu einer Institutionalisierung immer reicherer Formen von Freiheit geführt habe. Anders als Hegel beschränkt sich Rosenstock-Huessy auf das zweite nachchristliche Jahrtausend – er beginnt mit der päpstlichen Revolution des 11. Jahrhunderts unter Gregor VII., behandelt dann die deutsche Reformation, die englische und die Französische Revolution und schließt mit der russischen Revolution von 1917. Die Konzentration auf die radikalen Umbrüche der Revolutionen ist offenkundig von Marx beeinflußt, und nicht minder ist marxistisches Gedankengut in seiner höchst problematischen Einordnung der russischen Revolution in die Reihe der die Freiheit erweiternden Revolutionen zu erkennen. Aber die sehr präzisen, zahlreiche Aspekte der menschlichen Kulturen in ihrem inneren Zusammenhang durchdringenden Analysen, der Fokus auf geistige Erfahrungen, die den Revolutionen teils zugrunde liegen, teils durch sie hervorgebracht werden, die sehr positive Einschätzung der weltgeschichtlichen Rolle des Christentums und das Beharren auf einer einheitlichen, alle Brüche übergreifenden Entwicklung sind deutlich das Erbe Hegels. Rosenstock-Huessys Beschränkung auf die westliche Welt hat sicher zu gutem Teil zu tun mit der inzwischen erfolgten Spezialisierung der Geschichtswissenschaft. Aber auch unabhängig von den inzwischen errungenen neuen Erkenntnissen leidet Hegels Analyse der orientalischen Welt daran, daß er nicht bloß behauptet (was m. E. letztlich richtig ist), die Griechen hätten die Entwicklung des menschlichen Geistes auf ein neues Niveau gehoben; er ist fast gar nicht interessiert an der inneren Entwicklung von Ländern wie China und Indien. Er scheint zu glauben, die asiatischen Kulturen würden nie Anschluß finden an die Entwicklung des Westens, eine Annahme, die die Globalisierung deutlich widerlegt hat. Und erst recht verfügt er nicht über Kategorien, die eine Wiederkehr von Kulturen auf die weltgeschichtlich aktivste Ebene erklären könnten, wie wir das derzeit an China erleben. Die Kritik an seinem Eurozentrismus war einer der Hauptanliegen der Zyklentheorien der Geschichte, auf deren eine, diejenige Spenglers, in Kapitel 4 zurückzukommen sein wird.

Die universalistische Ethik stellt neue Forderungen an den Menschen, die ihm von den moralischen Instinkten nicht leichtfallen, die sich im Laufe der biologischen Evolution herausgebildet haben. Denn die biologische Evolution fördert Normen, die stark voneinander abweichen, je nachdem sie den Umgang mit der Eigengruppe oder der Fremdgruppe betreffen. Diese biologische Natur bleibt, trotz aller Fortschritte, unsere Erblast, wenigstens unser Erbteil, und nur wer nicht biologisch zu denken vermag, ist überrascht angesichts ihrer periodischen Eruption, die sich seit dem 19. Jahrhundert als Nationalismus manifestiert. Gegen die moralische Überforderung, die mit der universalistischen Ethik einhergehen kann, wendet sich eine weitere neue ethische Theorie, die sich bei manchen – nicht allen – Theoretikern des Liberalismus findet: die Auffassung nämlich, ein allgemeines System aus aufgeklärtem rationalem Eigennutz sei völlig ausreichend, um erstrebenswerte wirtschaftliche und politische Zustände zu erzielen. Bernard Mandeville (1670–1733) drückte dies unter dem Schlagwort aus, private Laster (wie sie dem Kapitalismus zugrunde lägen) erzeugten öffentliche Vorteile. Eine unsichtbare Hand, um Adam Smiths Terminus zu benutzen, verwandle das allgemeine Streben nach Eigeninteresse in etwas dem Gemeinwohl Dienliches. Damit zeichnet den Liberalismus gegenüber früheren ethischen Systemen sowohl eine Erweiterung als auch eine Verengung des moralischen Horizontes aus: Einerseits besteht nun die moralische Pflicht, an das Wohl der ganzen Menschheit zu denken, nicht nur an das der eigenen Familie oder des eigenen Volkes. Andererseits sind keine besonders aufwendigen Tugenden dafür erforderlich, sondern nur die intelligente Organisation der Rahmenbedingungen von Märkten, innerhalb deren jeder an sein Interesse denken mag, da er dadurch auch die Interessen anderer befriedigt. Die spezifisch bürgerlichen Tugenden wirtschaftlicher Rationalität wie Sparsamkeit, Ordnungsliebe und Fleiß verdrängen zunehmend die traditionellen Tugenden von Klerus und Adel, Hingabe an die Transzendenz bzw. Tapferkeit. Als grundsätzliches Problem der neuen Ethik erweist sich ein geringer Sinn für intergenerationelle Gerechtigkeit, denn hier bricht das Prinzip der Wechselseitigkeit zusammen: Warum sollte man an Menschen zukünftiger Generationen denken, von denen man nicht selber profitieren kann, und ihnen Opfer bringen?

Die Hoffnungen von 1991

Nicht schon der Handelskapitalismus des Spätmittelalters und der frühen Neuzeit, sondern erst der Industriekapitalismus, der im späten 18. Jahrhundert in Großbritannien einsetzt und im 19. Jahrhundert sich in großen Teilen Westeuropas ausbreitet, hat zu jenem enormen Wirtschaftswachstum geführt, das schließlich zu Anfang des 21. Jahrhunderts die Hoffnung auf eine weltweite Überwindung absoluter Armut realistisch erscheinen ließ. »Globalisierung« bedeutet eine steigende Internationalisierung von Kapital- und Warenverkehr, eine Vertiefung internationaler Unternehmenskooperationen und oft auch eine erhöhte Mobilität von Personen über Landesgrenzen hinweg. Sie wurde durch die Revolutionierung des Transports und Personenverkehrs sowie der Kommunikationstechniken – zumal die Erfindung des Internets – in den letzten Jahrzehnten rasant beschleunigt. Dabei ist es allerdings wesentlich, anzuerkennen, daß die Zunahme an Internationalisierung der Wirtschaft in den letzten Jahrhunderten nicht einfach kontinuierlich verlaufen ist. Zwar hat die Globalisierungswelle des neunzehnten und des frühen zwanzigsten Jahrhunderts alles Frühere in den Schatten gestellt. Aber erstens hat es schon vorher (freilich viel schwächer ausgeprägte) Globalisierungswellen gegeben, die angeschwollen und abgeflaut sind. Zweitens hat es in mehreren Staaten ab 1870 durchaus protektionistische Einschränkungen des Wettbewerbes gegeben (wobei sich für den Freihandel besonders Großbritannien einsetzte, dessen Empire 1922 ein Viertel der Landfläche der Erde umfaßte und etwa ein Viertel der Weltbevölkerung beherrschte). Doch diese protektionistischen Maßnahmen haben die internationale Verflechtung nur unwesentlich verlangsamt. Die durchschnittliche Exportquote der Staaten Mittel- und Westeuropas betrug 1913 schon 18 %. Mit dem Ausbruch des Ersten Weltkrieges, insbesondere aber mit der Weltwirtschaftskrise zu Beginn der 1930er Jahre kam dieser Prozeß zum Erliegen, ja, er wurde umgekehrt: 1938 war jene Exportquote auf 7 % gefallen.[3] Der vom nationalsozialistischen Deutschland ausgelöste Zweite Weltkrieg stellte den Höhepunkt einer Politik dar, die im Namen eines aggressiven Nationalismus die Werte einer universalistischen Ethik aufs hemmungsloseste mit Füßen trat.

Die zentralen Pfeiler der sich nach dem Zweiten Weltkrieg herausbildenden neuen Ordnung, die keimhaft schon in der Atlantik-Charta vom 14. August 1941 konzipiert ist, waren drei: erstens eine erneute internationale Integration der Wirtschaft, u. a. durch das Allgemeine Zoll- und Handelsabkommen, das 1948 zunächst zwischen 23 Staaten in Kraft trat. Die Globalisierung der Finanzmärkte und der Wegfall der Kapitalverkehrskontrollen erfolgten erst in den 1970er Jahren. Seit 1995 ist jenes Abkommen zusammen mit dem Allgemeinen Abkommen über den Handel mit Dienstleistungen sowie dem Abkommen über den Schutz geistigen Eigentums in die Welthandelsorganisation integriert. Die Erfolge bei der Reduktion von Zöllen sind in den letzten zweieinhalb Jahrzehnten enorm gewesen: Die tatsächlich erhobenen Zölle (handelsgewichtet und bezogen auf alle Produkte) sanken von 14,1 % im Jahre 1990 auf 4,6 % 2015.[4] Zweitens wurde die Verbreitung des westlichen Entwicklungsmodells in den sogenannten Entwicklungsländern u. a. durch Institutionen wie die Weltbank und den Internationalen Währungsfonds unterstützt. Entscheidend waren drittens die Gründung der Vereinten Nationen 1945, die sich als tauglicher erwiesen als der von 1920 bis 1946 bestehende Völkerbund, sowie die Bildung supranationaler politischer Institutionen wie der Europäischen Gemeinschaften (1993 der Europäischen Union) in jenem Kontinent, von dem sowohl der Erste als auch der Zweite Weltkrieg ihren Ausgang genommen hatten.

Als Führungsmacht des Westens lösten die USA Großbritannien ab, und sie erbten den britischen Einsatz für eine globale Wirtschaft (weswegen man treffend von »Anglobalisierung« gesprochen hat). Der Zweite Weltkrieg endete ja nicht nur mit der Niederlage Deutschlands und Japans; ganz Europa, auch die Siegermächte Großbritannien und Frankreich, verloren ihre Weltmachtstellung, wie dies zumal die Suezkrise manifestierte und wie in der anschließenden Dekolonialisierung deutlich wurde. In der Suezkrise einigten sich die USA mit der Sowjetunion, der anderen Supermacht, die am Ende des Zweiten Weltkrieges übriggeblieben war. Sie vertrat ein dem westlichen entgegengesetztes wirtschaftlich-politisches Ordnungsmodell, das mit dem gleichen

Anspruch auf weltweite Durchsetzung auftrat. Einerseits führten die enormen Spannungen zwischen den beiden Weltmächten, am offenkundigsten in der Kubakrise von 1962, mehrfach an den Rand eines für die ganze Menschheit zerstörerischen Atomkrieges. Andererseits ist es sicher der Entwicklung von Massenvernichtungswaffen atomarer, biologischer und chemischer Natur und der Angst vor ihnen auch zu verdanken, daß der Kalte Krieg nicht zu einem dritten Weltkrieg eskalierte, sondern sich auf oft sehr blutige Stellvertreterkriege begrenzte wie den Korea- und den Vietnamkrieg.

Ein entscheidendes Merkmal des Kalten Krieges war die bipolare Natur des Konflikts: Es gab nur zwei Supermächte. Die Situation vorher, während der früheren neuzeitlichen Geschichte Europas, war viel komplizierter gewesen, da es mehrere europäische Großmächte (zu denen man auch das Osmanische Reich rechnen mag) und daneben seit dem Anfang des 20. Jahrhundert auch die USA und Japan als gleichgestellte Mächte gab. In einer solchen multipolaren Ordnung sind die Handlungsoptionen in der diplomatischen und militärischen Arena viel größer, da zahlreiche unterschiedliche Bündnisse denkbar sind. Im Kalten Krieg konnten und mußten sich die Friedensverhandlungen dagegen weitgehend auf die beiden Supermächte beschränken, und das erleichterte das Ende des Kalten Krieges.

Auch wenn die offizielle Sprachregelung es anfangs vermied, von einem Sieg des Westens zu sprechen, bewies spätestens die Auflösung der Sowjetunion Ende 1991, wer den Kalten Krieg verloren hatte. Marktwirtschaft und Demokratie schienen alternativlos. Ihre Ausdehnung auf den Ostblock gab der Globalisierung einen weiteren Schub, und die Demokratisierung der mittelosteuropäischen Staaten war ein wichtiger Teil der sogenannten dritten Demokratisierungswelle,[5] die schon 1974 in Portugal begonnen und in den 1980er Jahren sich auf Lateinamerika und einige ost- und südostasiatische Länder erstreckt hatte. (Die erste Demokratisierungswelle begann in den 1820er Jahren in den USA, die zweite war eine Folge des Siegs der Alliierten im Zweiten Weltkrieg und kam schon 1962 zum Erliegen.) Angesichts dieses Wandels schien in der Tat eine neue Weltordnung naheliegend, in der unter Führung der einzigen verbliebenen Supermacht USA mittelfristig alle Staaten marktwirtschaftlich und demokratisch organisiert sein würden und teils in einen friedlichen wirtschaftlichen Wettbewerb miteinander treten, teils bei der Lösung drängender globaler Herausforderungen wie der Umweltprobleme kooperieren, ja, zunehmend Souveränitätsrechte an supranationale, schließlich vielleicht sogar an eine globale Institution übertragen würden. Denn eine funktionierende Wirtschaft braucht einen staatlichen Rahmen, eine Weltwirtschaft also zumindest ein Funktionsäquivalent einer Weltregierung. Ein wohlwollender Hegemon in einer globalisierten unipolaren Welt würde durch die wirtschaftlichen Gewinne die Kosten der Aufrechterhaltung seiner Herrschaft decken, und die anderen Staaten würden sich der amerikanischen Führungsrolle fügen, da nicht schwer sei einzusehen, daß sie dem Weltfrieden und der fortgesetzten Globalisierung zugute komme. Entsprechend den Erwartungen der optimistischen Geschichtsphilosophie des Fortschritts wäre damit ein nahezu paradiesischer Zustand erreicht, in dem Krieg, bittere Armut und – dank des medizinisch-technischen Fortschrittes – ein früher Tod durch Krankheiten weitgehend gebannt wären und das Leben für alle stets leichter und länger würde. 1991, so schien es, öffneten sich die Pforten des Paradieses erneut – eines Paradieses freilich, das kein Geschenk Gottes, sondern durch menschlichen Fleiß und Scharfsinn geschaffen sei. In einigen Jahrzehnten werde »alles gut« sein – um eine neudeutsche Wendung zu zitieren, die sich im neuen Jahrtausend auffallend rasch ausgebreitet hat –, zumindest wenn es gelinge, das immer drohender werdende, weil lange verdrängte Problem der Umweltzerstörung u. a. aufgrund des Klimawandels durch internationale Zusammenarbeit zu lösen.

Eindrucksvoll hat Steven Pinker, der Psycholinguist von der Universität Harvard, gleichsam ein Condorcet unserer Zeit, diese optimistische Deutung des Modernisierungsprozesses in zwei Büchern unseres Jahrzehnts zum Ausdruck gebracht. In »Gewalt. Eine neue Geschichte der Menschheit«[6] vertritt er die These von einer Abnahme inner- und zwischenstaatlicher Gewalt im Laufe der menschlichen Geschichte (wobei das statistische Material für die früheren Zeiten schwerlich ausreicht für eine allgemeine These) und verweist besonders auf den weitgehenden Frieden zwischen den Großmächten seit 1945. Das staatliche Gewaltmonopol, der Welthandel, eine zunehmende Achtung für traditionell weibliche Werte, eine kosmopolitische Gesinnung und eine zunehmende rationale Analyse der Konsequenzen eigener Entscheidungen seien die wichtigsten Faktoren in diesem Prozeß. In seinem neuen Buch »Aufklärung jetzt«[7] betont er den Fortschritt der Menschheit, etwa was Lebens- und Gesundheitserwartung, aber auch die Höhe des Intelligenzquotienten betrifft. Eine Steigerung der durchschnittlichen Intelligenz (und zwar sowohl der kristallinen als auch der fluiden) ist für das 20. Jahrhundert nachgewiesen; man spricht vom Flynn-Effekt. Allerdings erkennt Pinker an, es sei keineswegs sicher, daß dieser Fortschritt, der von Vernunft, Wissenschaft und einer humanistischen Ethik abhänge, auch in Zukunft fortgesetzt werde. In der Tat zeigen neuere Untersuchungen in verschiedenen Ländern ein Ende des Zuwachses des Intelligenzquotienten, mancherorts sogar einen Rückgang in den letzten Jahrzehnten.[8] Gewiß muß man Kant darin zustimmen, es gebe eine Pflicht, sich um den Fortschritt zu bemühen. Doch gibt es gute Gründe für die Annahme, man sichere den Fortschritt nur dann ab, wenn man die Gefahren, die ihn bedrohen, nicht verdrängt, sondern ihnen furchtlos ins Auge blickt. Das soll im folgenden Kapitel geschehen. Meine Arbeitshypothese ist, daß der Totalitarismus der ersten Jahrhunderthälfte nicht ein einmaliger, schwer erklärlicher Ausrutscher auf dem Wege eines unaufhaltsamen Fortschritts war, sondern eine anthropologisch tief begründete Möglichkeit, die im Prinzip wieder Wirklichkeit werden kann, wofür die Bedingungen derzeit besonders günstig sind.

2. Der Schock von 2016: das Brexit-Referendum und die Wahl Trumps

Die Korrosion der Europäischen Union und der transatlantischen Gemeinschaft sowie die zunehmende Unregierbarkeit der USA

Wir haben schon gesehen, daß die weltweiten Fortschritte im Zeitraum 1990–2015 beachtlich gewesen sind und daß 2030 als Zieljahr für die neuen und ehrgeizigeren globalen Zielmarken bestimmt wurde. Allerdings traten seit 2014, beschleunigt seit 2016 (weil nun im Westen selber) einige Ereignisse ein, die dem universalistischen Geist radikal widersprachen, dem die siebzehn Ziele für nachhaltige Entwicklung entsprossen sind. Sie erzeugen bei nachdenklichen Beobachtern den Verdacht, das Vierteljahrhundert von 1991 bis 2016 sei nicht die Vorbereitung des endgültigen Endes der Geschichte, sondern eher der Nachsommer jener Epoche, die man am besten als »die durch den Westen bestimmte Moderne« bezeichnen kann. Was derzeit eingeläutet wird, könnte sehr wohl das Ende der Geschichte vom Ende der Geschichte sein.

Die Ausrufung des Islamischen Staates auf Teilen des Territoriums Syriens und Iraks mit dem Anspruch, die seit 1924 nicht mehr bestehende Institution des Kalifats wiederzubeleben, erschreckte im Jahre 2014 den Westen u. a. wegen der außerordentlichen Brutalität im Umgang mit muslimischen Abweichlern und religiösen Minderheiten, deren Frauen sexuell versklavt wurden; ja, die vom Islamischen Staat inspirierten terroristischen Attentate beschränkten sich keineswegs auf Staaten mit hauptsächlich muslimischer Bevölkerung, sondern erfaßten zumal Frankreich (am 13. November 2015 in Paris mit 130 Toten sowie am 14. Juli 2016 in Nizza mit 84 Toten), Belgien (am 22. März 2016 in Brüssel mit 32 Toten) und die USA (am 12. Juni 2016 in Orlando mit 49 Toten). Inzwischen hat der Islamische Staat jedoch seine territoriale Basis verloren und agiert nur im Untergrund. Daher kann man zwei weitere Ereignisse in Asien aus dem Jahre 2016 für langfristig folgenschwerer halten.

Der Schock von 2016: das Brexit-Referendum und die Wahl Trumps

Im Mai 2016 wurde Rodrigo Duterte auf demokratische Weise zum Staatspräsidenten der Philippinen gewählt – ein Mann, der schon im Wahlkampf seine Verbindungen zu den Todesschwadronen in Davao freimütig hervorgehoben hatte, an deren Morden er vermutlich direkt beteiligt war, und noch am Tage seiner Amtseinführung zur Ermordung von Drogenhändlern und Drogensüchtigen aufrief. Dieser Einladung wurde in den nächsten Monaten intensiv nachgekommen. Die Senatorin und ehemalige Justizministerin Leila de Lima, die den Kongreß zu einer Untersuchung der extralegalen Tötungen aufgefordert hatte, ließ Duterte aufgrund von nach Auffassung der meisten internationalen Beobachter fabrizierten Vorwürfen der Zusammenarbeit mit Drogenhändlern verhaften. Man kann Duterte gewiß nicht vorwerfen, daß er aus seinem Herzen eine Mördergrube gemacht hatte – und das heißt, daß man seinen Wählern nicht zugute halten kann, sie seien nicht vorgewarnt gewesen. In einer Rede am 27. April 2016 beschenkte der 71jährige seine Zuhörer nicht nur mit vertraulichen Informationen über die Erektionsfähigkeit seines Penis, der dank Viagra zwei Liebhaberinnen zu erfreuen wisse, sondern kündigte in derselben Rede auch an, er werde jeden Tag tausend Begnadigungen für Soldaten und Polizisten aussprechen, die Menschenrechtsverletzungen begangen hätten, ja, am Ende seiner Amtszeit werde er sich selber für mehrfachen Mord begnadigen.[9] Wir werden noch sehen, daß auch ein anderer, im selben Jahr gewählter Präsident ähnliche Vorstellungen über die Reichweite seines Begnadigungsrechtes hat – eines Rechtes, das auch ohne diese spezielle Auslegung mit dem Rechtsstaat nur schwer vereinbar ist, wie schon Kant begriff, der es »das schlüpfrigste« Recht des Souveräns nannte.[10]

Im Juli 2016 scheiterte im NATO-Land Türkei ein Putschversuch von Teilen des Militärs, u. a. aufgrund des Widerstandes der Bevölkerung. Der Putschversuch war mit wohl etwa 200 Toten blutiger als die früheren erfolgreichen Militärputsche von 1960, 1971 und 1980. Ohne jeden Zweifel ist das Scheitern eines Militärputsches gegen eine demokratisch gewählte Regierung zu begrüßen, und man kann den meisten EU-Staaten den Vorwurf nicht ersparen, daß sie nur mäßige Begeisterung über den Sieg

Der Schock von 2016: das Brexit-Referendum und die Wahl Trumps

von Präsident Recep Tayyip Erdoğan und seiner Regierung zeigten (wie sie auch vorher nicht alle ehrlich gewesen waren bei dem Angebot einer EU-Mitgliedschaft an die Türkei, die seit 1999 offizieller Beitrittskandidat war). Aber man kann nicht bestreiten, daß die Reaktion auf den Putsch eine Transformation der Türkei in einen autoritären Staat wenn nicht in die Wege geleitet, so doch enorm beschleunigt hat, die nun auf lange Sicht eine Aufnahme der Türkei in die Europäische Union unmöglich macht. Die 2018 aufgrund des Verfassungsreferendums vom April 2017 in Kraft gesetzte Verfassungsänderung gibt dem Präsidenten wesentlich mehr Macht, als mit den Regeln eines liberalen, durch Gewaltenteilung bestimmten Staats vereinbar ist. Nicht die Entscheidung für eine Präsidialdemokratie ist zu verwerfen – denn auch die USA sind eine solche. Aber erstens sind die USA anders als die Türkei ein Bundesstaat, verfügen also über ein exzellentes System vertikaler Gewaltenteilung. Gefährlich ist zweitens die Tatsache, daß der türkische Präsident nun ganz anders als in den USA, wo der Konsens des Senates erforderlich ist, Minister ohne Mitwirkung des Parlaments ernennt; ja, er kann das Parlament vorzeitig auflösen. Von den 13 Mitgliedern des Rats der Richter und Staatsanwälte ernennt der Präsident direkt vier, zwei weitere sind der Justizminister, der vom Präsidenten nach Belieben ernannt und entlassen werden kann, sowie dessen Staatssekretär. Immerhin werden die anderen sieben Mitglieder vom Parlament gewählt, aber in diesem hat der Präsident, der in der Regel Vorsitzender der größten Partei sein wird, da Präsidenten- und Parlamentswahlen gleichzeitig stattfinden, eine starke Machtstellung inne. Kurz, auch die horizontale Gewaltenteilung ist stark beschnitten. Mißtrauensvotum und Vertrauensfrage gegenüber dem Präsidenten wurden abgeschafft. Die Pressefreiheit war schon vor dem Putschversuch eingeschränkt, doch danach wurde die Knebelung massiv fortgesetzt: An einem einzigen Tag im Juli 2016 wurden 60 Zeitungen und Zeitschriften sowie 39 Radio- und Fernsehsender geschlossen.[11] Dabei ging es keineswegs nur um Medien, die der vom Imam Fethullah Gülen geführten Bewegung nahestehen, einer religiösen Organisation, mit der Erdoğan einst im gemeinsamen Kampf gegen die säkulare kemalistische Ideologie weiter Teile des Militärs alliiert war, der er aber die Vorbereitung des gescheiterten Putsches vorwirft. Die Gelegenheit wurde genutzt, um auch gegen oppositionelle Medien vorzugehen, die mit der Gülen-Bewegung nichts zu tun haben, und Zehntausende von unliebsamen Richtern und Staatsanwälten, Professoren und Militärs zu entlassen oder zu suspendieren, wenn nicht gar zu verhaften. Zu den im Juli 2016 Verhafteten gehörten auch zwei Richter am türkischen Verfassungsgericht.[12] Es ist derzeit unmöglich, die Frage zu entscheiden, aber der Verdacht ist nicht absurd, daß Teile der Regierung den Putschversuch bewußt zuließen, um einen Grund zu erhalten, gegen politische Gegner vorgehen zu können. Die großen wirtschaftlichen Schwierigkeiten, die durch eine starke Staatsverschuldung mitbedingt sind und mit dem Fall der Lira im Sommer 2018 besonders deutlich wurden, ebenso wie die zunehmende Entfremdung von den USA, die bis zu dem Austritt der Türkei aus der NATO führen kann, zeigen, daß sich der schleichende Übergang in eine Autokratie für die Türkei nicht auszahlen wird. Ein NATO-Austritt des Landes mit deren zweitstärkster Armee, das sich in den letzten Jahren Rußland auffallend angenähert hat, würde freilich auch die NATO empfindlich schwächen.

Aber nicht nur in einem fernen Land wie den Philippinen, nicht nur in einem Land, das wie die Türkei zwar der NATO, aber nicht der EU angehört, wurden entscheidende Institutionen des auf Gewaltenteilung basierten Rechtsstaates unterhöhlt. Auch in zwei EU-Mitgliedstaaten, in Ungarn und Polen, traten Entwicklungen auf, die in eine ähnliche Richtung weisen. Viktor Orbán, seit 2010 erneut ungarischer Ministerpräsident, hat früh damit begonnen, die Medienfreiheit massiv zu beschneiden. Seit der Gründung der »Staatlichen Behörde für Medien und Nachrichtenübermittlung« 2010, deren Vorstand nicht mehr durch Vertreter aller Parteien besetzt, sondern nunmehr ausschließlich durch die Regierungspartei Fidesz berufen wurde, konnte mit hohen Geldstrafen gegen Medien vorgegangen werden, die »nicht politisch ausgewogen« berichten; Informantenschutz und Redaktionsgeheimnis wurden eingeschränkt. Zwar wurde das Mediengesetz aufgrund der Bedenken der Europäischen Kommission modifiziert; auch das ungarische Verfassungsgericht erklärte es in Teilen für verfassungswidrig. Aber die Konsequenz, die Orbán daraus zog, war die Schwächung des Verfassungsgerichtes – denn die Freiheit der Gesellschaft wird durch die Judikative am ehesten geschützt. Wer jene begrenzen will, muß die Macht dieser zurückdrängen. Schon mit der neuen Verfassung, die am 1.1.2012 in Kraft trat, wurde dem Verfassungsgericht die Überprüfung von Haushalts- und Steuergesetzen weitgehend entzogen; ja, Gerichte haben nach ihr nicht mehr die ausschließliche Kompetenz zur Rechtsprechung. Mit der Novelle von 2013 wurde dem Verfassungsgericht gestattet, Verfassungsänderungen und -zusätze nur noch verfahrensrechtlich, nicht mehr inhaltlich zu prüfen. Besonders skandalös war 2012 die Herabsetzung des Pensionsalters der Richter von 70 auf 62 Jahre – eine Entscheidung, die zur Zwangspensionierung etwa eines Zehntels der Richter führte. Das ungarische Verfassungsgericht erklärte das Gesetz zwar im Juli 2012 für verfassungswidrig; und auch Entscheidungen des Europäischen Gerichtshofes sowie des Europäischen Gerichtshofs für Menschenrechte (letzterer ist dem Europarat zugeordnet, also keine Institution der EU) erzwangen eine Modifikation des Gesetzes.[13] Aber die Regierung Orbán hat die Unterhöhlung der Unabhängigkeit der Judikative, der Medienfreiheit und der Rechte von Nicht-Regierungs-Organisationen auf geschicktere Weise weiter fortgesetzt. Orbán bekennt sich nämlich seit einer Rede im Juli 2014 in Rumänien explizit zu einer »illiberalen Demokratie«, ja, sieht in Staaten wie Singapur, China, Indien, Rußland und der Türkei erfolgreiche Vorbilder.[14]

Anders als die ungarische ist die polnische Regierung von großer Angst vor Rußland charakterisiert. Sie wurde nach den Wahlen im Oktober 2015 von der Partei Prawo i Sprawiedlowość (Recht und Gerechtigkeit) gebildet, die zwar nicht eine absolute Mehrheit der Stimmen, aber doch der Parlamentssitze errang. (Drittstärkste Partei wurde bei diesen Wahlen die von dem Rockmusiker Paweł Kukiz gegründete populistisch-rechtsradikale und gegen die EU gerichtete Kukiz-Bewegung.) Aber sosehr diese beiden mittelosteuropäischen Regierungen außenpolitisch voneinander abweichen, sosehr stimmen sie innenpolitisch überein. Seit Ende 2015 erlebt Polen einen Verfassungskonflikt, der sich aus dem gleichen Wunsch der Regierung ergab, die Unabhängigkeit der Judikative zu brechen.[15] Die Bevölkerung ließ sich mit dem einfachen Mittel der Verteilung sozialer Wohltaten, etwa der Anhebung des Kindergeldes, beschwichtigen. Der Verfassungskonflikt war nicht nur ein Alarmzeichen für die innerpolnische Entwicklung, sondern zeigte auch die Ohnmacht der EU, sich in dieser für ihr Selbstverständnis als einer Union von Rechtsstaaten zentralen Frage durchzusetzen. Schon im November und Dezember 2015 hatte der Sejm, also das polnische Parlament, Gesetze einerseits zur stärkeren Kontrolle der öffentlich-rechtlichen Medien durch die Regierung, andererseits zum Verfassungsgericht erlassen. Vorausgegangen war die Wahl von fünf Verfassungsrichtern durch den früheren Sejm. Diese war zweifelsohne problematisch, weil ohne eine verfassungsrechtlich höchst fragwürdige Novelle vom Juni 2015 die Wahl eigentlich in die Kompetenz des neuen Parlaments gefallen wäre. Der Staatspräsident Andrzej Duda von Prawo i Sprawiedlowość hatte daher keinen der fünf Richter vereidigt, sich allerdings nicht zur Klärung dieser Frage an das Verfassungsgericht gewandt. Das neue Parlament verschaffte sich schon im November 2015 durch eine Gesetzesänderung die Möglichkeit, alle fünf Stellen neu zu besetzen. Die neuen Richter wurden gewählt und vereidigt – und zwar am Tag, bevor das Verfassungsgericht entschied, die Novelle vom Juni sei nur hinsichtlich der Bestimmungen zur Wahl zweier, keineswegs aller fünf Richter nicht verfassungskonform gewesen. Einige Tage später entschied das Gericht ferner, das Gesetz vom November zur Wiederwahl der Richter sei verfassungswidrig gewesen. Doch die Regierungschefin Beata Szydło weigerte sich eine Zeitlang, unter flagranter Verletzung von Art. 190 Abs. 2 der polnischen Verfassung das erste Urteil im Gesetzblatt veröffentlichen zu lassen. Aber Sejm und Regierung begnügten sich keineswegs mit diesen Mißachtungen des Gerichts. In einem weiteren (später unwesentlich modifizierten) Gesetz vom Dezember wurde bestimmt, Entscheidungen des Verfassungsgerichts bedürften in Zukunft nicht nur eines höheren Quorums, sondern auch einer Zweidrittel-

statt der bisherigen und allgemein üblichen einfachen Mehrheit. Staatspräsident und Justizminister könnten Disziplinarverfahren gegen Verfassungsrichter einleiten, und die Gerichtssitzungen müßten nach dem chronologischen Eingang der Anträge stattfinden – was das Vorziehen dringlicher Fragen verhindern sollte. Es war nicht überraschend, daß von Parlamentariern wie Richtern gegen dieses Gesetz geklagt wurde, und zwar unumgänglich beim Verfassungsgericht.

Damit aber stellte sich die juristisch faszinierende Frage, ob das Gericht aufgrund des soeben erlassenen Gesetzes oder der früheren Bestimmungen verfahren solle. Die meisten Rechtsgutachter stellten sich auf den in der Tat zwingenden Standpunkt, angesichts einer möglichen Verfassungswidrigkeit könne das Gesetz bei der Urteilsfindung noch nicht angewandt werden; denn ansonsten würde eine mögliche Abweisung des Gesetzes selbst aufgrund einer verfassungswidrigen Prozedur erfolgen. Auch ein juristischer Laie kann leicht einsehen, daß jede andere Rechtsauffassung absurd wäre. Verfassungsgerichte sind da, um den Machtmißbrauch einer Mehrheit im Parlament zu beschneiden. Wenn ein Gesetz mit einfacher Mehrheit etwa festlegen könnte, das Verfassungsgericht könne in Zukunft nur dann etwas für verfassungswidrig erklären, wenn der Regierungschef gegen diese Entscheidung kein Veto erhöbe, und die Überprüfung dieses Gesetzes nach eben dieser Bestimmung erfolgen müßte, wäre es um den Grundrechtsschutz geschehen. Aber das Argument übersteigt in seiner intellektuellen Dimension politische Diskussionen am Stammtisch so sehr, daß das eintrat, was die Regierung offenbar geplant hatte. Als das Gericht nach den alten Regeln das Gesetz für verfassungswidrig erklärte, weigerte sich die Regierung erneut, aber diesmal definitiv, das Urteil zu publizieren, und zwar nun mit dem Argument, es sei nicht rechtmäßig zustandegekommen (auch wenn sich keine Rechtsgrundlage für die Auffassung findet, es sei Aufgabe der Regierung, die Rechtmäßigkeit von Verfassungsgerichtsurteilen zu überprüfen). Staatsanwälte, die gegen diesen erneuten, aber nicht ganz so offensichtlichen Verfassungsbruch vorgehen wollten, wurden von den Ermittlungen ausgeschlossen. Gegen den Verfassungsgerichtspräsidenten Andrzej

Rzepliński begann dagegen die Staatsanwaltschaft zu ermitteln. Unter inzwischen eingesetzter neuer Leitung entfernte 2017 das Verfassungsgericht schließlich selbst die nicht veröffentlichten Urteile von seiner Internetseite. Die Unklarheit hinsichtlich des Status verschiedener Richter und der Geltung zahlreicher Urteile führte zu einem (sicher von der Regierung gewollten) enormen Legitimitätsverlust des Gerichts, u. a. zur Halbierung der gefällten Urteile von 2014 bis 2017. So zog der Landesrat für Gerichtsbarkeit 2017 alle Anträge beim Verfassungsgericht zurück. Nach der Unterwerfung des Verfassungsgerichtes machte sich die Regierung 2017 daran, die Unabhängigkeit der ordentlichen Gerichte, des Landesrats für Gerichtsbarkeit und des Obersten Gerichts zu untergraben, u. a. durch die schon aus Ungarn bekannte rückwirkende Herabsetzung des Pensionsalters der Richter und eine starke Ausweitung der Entscheidungsbefugnisse des Justizministers. Dabei blieb es, auch wenn die beiden letzten Gesetze durch den Staatspräsidenten modifiziert wurden.

2016 und 2017 diskutierte das Europäische Parlament mehrfach die Lage in Polen und nahm im November 2017 eine Resolution an, die die Rechtsstaatlichkeit Polens in Zweifel zog. Ja, schon im Januar 2016 leitete die Europäische Kommission erstmals in ihrer Geschichte den Mechanismus zum Schutz der Rechtsstaatlichkeit ein, im Juni 2016 kam es zu einer offiziellen Verwarnung Polens, seit Dezember 2017 ist ein Sanktionsverfahren gemäß Artikel 7 des Vertrags über die Europäische Union im Gange. Ein solches Verfahren kann sogar zum Verlust der Stimmrechte des Vertreters der Regierung des entsprechenden Staates im Rat führen. Das ist eine durchaus empfindliche Sanktion. Aber nach Abs. 2 ist eine einstimmige Feststellung erforderlich, daß »eine schwerwiegende und anhaltende Verletzung« der in Artikel 2 genannten Grundwerte der Menschenwürde, Freiheit, Demokratie, Gleichheit, Rechtsstaatlichkeit und Wahrung der Menschenrechte vorliegt. Natürlich zählt der Staat, gegen den das Verfahren läuft, bei dem Erfordernis der Einstimmigkeit nicht mit.[16] Aber das braucht er in diesem Falle auch gar nicht. Denn die ungarische Regierung (gegen die im September 2018 das Europäische Parlament ein analoges Verfahren zu eröffnen empfahl) erklärte von

Anfang an, sie würde die erforderliche Einstimmigkeit blockieren. Polen sah und sieht sich daher nicht dazu motiviert, mit den Organen der EU zusammenzuarbeiten, von der es wie kaum ein anderer Staat finanziell profitiert hat. Die EU muß umgekehrt anerkennen, daß jener Mechanismus ein recht stumpfes Schwert ist, um die Rechtsstaatlichkeit der eigenen Mitgliedstaaten sicherzustellen, da zwei schwarze Schafe genügen, um jenes Schwert abprallen zu lassen. Sicher hat es in der EU stets Konflikte gegeben, etwa wirtschafts-, zumal fiskalpolitische zwischen den eher auf Haushaltsdisziplin erpichten nördlichen und den eher Staatsschulden akzeptierenden südlichen Ländern. Aber derartige Konflikte gibt es, in vielleicht abgeschwächter Form, auch innerhalb jedes Landes; sie gehören zur normalen Politik dazu. Die Akzeptanz der Gewaltenteilung ist dagegen das Grundmerkmal des Rechtsstaates; und die EU, die ja nicht auf eine nationale Homogenität verweisen kann, sondern verschiedene Völker mit ganz unterschiedlichen Sprachen, Religionen und geschichtlichen Traditionen verbindet, kann nur dank eines bestimmten Verfassungspatriotismus die eigene Identität bewahren. Diese wird aber dort in ihrem Kern bedroht, wo einzelne Mitgliedstaaten die Grundwerte der EU mit Füßen treten – und sich die EU dagegen nicht einmal effektiv wehren kann.

Man könnte dahingehend argumentieren, Ungarns und Polens Umwandlungen in illiberale Demokratien seien nicht wirklich bedrohlich und überraschend, da diese Staaten erstens nicht zu den stärksten der EU gehörten (Polen hat 2018 freilich die sechst- und wird bald die fünftgrößte Bevölkerung innerhalb der EU-Mitgliedstaaten haben) und sie zweitens in ihrer Verfassungstradition an autoritäre Regimes gewohnt seien, ohnehin in der Zeit des Warschauer Paktes, aber auch schon in der Zwischenkriegszeit, als der Reichsverweser Miklós Horthy bzw. Marschall Jósef Piłsudski die Staaten beherrschten. Um so erschütternder für die Europäische Union war das Brexit-Votum vom Juni 2016, aufgrund dessen das Vereinigte Königreich, das Mutterland des westlichen Liberalismus, wirtschaftlich, militärisch und diplomatisch (u. a. durch einen ständigen Sitz im Sicherheitsrat der Vereinten

Nationen) mit Frankreich und Deutschland eines der drei wichtigsten Mitgliedstaaten, die EU verlassen soll. Wie die Wahl Donald Trumps zum amerikanischen Präsidenten im November wurde das Brexit-Votum zumindest in der Schlußphase des Wahlkampfes nur von wenigen Demoskopen vorhergesehen. Selbst Nigel Farage, der damalige Chef der UK Independence Party, sagte am Abend des 23. Juni 2016, als die Wahllokale gerade schlossen, er gehe davon aus, die Befürworter des Verbleibs in der Europäischen Union hätten leider gewonnen. Das deutet einerseits auf bedeutende Schwächen der Meinungsforschung hin, beweist andererseits eine erstaunliche Abkopplung der Mehrzahl der politischen Eliten von ihren Wählern. Das wäre auch dann beunruhigend, wenn nicht die Wahlentscheidungen inhaltlich so stark mit den Prinzipien gebrochen hätten, auf denen die Nachkriegsordnung aufgebaut war.

Für diejenigen, die den Zweiten Weltkrieg noch erlebt hatten, war die Entwicklung von den Europäischen Gemeinschaften bis zur Europäischen Union ohne Zweifel eine der Großtaten der europäischen Geschichte. Europa bestand und besteht aus vielen Staaten in einem erstaunlich kleinen Kontinent, der, außer kurzfristig unter Napoleon und Hitler, politisch nie wieder so geeint gewesen ist wie unter den Römern vor fast zweitausend Jahren. Eine solche Zersplitterung macht Kriege wahrscheinlich. Nach Jahrhunderten zahlreicher Kriege und zumal nach den alles Bisherige in den Schatten stellenden Zerstörungen der beiden Weltkriege war es entscheidend, sich nicht mit dem Status quo zufriedenzugeben und gleichzeitig allen Versuchungen abzuschwören, eine politische Einigung durch die Eroberungskriege einer Hegemonialmacht, sei es Frankreich, sei es Deutschland, zu erzielen. Die europapolitische Arbeit nach 1945 ist um so mehr zu bewundern, als die Zusammenarbeit mit dem Feind der Kriegsjahre, und zumal mit dem Aggressor Deutschland, nicht leichtfallen konnte. Die Vergangenheit zu vergeben im Vertrauen auf eine gemeinsame Zukunft – das bleibt eine der größten moralischen und politischen Leistungen des 20. Jahrhunderts.

Einerseits gelang es damit, innereuropäische Konflikte institutionell abzufangen und weitere europäische Kriege zu verhindern.

Die einzigen bisherigen militärischen Konflikte in Europa seit 1945 ergaben sich zwischen Nachfolgestaaten Jugoslawiens und der Sowjetunion. Andererseits drohen ja keineswegs nur innereuropäische Konflikte. Das temporäre Machtungleichgewicht zwischen Europa und den anderen Kontinenten, das aufgrund der früher übernommenen Modernisierung zwischen dem 18. und der Mitte des 20. Jahrhunderts bestand, darf keineswegs über folgendes hinwegtäuschen: Europa ist heute immer noch ein vergleichsweise zersplitterter Kontinent, in dem kein dominanter Staat wie die USA in Nordamerika, Rußland und China in Asien und vielleicht einmal Brasilien in Südamerika existiert und auf Augenhöhe mit den derzeitigen Großmächten verkehren kann. Wir werden noch sehen, daß die bisherige Struktur der Europäischen Union an dieser Situation nicht viel geändert hat. Aber es bleibt trotzdem richtig, daß die außenpolitischen Positionen der europäischen Staaten im Umgang mit den Weltmächten ohne die Einbindung in die Europäische Union noch schwächer wären und daß das Ausscheiden Großbritanniens nicht nur dieses Land, sondern auch die übrigbleibende EU stark beeinträchtigen wird. Anders als frühere Staatenbünde ist die Europäische Union allerdings nicht primär durch eine gemeinsame Außen- und Sicherheitspolitik gekennzeichnet, sondern durch eine gemeinsame Wirtschaftspolitik. Und die Herstellung des größten Binnenmarktes des Planeten, in dem freier Waren-, Personen-, Dienstleistungs- und Kapitalverkehr bestehen, hat zweifelsohne enorme Wohlstandsgewinne sowie zahllose Arbeitsplätze geschaffen.

Der Ausstieg Großbritanniens aus der Europäischen Union war rechtlich einerseits möglich geworden, weil der Vertrag von Lissabon von 2007 in Artikel I, 58 einen neuen Artikel 49 A in den Maastricht-Vertrag von 1992 einfügte, der den Mitgliedstaaten das Recht zugestand, die Union zu verlassen. Früher bestand ein solches Recht nicht ausdrücklich. Zwar hatte Grönland schon 1985 die Europäische Wirtschaftsgemeinschaft verlassen, da es sich aber dabei um keinen eigenen Staat handelt, ist Grönland trotzdem gemäß Art. 198 des Vertrages zur Arbeitsweise der Europäischen Union assoziiertes überseeisches Land. Der Brexit ist also europarechtlich durchaus Neuland; und man mag seine Zweifel haben, ob der Artikel I, 58 – der die Mitgliedschaft in der Europäischen Union zu etwas Widerruflichem machte – wirklich klug war. Klar ist auf jeden Fall, daß die Art und Weise, wie in Großbritannien die Entscheidung gefällt wurde – noch ganz unabhängig von ihrer inhaltlichen Bewertung – höchst eigenwillig war. Der damalige Premier David Cameron, selber ein Befürworter einer britischen Mitgliedschaft in der Europäischen Union, wählte mit dem Referendum ein Mittel der politischen Entscheidung, das anders als in der Schweiz nicht zur Verfassungstradition gehört, ja, bis zur Mitte des 20. Jahrhunderts in Großbritannien sogar als verfassungswidrig galt. Vorher war es nur zweimal, nämlich 1975 und 2011, auf nationaler Ebene angewendet worden. Zwar ist das Referendum rechtlich nicht bindend, denn nach der britischen Verfassung ist das Parlament souverän. Aber politisch wäre es selbstmörderisch, es nicht zu befolgen – denn ein Parlament, das sich selbst nicht mehr als die berufene Elite des Landes versteht, kann die direkte Stimme des Volkes, das es befragt hat, nicht ignorieren. Ebendeswegen sind bei einer Verfassung wie der britischen Referenden unsinnig, und es ist ein alarmierendes Zeichen des politischen Niederganges des britischen Parlaments, daß es diese zentrale Entscheidung nicht bei sich beließ. Das bleibt auch dann wahr, wenn man wie Cameron mit einem Ausgang im eigenen Sinne rechnete (zumal er wichtige Zugeständnisse der EU für Großbritannien ausgehandelt hatte) und einen innerparteilichen Machtkampf bestehen mußte. Denn auch wenn das Referendum in seinem Sinne ausgefallen wäre, bliebe seine Delegierung der Entscheidung an andere ein politisches Armutszeugnis. Auch das Referendum über die Unabhängigkeit Schottlands von 2014, das, anders als 2016, wie von Cameron gewünscht ausfiel, da die Schotten für den Verbleib innerhalb des Vereinigten Königreiches stimmten, hat einen Präzedenzfall geschaffen. Dieser kann sich durchaus auch dahin auswirken, daß Schottland, das deutlich für den Verbleib in der EU gestimmt hatte, zu einem opportuneren Zeitpunkt das Referendum auch ohne Erlaubnis Londons wiederholen und, falls das Votum anders ausfällt als 2014, sich für selbständig erklären wird.

Es gibt nicht den geringsten Grund anzunehmen, der normale

Wähler sei bei einer so komplexen Frage besser informiert als der Parlamentarier, zumal wenn er nicht wie in direkten Demokratien, in denen es für Referenden klare Regeln und Grenzen gibt, immer wieder zu derartigen Entscheidungen aufgefordert wird. In einem Parlament kann debattiert und ein Gesetz aufgrund der Diskussionen modifiziert werden; ein Referendum dagegen besteht in einer Antwort auf eine Ja/Nein-Frage. Auch die formalen Sicherungen, die bei einer normalen parlamentarischen Entscheidung vorliegen (die mehrfache Lesung eines Gesetzes und die im System der Gewaltenteilung bestehenden Verantwortlichkeiten verschiedener Organe), fallen bei einem Referendum weg. Da viele, durch die Umfragen getäuscht, von einem Scheitern des Referendums ausgingen und erst gar nicht zur Wahl gingen, da das Resultat zudem recht knapp war (51.9 % gegen 48.1 %), konnte man sich sehr wohl auf den Standpunkt stellen, eine Wiederholung sei angemessen. In der Tat war schon vor dem Referendum eine Petition gestartet worden, eine gültige Entscheidung solle eine Wahlbeteiligung von 75 % und eine Mehrheit von mindestens 60 % erreichen – die beide nicht erzielt wurden. Doch gewann diese Petition nur nach dem Referendum Millionen von Unterzeichnern.[17] Insbesondere hätte es von Anfang an klare Regeln darüber geben sollen, ob nach der Aushandlung des Brexits ein weiteres Referendum zur Annahme von dessen konkreter Ausgestaltung erforderlich sei. Ohne ein solches Regelwerk ist die spontane Übertragung einer so wichtigen Entscheidung an das Volk ein Akt der Verantwortungslosigkeit gewesen. Immerhin mag man eine historische Gerechtigkeit darin sehen, daß dieser Fehler Cameron wenigstens auch die eigene politische Karriere kostete und daß das politische und staatsrechtliche Chaos vom Herbst 2018 bis zum Frühjahr 2019, ein Tiefpunkt europäischer Staatskunst, jedem deutlich machte, daß ad-hoc-Referenden ohne klare Mehrheiten im Parlament nur zu Verwirrung führen und den Respekt vor der Politikerklasse weitgehend untergraben.

Erwähnenswert ist, daß 2016 zwei weitere Referenden in EU-Staaten stattfanden, die besser unterblieben wären. In einem ebenfalls nicht bindenden, konsultativen Referendum (dessen rechtliche Grundlagen es erst seit 2015 gibt) lehnte die niederländische Bevölkerung im April das Assoziierungsabkommen der EU mit der Ukraine ab – und zwar bei einer Wahlbeteiligung von nur 32 %. Das Quorum lag bei 30 %, das Referendum wäre also gescheitert, wenn noch weniger Befürworter des Abkommens zu den Urnen geeilt wären. Viel schädlicher war das italienische Referendum im Dezember 2016. Der damalige italienische Ministerpräsident Matteo Renzi hatte eine ehrgeizige Verfassungsreform in die Wege geleitet, die die Regierungsbildung des chronisch unregierbaren Landes erhöht und die Ineffizienz der staatlichen Bürokratie gemindert hätte. Da die beiden Kammern des Parlaments die Verfassungsänderung gebilligt hatten, war es nicht nötig gewesen, ein Referendum dazu auszurufen; da allerdings keine Zweidrittelmehrheit in beiden Kammern vorlag, konnte ein solches beantragt werden. Aber statt zu warten, daß dies die nach Artikel 138 der italienischen Verfassung dazu Berechtigten täten, trat Renzi die Flucht nach vorne an und beging Selbstmord aus Angst vor dem Tode. Da er, obzwar recht wankelmütig, sein Verbleiben im Amt von einem Ja zum Referendum abhängig gemacht hatte, verschaffte er den Wählern die Gelegenheit, einem unbeliebten Ministerpräsidenten – unabhängig von der Verfassungsfrage – einen Denkzettel zu verpassen. Die Wähler nutzten die Chance, und Renzi verlor wie Cameron sowohl das Referendum als auch sein Amt als Ministerpräsident. Der kolumbianische Präsident Juan Manuel Santos hat schließlich im Oktober 2016 durch das rechtlich nicht erforderliche und für ihn negativ ausgefallene Referendum zum Friedensvertrag mit der FARC-EP das in zahlreichen Verhandlungsjahren endlich Erreichte gefährdet und destabilisiert. Wenn aus den Erfahrungen von 2016 die eine Lektion gezogen würde, auf Referenden sei in der Politik besser zu verzichten, mag das Lehrgeld nicht zu hoch gewesen sein. Aber erstens darf man allgemein die menschliche Dummheit nicht unterschätzen, und zweitens würde diese Einsicht ein Selbstvertrauen des Parlamentarismus voraussetzen, das ohne eine immer schneller erodierende Theorie legitimer Elitenbildung nicht zu gewinnen ist.

Der Schock von 2016: das Brexit-Referendum und die Wahl Trumps

Zurück zum Brexit-Referendum und nun zu seiner inhaltlichen Bewertung. Die Entscheidung war sicher nicht gut für die Europäische Union, die dadurch unmittelbar geschwächt wurde. Zudem wurde jetzt nicht nur rechtlich, sondern auch faktisch klar, daß ein Austritt machbar ist, und es wäre erstaunlich, wenn bei einer Krise der Union nicht weitere dem britischen Beispiel folgten. Aber war die Entscheidung gut für Großbritannien selber? Die wirtschaftliche Rechnung ist kompliziert, und völlige Klarheit wird es nur nach vollzogenem Brexit geben. Die meisten ökonomischen Analysen nahmen aber schon 2016 überwiegend Nachteile an, wenn auch deren genaues Ausmaß von verschiedenen Faktoren abhängen wird, die noch nicht bekannt waren.[18] Gewiß werden einige Kreise vom Brexit wirtschaftlich profitieren, aber höchstwahrscheinlich eben nicht die Mehrheit der Bevölkerung. Und auch wenn Großbritannien der drittgrößte Nettozahler der EU war, war es durch den von Margaret Thatcher durchgesetzten Britenbonus ohnehin gegenüber Deutschland und Frankreich privilegiert (mit dem sachlich nicht unsinnigen Argument, die beiden letzteren Länder würden von der europäischen Agrarpolitik, die einen sehr großen Teil des Budgets ausmacht, wesentlich mehr profitieren als das Vereinigte Königreich). Viel wichtiger als die wirtschaftlichen Argumente waren bei den Befürwortern des Brexits das Unbehagen gegenüber der Einwanderung zumal aus Osteuropa sowie außereuropäischen Staaten (im Zusammenhang mit der Migrationskrise von 2015), das Gefühl bürokratischer Bevormundung durch Brüssel und die Angst vor Souveränitätsverlusten. Während sich die letzteren Argumente eher auf der konservativen Seite fanden, befürworteten Linke den Austritt mit der Behauptung, die EU vertrete die Interessen der Wirtschaftseliten und blockiere Reformen. Daneben gab es zahlreiche Protestwähler, die einfach ihrer Unzufriedenheit mit »denen da oben« Ausdruck geben wollten. In der Tat waren zur Frage des Brexits Rechte und Linke beide gespalten – ein interessantes Anzeichen dafür, daß die alten politischen Einteilungen angesichts der heute anstehenden Probleme versagen. Des Labour-Vorsitzenden Jeremy Corbyn zögerliche Haltung gegenüber der EU erzeugte bei vielen Parlamentariern seiner eigenen Partei Unwillen: Bei einer Vertrauensabstimmung im Juni 2016 stimmten 172 Abgeordnete gegen, nur vierzig für ihn. Doch bei einer Urwahl durch die Parteimitglieder im August und September des Jahres konnte sich Corbyn durchsetzen: ein weiterer auffallender Beleg für die Divergenz zwischen Basis und parlamentarischen Eliten.

Unweigerlich bedeutet der Eintritt in einen supranationalen Staatenverbund einen Verlust an rechtlicher Souveränität – bestimmte Entscheidungen können nun nicht mehr alleine getroffen werden. Aber alleine dadurch besteht, wie oben gesagt, die Chance, an realer Souveränität dazuzugewinnen, also an der Fähigkeit, in der internationalen Arena ausreichend Gehör zu finden. Vermutlich haben nostalgische Erinnerungen an die einstige imperiale Rolle und vielleicht Hoffnungen auf eine engere Zusammenarbeit mit den USA manche Bürger des Vereinigten Königreichs daran gehindert, realistisch wahrzunehmen, wie stark der reale Verlust an Durchsetzungskraft in der Welt nach der Wiedergewinnung der rechtlichen Souveränität infolge des Brexits sein werde. Und sicher haben die wenigsten vorausgesehen, wie schwierig sich die Austrittsverhandlungen gestalten würden und wie lange die britische Regierung durch dieses Problem in sich zerstritten und gelähmt sein würde. Die Schwierigkeiten vermehrten sich, als im Juni 2017 Camerons Nachfolgerin Theresa May, die ohne jede Not Unterhausneuwahlen in die Wege geleitet hatte, die bisherige absolute Mehrheit der Konservativen Partei verlor und eine Koalitionsregierung bilden mußte. Insbesondere das Problem einer Zollgrenze zur Republik Irland nach dem Austritt Großbritanniens aus dem Binnenmarkt – einer Grenze, die den Aussöhnungsprozeß auf der Insel gefährden würde, der durch die Mitgliedschaft beider Staaten in der EU entscheidend gefördert wurde – erwies sich als schwer lösbar. Die Weigerung, diese Fragen vorher zu durchdenken, die sich ja keineswegs überraschend ergaben, sondern sehr leicht vorauszusehen waren, und statt dessen die Verwendung nachweislich falscher Behauptungen wie des Slogans auf dem Brexit-Bus, Großbritannien werde durch den Brexit 350 Millionen Pfund die Woche einsparen, die man dann im öffentlichen Gesundheitswesen einsetzen könne, haben die Entscheidung zugunsten des Austritts erst möglich gemacht.

Eine treibende Kraft war dabei Boris Johnson, der sich Anfang 2016 noch geweigert hatte, sich für den Brexit auszusprechen, aber bald darauf die Chance sah und ergriff, im Falle eines Sieges seinen langjährigen innerparteilichen Rivalen Cameron zu stürzen. Zwar wurde er bisher noch nicht, wie erhofft, Premier, aber immerhin eine Zeitlang Außenminister. Johnson ist das Paradebeispiel eines Politikertypus, der sich zum Sprachrohr sachlich nicht zu rechtfertigender, aber verbreiteter Stimmungen macht, die sich oft diffus gegen die politischen Eliten richten, wenn er den Eindruck hat, dies könne ihn an die Macht spülen. Natürlich muß dieser Politikertypus, derjenige des populistischen Demagogen, seinen Wählern stets vormachen, es gehe ihm nur um die Sache, doch da fast jeder Betrüger sich selber auf den Leim geht, wird er am Ende selber glauben, was er lauthals verkündet. Johnson etwa scheint wirklich anzunehmen, er sei ein neuer Churchill. Das Gefühl, mit dem Volke, das ihm zujubelt, einig zu sein, ist für ihn eine vitale Kraftquelle, die ihn in der Auseinandersetzung mit seinen Gegnern leicht überlegen auftreten und damit auch überlegen werden läßt. Cameron habe ich oben Verantwortungslosigkeit vorgeworfen, denn er hat aus Schwäche eine Entscheidung an andere delegiert, die zu treffen eigentlich seine Aufgabe war (bzw. die Aufgabe der Eliten des Landes, zu denen er als Premier sicher gehörte). Die Verantwortungslosigkeit des Populisten ist jedoch anderer und viel gefährlicherer Art. Dieser will alle möglichen Entscheidungen an sich ziehen, nicht nur die, für die er sachlich nicht im mindesten qualifiziert ist, sondern auch diejenigen, die in einem System mit Gewaltenteilung anderen Staatsorganen zukommen. Dabei bekennt er sich meist zu dem, wovon er glaubt, die Mehrheit wünsche es (ggf. nach propagandistischer Bearbeitung durch ihn), auch wenn gezeigt werden kann, es sei sicher nicht im langfristigen Interesse des Landes.

Noch viel weiter als Johnson hat es Donald Trump gebracht. Hatte in Großbritannien 2016 nur ein einzelner »Britain First« gerufen, nämlich Thomas Mair, der Mörder von Jo Cox, als er am 16.6.2016 die Labour-Abgeordnete niederstach, die Jahre lang für humanitäre Organisationen wie Oxfam gearbeitet hatte, schrien nun Millionen Befürworter mit ihrem Kandidaten »America First«, das Schlagwort, das auch in Trumps Washingtoner Antrittsrede vom 20. Januar 2017 aufgegriffen wurde. Welches Programm ist mit diesem Schlagwort verbunden? Vereinfacht läßt sich sagen, daß die USA den Multilateralismus der letzten Jahrzehnte abwickeln sollen, der ihnen mehr geschadet als genutzt habe, weil die bisherige Politik ausländische Industrien auf Kosten der amerikanischen unterstützt und die Armeen fremder Staaten auf Kosten der eigenen gestärkt habe. Zu dem von Trump Abgelehnten gehören erstens die Freihandelsverträge wie derjenige zwischen Kanada, Mexiko und USA, der als NAFTA seit 1994 besteht, der aber immerhin vermutlich durch den recht ähnlichen USMCA (United States-Mexico-Canada Agreement) abgelöst werden wird, sowie die geplanten Trans-Pacific Partnership (TPP) und die Transatlantic Trade and Investment Partnership (TTIP). Die erste ist durch den Austritt der USA gescheitert, die andere offenbar auf lange Sicht auf Eis gelegt. Immerhin haben sich die elf anderen Vertragsstaaten des TPP auf einen Ersatz geeinigt, das Comprehensive and Progressive Agreement for Trans-Pacific Partnership, das am 8. März 2018 in Santiago unterzeichnet wurde, aber von einigen Staaten noch ratifiziert werden muß.

Zweitens gehören zu dem, wovon sich Trump distanziert, ganz allgemein internationale Verträge, etwa zum Umweltschutz, wie insbesondere das von 195 Staaten unterzeichnete Paris Agreement von 2015 innerhalb der United Nations Framework Convention on Climate Change, von dem sich die USA laut Trumps Erklärung vom Juni 2017 zurückziehen werden. Der frühestmögliche Zeitpunkt dafür ist November 2020. Auch im Inneren hat Trump den Umweltschutz radikal zurückgefahren, etwa durch die Ernennung von Scott Pruitt zum Chef der Environmental Protection Agency, eines Mannes, der den Beitrag der CO_2-Emissionen zum Klimawandel leugnet und mindestens vierzehn Mal gegen die Institution geklagt hatte, der er vorgesetzt wurde. Immerhin mußte Pruitt im Juli 2018 wegen zahlreicher, auch von den Republikanern gerügter Verfehlungen zurücktreten. Im Mai 2018 stiegen die USA ferner aus dem Atomabkommen mit Iran aus, das 2016 nach langjährigen Verhandlungen zwischen sieben

Staaten geschlossen worden war. Im Juni 2018 verließen die USA den (durchaus nicht unumstrittenen) Menschenrechtsrat der Vereinten Nationen. Der Eklat, mit dem Trump im Juni 2018 das Treffen der G 7, also der Gruppe der sieben führenden Wirtschaftsnationen der westlichen Welt (einschließlich Japans), in La Malbaie beendete – er verließ es vorzeitig, um sich mit dem nordkoreanischen Diktator Kim Jong-un in Singapur zu treffen, und zog per Twitter seine zuerst erteilte Zustimmung zur Abschlußerklärung des Gipfels zurück –, ließ die Einheit der westlichen Welt als sehr brüchig erscheinen.

Die NATO hat in den fast sieben Jahrzehnten ihres Bestehens den nordatlantischen Raum weitgehend frei von Kriegen erhalten und darf insofern als eine der erfolgreichsten militärischen Allianzen der Geschichte gelten. Doch hat Trump zu ihr ebenfalls weitgehende Skepsis geäußert, sie z. B. während des Wahlkampfes als »obsolet« bezeichnet. Zwar ist seine Forderung nach einem faireren Lastenausgleich innerhalb der NATO sicher nicht unbegründet – ich werde darauf noch zurückkommen –, aber angesichts einer immer gefährlicheren weltpolitischen Lage sind seine häufig wiederholten Drohungen, die USA würden nicht mehr lange der Zahlmeister der NATO sein, extrem schädlich für die Aufrechterhaltung der abschreckenden Wirkung des Bündnisses. Im Juli 2018 erklärte er etwa bei einer Rede in Montana, die auch den Satz einschloß »Putin ist in Ordnung«, »Du weißt, Angela, ich kann es nicht garantieren, aber wir schützen euch, und es bedeutet viel mehr für euch … ich weiß nicht, wieviel Schutz wir dadurch erhalten, daß wir euch schützen.«[19] Einige Tage später bezeichnete Trump das kleine Montenegro, das erst 2017 nach großen inneren Widerständen und vielleicht sogar einem von Rußland gesteuerten Putschversuch im Oktober 2016 der NATO beigetreten war, als »sehr aggressiv«.[20] Es ist zwar richtig, daß das militärische und das diplomatische Establishment der USA sich mehrheitlich der NATO weiterhin verpflichtet fühlen, aber der Oberbefehlshaber der Streitkräfte ist und bleibt der Präsident, und an dem Beifall der Menschenmenge in Montana sowie an der weiterhin recht hohen Popularität des Präsidenten im Sommer 2018 zeigt sich, daß es naiv seitens der Europäer wäre, von der sicheren Fortdauer der amerikanischen Schutzgarantie auszugehen.

Trump beschränkt sich keineswegs darauf, die Souveränität der USA hervorzuheben. Multinationale Organisationen wie die Europäische Union sind ihm auch außerhalb der USA zuwider. Der erste ausländische Politiker, den Trump nach seiner Wahl empfing, war Nigel Farage, der Architekt des Brexits. Im April 2018 bot Trump nach Zeitungsberichten dem französischen Staatspräsidenten Emmanuel Macron bessere Bedingungen bei einem Handelsvertrag an, wenn Frankreich die EU verlasse. Selbstredend weiß sogar Trump, daß dies für die EU den Todesstoß bedeuten würde.[21] Und bei seinem Besuch in Großbritannien im Juli 2018 empfahl er in einer britischen Boulevardzeitung der Nation den wegen seines Konflikts mit der Premierministerin gerade zurückgetretenen Boris Johnson als ausgezeichneten Premier und beklagte, daß May mit ihrem Votum für die Aufrechterhaltung von Freihandel zwischen der EU und Großbritannien nach erfolgtem Brexit seinem Ratschlag nicht gefolgt sei.

Insbesondere aber hat Trumps »America First« drittens die Bedeutung, die legale Einwanderung in die USA zu begrenzen und die illegale durch alle möglichen Mittel zu verhindern, wie insbesondere den geplanten Bau einer großen Mauer zu Mexiko, die vermutlich den 45. Präsidenten der USA als modernen Nachfolger chinesischer Kaiser erscheinen lassen soll. Doch versprach er im Wahlkampf, Mexiko werde für diese Mauer zahlen – während meines Wissens kein chinesischer Kaiser je den Anspruch hatte, die Mongolen oder Mandschu zur Kasse zu bitten. Die Brutalität, mit der bei illegal eingewanderten Familien die Kinder zeitweise von ihren Eltern getrennt wurden, zeigte besonders deutlich, welche Formen der Abschreckung illegaler Migration Trump akzeptiert. Schon am 27. Januar 2017, also eine Woche nach Amtsantritt, unterzeichnete Trump die Exekutive Order 13769, die unter anderem Staatsbürgern aus Irak (einem Alliierten der USA), Iran, Jemen, Libyen, Somalia, Sudan und Syrien neunzig Tage lang die Einreise in die USA verwehrte. Zwar scheiterte dieses Dekret an den Gerichten. Eine spätere, modifizierte Version, die Presidential Proclamation 9645, wurde allerdings vom Obersten Gerichtshof im Juni 2018 gebilligt. Bezeichnend war die Reaktion des neuen Präsidenten auf ein Gerichtsurteil gegen Executive Order 13769. Die Meinung dieses »sogenannten Richters« sei lächerlich, so sein Tweet am 4. Februar 2017, und am nächsten Tag ergänzte er: Wenn etwas Schlimmes passiere, müsse man diesem Richter und dem Gerichtssystem die Schuld geben. Angriffe dieser Art gegen die dritte Gewalt, die von durchaus legitimer Kritik an einzelnen Urteilen scharf zu unterscheiden sind, sind wohl beispiellos in der US-amerikanischen Verfassungsgeschichte, deren zentrales Prinzip der Respekt vor der Gewaltenteilung ist.

Man muß Trump zugute halten, daß seine Politik bisher weitgehend seinen Wahlkampfversprechen entspricht. Der Mann hat sich, ganz wie Duterte, nicht verbergen müssen; er hat keine Maske benutzt, die er schließlich fallenließ. So ist er nicht etwa erst nach der Wahl auf Richterschelte verfallen. Als der Bundesrichter Gonzalo Curiel eine Sammelklage gegen die inzwischen geschlossene sogenannte Trump University wegen Betrugs zuließ, behauptete Trump in einem Interview mit Jake Taper im Juni 2016, Curiel könne gar nicht fair entscheiden, da er Mexikaner sei (er ist selbstredend US-Amerikaner, aber seine Eltern waren aus Mexiko eingewandert). Wegen Trumps Plänen, eine Mauer zwischen Mexiko und den USA zu bauen, habe Curiel einen Interessenkonflikt. Auch Republikaner mit einem Sinn für die Bedeutung richterlicher Unabhängigkeit waren wegen dieses Angriffs eines potentiellen Präsidenten auf die dritte Gewalt und aufgrund der impliziten Unterstellung, Menschen mexikanischer Herkunft könnten keine objektiven Richter sein, bestürzt; aber dies änderte nichts an Trumps Wahlsieg. Ebensowenig beeinträchtigte es seine Popularität, daß er sich der zwar nicht gesetzlich vorgeschriebenen, aber seit langem üblichen Veröffentlichung seiner Steuererklärungen der letzten Jahre entzog, auch wenn dies den Verdacht zur Folge hatte, er habe hinsichtlich seiner finanziellen Aktivitäten einiges zu verbergen – einen Verdacht, der um so eher nahelag, als etwa das New Yorker Finanzministerium bisher nicht weniger als 36 Steuerschuldverschreibungen gegen Trumps Vermögen aufgrund unbezahlter Steuern durchgesetzt hat. Aber der

Wahlkampf bot noch einiges mehr. Im Juli 2015 äußerte sich Trump sarkastisch über Senator John McCain, der fünfeinhalb Jahre in nordvietnamesischer Kriegsgefangenschaft verbrachte und mehrfach gefoltert wurde, er, Trump, ziehe Leute vor, die sich nicht gefangennehmen ließen – obgleich er selbst es geschickt geschafft hatte, der Wehrpflicht aus dem Wege zu gehen.[22] Ja, am 23. Januar 2016 erklärte Trump in Iowa, aufgrund der Loyalität seiner Anhänger könnte er jemanden auf Fifth Avenue erschießen und würde trotzdem keine Stimme verlieren – und in der Tat hat diese Äußerung, ebensowenig wie die analoge Dutertes, seine Niederlage besiegelt, sondern bei seinen Zuhörern Lachen ausgelöst.[23] Am 27. Juli 2016 sagte Trump in einer Rede: »Rußland, wenn Du zuhörst, wir hoffen, Du kannst die dreißigtausend Emails finden, die fehlen.« Dies war eine wenig verhüllte Einladung an eine fremde Staatsmacht, sich in die Emails Hillary Clintons einzuhacken. Wir wissen heute, daß die Hacker-Angriffe der Russen zwar gegen Spitzenkräfte der Demokraten schon seit Monaten im Gang waren, sich aber am 27. Juli erstmals gegen Clinton selber richteten.[24]

Was ist dieser Trump für eine Person? In seiner subtil humorvollen Art hat er in einer Fernsehdiskussion mit den republikanischen Präsidentschaftskandidaten am 10.11.2015 auf die Frage, welchen Codenamen für den Geheimdienst er als Präsident haben wolle, »humble« angegeben, also »demütig«. Aber das hat ihn nicht daran gehindert, uns sein Geheimnis in einem seiner Tweets am 6.1.2018 selber zu verraten: Er sei ein Genie, denn er sei schon bei dem ersten Anlauf Präsident geworden. Er hätte ergänzen können, daß er nie vorher ein militärisches oder ziviles öffentliches Amt, auch nur auf der kommunalen Ebene, innehatte. In gewissem Sinne hat der Mann tatsächlich recht, und nichts ist gefährlicher, als ihn zu unterschätzen. Trump ist wirklich ein Genie des Populismus. Er hat die Wut, die sich im Lande anstaute, aber über die die meisten herablassend hinwegblickten, wie nur wenige andere wahrgenommen, sich als deren Sprachrohr zur Verfügung gestellt und die republikanischen und demokratischen Eliten beiseitegefegt, die sich als Hüter der mit der Globalisierung verknüpften Interessen verstanden und handelten. Trump hat ja keineswegs nur die demokratische Kandidatin geschlagen, nein, er hat – was im Grunde noch verblüffender war – sich dank der basisdemokratischen Natur der Primaries und Caucuses im innerrepublikanischen Wahlkampf gegen Politiker durchgesetzt, die Erfahrungen als Governors wichtiger Bundesstaaten oder als Senatoren erworben hatten, und zwar ohne selber eine wirkliche Verankerung in der Partei zu genießen, die jemandem gegenüber mißtrauisch sein mußte, der Demokrat, Republikaner, Unabhängiger, Demokrat und Republikaner gewesen ist und dessen Ideen etwa in der Fiskal- und Handelspolitik traditionellen republikanischen Positionen radikal widersprechen. Aber dieses Mißtrauen hat die Granden der Republikanischen Partei nicht dazu befähigt, ihre Kräfte zu bündeln und sich auf einen gemeinsamen Gegenkandidaten wie etwa den Governor von Ohio John Kasich zu einigen – ein Versagen, für das die Partei noch einen sehr hohen Preis zahlen wird. Innerhalb der Demokratischen Partei gelang dem Außenseiter Bernie Sanders, der sich erst 2015 als Demokraten charakterisierte und sich vorher als »unabhängig« bezeichnet hatte, interessanterweise etwas Analoges – der linke Globalisierungskritiker gewann zwar nicht die Präsidentschaftskandidatur seiner Partei, errang aber den zweiten Platz und war zeitweise für Clinton durchaus gefährlich. In den Debatten zwischen den republikanischen Kandidaten wurden von Trump praktisch keine Sachargumente vorgebracht, dafür schaffte er es, seinen Gegnern schmückende Beiwörter zu verschaffen, die sie der öffentlichen Lächerlichkeit preisgaben: Jeb Bush etwa wurde »Low Energy Jeb« genannt, Ted Cruz »Lyin' Ted«, Marco Rubio »Little Marco«. Nach dem Aufstieg in das Präsidentenamt wurden auch ausländische Politiker analog charakterisiert, Kim Jong-un z. B. als »Little Rocket Man«. Die Zahl der von Trump geäußerten Falschaussagen, seien es Fehler aufgrund von Unwissenheit und mangelnder Logik, wahnhafte Selbsttäuschungen oder vorsätzliche Lügen, ist Legion – allein im ersten Amtsjahr wurden über tausend gezählt.[25] Seine Maxime ist offenkundig, seine Basis in einem permanenten Erregungszustand zu erhalten, indem er ständig jemanden attackiert, nie einräumt, seine Gegner könnten partiell recht haben, und nie eigene Fehler zugibt oder Kritik ernst nimmt.

Zur Beruhigung des Lesers sei hinzugefügt: Genialität in einem Bereich ist mit abgrundtiefer Dummheit in einem anderen vereinbar. Im inneramerikanischen Machtkampf um die Präsidentschaft hat sich Trump auf brillante Weise durchzusetzen vermocht, aber das bedeutet selbstverständlich nicht, daß er das Gemeinwohl der USA (um von dem der Welt zu schweigen) auch nur in den Blick zu bekommen vermag. Er ist ein kratisches, also in Machtkämpfen erfolgreiches Genie. Politisch ist er ein Desaster. Psychologisch verdient der Typus, den er repräsentiert, eine genauere Betrachtung. Denn ohne Zweifel wurde Trump nicht trotz, sondern wegen seiner auffallenden Charaktereigenschaften gewählt, auch wenn sie nicht jeder als anziehend empfindet. Von den klassischen sieben Hauptsünden geht ihm kaum eine ab, wobei egomaner Hochmut, Neid (zumal auf Obamas Beliebtheit), Jähzorn, Habgier und Lüsternheit in ganz besonderem Maße ausgeprägt sind. Aber auch Faulheit ziert ihn – selbst als Präsident ist ihm Golfspielen viel wichtiger als das Studieren von Akten, das seine Aufmerksamkeitsspanne überfordert. Sein Englisch ist syntaktisch und orthographisch oft genug inkorrekt. Das, was seine Fans am meisten fasziniert, ist, daß Trump seine Laster keineswegs unter den Tisch kehrt, sondern offen mit ihnen prahlt. Trump hat auf der Rechten das verwirklicht, was bei manchen Linken nach 1968 zu einem Ideal aufgeblüht war: Er ist ein Sponti, diesmal freilich des Antiuniversalismus.

Unter den psychischen Störungen läßt sich bekanntlich eine schnell identifizieren, weil derjenige, der sie hat, stolz auf sie ist und sich gerne zu ihr bekennt: Narzißmus. In der Tat besteht wenig Zweifel daran, daß Trump an einer narzißtischen Persönlichkeitsstörung leidet – wie viele Zeitgenossen auch, aber in so grotesk gesteigerter und doch zugleich erfolgreicher Form, daß sich nun Millionen mit ihm identifizieren können. Mangel an Empathie, Desinteresse an anderen, Unfähigkeit zuzuhören und damit auch zu langfristigen Beziehungen, Deutung der Wirklichkeit in Schwarz-Weiß-Schablonen, Einteilung der Mitmenschen in Freunde und Feinde, Ablehnung von Kritik, absurde Überschätzung der eigenen Leistungen, verzehrendes Bedürfnis nach Anerkennung bei innerer Unsicherheit, Schwelgen in Machtphantasien, Wunsch nach dem Dominieren anderer, Rechthaberei, manchmal auch Lügen zur Durchsetzung der eigenen Interessen, da Regeln immer nur für die anderen gelten, Zuschreibung der Opferrolle an sich selbst und Unfähigkeit, Verantwortung für die eigenen Fehler anzuerkennen, sind klassische Merkmale des Narzißten, die man bei Trump leicht wiedererkennt.[26]

Neben der Befriedigung, daß man nun unentwegt über ihn spricht und schreibt (wobei die kritischen Medienberichte von Trump grundsätzlich als »Fake News« beschimpft werden), sind zwei weitere Motive für Trumps Betreten der politischen Arena das Bedürfnis nach Begegnungen mit Prominenten – als Staatsoberhaupt der USA kann Trump den Papst, Königin Elisabeth II., Putin, Kim Jong-un treffen und Photos von den Terminen mit nach Hause nehmen – sowie die eigenen Wirtschaftsinteressen, die er dank seiner politischen Position mit allen Mitteln zu fördern sucht. Ausländische Politiker steigen nun im Trump Hotel in Washington ab, und seine Beraterin Kellyanne Conway forderte schon im Februar 2017 dazu auf, Produkte der Trump-Tochter Ivanka zu kaufen. Das Lesen von Memoranden, die Diskussion politischer Handlungsalternativen zusammen mit Mitarbeitern, die Arbeit am Detail sind Trumps Sache nicht; aber er läuft zur Hochform auf, wenn er zu seiner Basis reden kann, von der er jene Bewunderung gezollt bekommt, die er vergeblich bei intellektuell und moralisch subtileren Figuren gesucht hatte und die er braucht, um die Selbstzweifel wegzuwischen, die ansonsten an ihm nagen könnten. Zweifelsohne empfindet Trump eine tiefe Faszination vor Diktatoren. Im September 2016 erklärte er im Wahlkampf, Putin (den er loben werde, wenn dieser ihn lobe) sei ein viel besserer Führer als Obama.[27] Zur Feier seines hundertsten Tages im Präsidentenamt telephonierte er mit Rodrigo Duterte, dem er zu seinem »unglaublichen Job« im Kampf gegen Drogen gratulierte.[28] Kim Jong-un pries er nach dem gemeinsamen Treffen in Singapur als »sehr talentiert« und »klug«. Und in einer privaten Rede im März 2018 lobte Trump den chinesischen Präsidenten Xi Jinping, dem es in diesem Monat gelang, durch eine Verfassungsänderung die Begrenzung der Amtszeit des Präsidenten (wie in den USA bis dahin auch in China auf zwei Amts-

Der Schock von 2016: das Brexit-Referendum und die Wahl Trumps

perioden) zu beseitigen – »vielleicht werden auch wir das einmal versuchen«.[29] Und wie Duterte vertritt er die jeden Gedanken der Bindung an Recht und Gesetz untergrabende Rechtsauffassung, der US-amerikanische Präsident könne auch sich selbst begnadigen.[30]

Enkel eines deutschen Einwanderers, dessen wirtschaftliche Erfolge u. a. auf das Geschäftsmodell Hotel plus Bordell zurückgehen, und Sohn eines erfolgreichen Immobilienunternehmers, dessen Wohlstand er erbte, hat Trump es geschickt vermocht, »Trump« zum Markenzeichen zu machen und sich selbst als hochbegabten Unternehmer darzustellen, auch wenn der sechsmalige Bankrott seiner Hotel- und Casinounternehmen nicht gerade für objektive Leistungen in der Wirtschaft spricht. Gelegentlich empfahl Trump sich für Höheres, indem er als Law-and-Order-Mann auftrat – als 1989 fünf schwarze Teeangers in New York wegen einer Vergewaltigung verhaftet wurden, verlangte Trump in Anzeigen in vier Zeitungen der Stadt die Wiedereinführung der Todesstrafe. Diese Hetze trug sicherlich zur Verurteilung der Jugendlichen bei – deren Unschuld freilich nach einigen Jahren einwandfrei erwiesen wurde. Wer glaubt, Trump hätte nach deren Entlassung aus dem Gefängnis das frühere eigene Verhalten bedauert, hat einen wesentlichen Charakterzug dieses demütigen Genies nicht begriffen – seine völlige Unfähigkeit zur Selbstkritik und Reue.

Entscheidend beim Erringen seiner Popularität war die Fernsehserie »The Apprentice«. Silvio Berlusconis Aufstieg zur Position des italienischen Ministerpräsidenten, die er immerhin viermal innehatte, hatte schon gezeigt, wie sehr die Machtverteilung in spätmodernen Demokratien vom Bekanntheitsgrad und der Popularität abhängt, die jemand mit politischen Ambitionen eben am leichtesten durch Fernsehpräsenz erhält. Trump moderierte diese Fernseh-Reality-Show von 2004 bis 2015 und erreichte damit jene Bekanntheit, die für seine politischen Ambitionen erforderlich war – schon die erste Staffel hatte im Schnitt über 20 Millionen Zuschauer. Ziel der Show (die zeitweise vom Body-Builder, Schauspieler und ehemaligen Governor Kaliforniens Arnold Schwarzenegger weitergeführt wurde) ist es, jemanden für einen

Der Schock von 2016: das Brexit-Referendum und die Wahl Trumps

Einjahresvertrag in einem der Unternehmen Trumps auszuwählen. Das geschah durch den Ausschluß der anderen, denen Trump jeweils persönlich mitteilte »You are fired!«. Einerseits gewann er damit die Aura des letzten Entscheiders, von dem das Schicksal so vieler abhängt; andererseits konnte der entlassene Arbeitslose vor dem Bildschirm eine kompensatorische Befriedigung daraus beziehen, daß nicht nur er, sondern auch glamouröse Bewerber gefeuert werden. Gleichzeitig vermittelte die multikulturelle Auswahl der Kandidaten und immer wieder auch der Gewinner den Eindruck, der geniale Unternehmer sei zwar »tough«, aber eben allen leistungsfähigen Menschen gewogen.

»You are fired« beschränkte sich aber nicht nur auf die Reality-TV-Show. Seit Amtsantritt hat Trump die Erwartungen seiner Basis bestätigt, er werde als Politiker genauso durchsetzungsstark sein wie als Unternehmer. Er hat eine ungewöhnlich hohe Anzahl von Kabinettsmitgliedern und Mitarbeitern gefeuert, wenn sie sich ihm nicht absolut unterordneten. Der FBI-Direktor James Comey und der Außenminister Rex Tillerson waren wohl die prominentesten unter ihnen. Anthony Scaramucci hatte den Job des Communication Director nur elf Tage inne. Zwar ist es durchaus möglich, ja m. E. wahrscheinlich, daß die Anstellung des unflätigen und ordinären Scaramucci in Trumps Augen hauptsächlich die Aufgabe erfüllen sollte, Trumps Stabschef Reince Priebus zu diskreditieren, den ehemaligen Vorsitzenden des Republican National Committee, der in der Tat wegen Scaramuccis Angriffen zurücktrat; und nachdem der letztere seinen Job getan hatte, konnte dieser nützliche Idiot Trumps selber gehen. Aber es versteht sich, daß sich langfristige und vertrauensvolle Planung unter der ständigen Drohung des Entlassenwerdens nicht entwickeln kann. Aber darauf kommt es Trump gar nicht an. Der Trump-Fan darf den Eindruck genießen, Trump gehe mit der politischen Klasse, die der Fan und sein Held gleichermaßen verachten, so um, wie sie es verdienen. Ja, vielleicht entwickelt sich ein besonderer Genuß daraus, daß der Übergang vom Reality-Fernsehen zur politischen Wirklichkeit unmerklich ist und man letztlich gar nicht mehr weiß, was Schau und was echt ist – der Unternehmer Trump, der Showmaster Trump und der Präsident Trump rufen

Der Schock von 2016: das Brexit-Referendum und die Wahl Trumps

alle drei »You are fired« und verschmelzen zu einer einzigen Figur, in der seine Verehrer die USA selbst in ihrem Kampf gegen die Feinde des Volkes symbolisiert finden.

Das, was Trump sinnbildlich repräsentiert, ist der Kollaps einer Konzeption von Politik als eines rationalen, gemeinsamen Bemühens um die Bestimmung des Gemeinwohls innerhalb stabiler, durch Gleichgewicht ausgezeichneter verfassungsrechtlicher Institutionen. Statt des komplexen Gefüges einer sachlich arbeitenden Diplomatie (im Juli 2018, also anderthalb Jahre nach Amtsantritt Trumps, waren vierzig der 188 Botschafterposten der USA noch unbesetzt)[31] bestimmen nun die Impulse eines irrationalen Machtmenschen die außenpolitischen Entscheidungen der USA. Im August 2017 wird Kim Jong-un noch mit »fire and fury«, Feuer und Zorn bedroht; im Juni 2018 sind Trump und der nordkoreanische Diktator soulmates, seelenverwandte Kumpel. Wenn, wovon auszugehen ist, Nordkoreas Abrüstungsabsichten nicht ganz so ehrlich sind, wie Trump vermutet, darf man sich auf eine Potenzierung der früheren Drohungen, wenn nicht auf Schlimmeres gefaßt machen. In der internationalen Politik ist wenig gefährlicher als Unberechenbarkeit – gegen jemanden mit klaren aggressiven Absichten z. B. kann man sich wappnen und auf Abschreckung setzen. Aber eine unvorhersehbare Politik macht Planungen unmöglich, entfremdet Verbündete, die sich auf den Alliierten nicht mehr verlassen können, und lädt Gegner geradezu zu Kurzschlußreaktionen ein. Das gilt um so mehr, wenn die Unvorhersehbarkeit nicht nur für die Rivalen gilt, also eine bewußte Strategie des Akteurs ist, der sich nicht in die Karten schauen lassen will. Denn das kann imponieren. Trumps Unberechenbarkeit jedoch entspringt der Inkohärenz seines Denkens, der Unfähigkeit, geduldig und durchaus mit taktischen Volten einen langfristigen strategischen Plan zu verfolgen, auch wenn er gelegentlich glauben machen will, seine Sprunghaftigkeit gehöre zu seiner sagenhaften Kunst, Geschäfte abzuschließen. Millionen Amerikaner, die durch »The Apprentice« verdummt sind, mögen das glauben; die globalen Rivalen Xi und Putin wissen, wie sie das einzuschätzen haben und wie sie die krankhafte und von ihnen zu Recht verachtete Eitelkeit des Präsidenten für ihre eigenen langfristigen Pläne einspannen können.

Daß innenpolitisch der Schaden bisher noch nicht größer ausgefallen ist, verdankt sich drei Faktoren. Erstens ist die US-amerikanische Verfassung eine der genialsten der Welt: Man kann nie genug den Scharfsinn bewundern, den ihre Väter bei der Lösung des entscheidenden Problems entwickelt haben, wie man eine starke und stabile Regierung haben und zugleich Machtmißbrauch verhindern kann. Daß diese Verfassung seit der Bill of Rights, den später, nämlich 1791, zugefügten Grundrechten, bis heute mit nur weiteren siebzehn Verfassungsänderungen auskommen konnte (ja, eigentlich fast nur mit fünfzehn, da der einundzwanzigste Verfassungszusatz im wesentlichen aus der Rückgängigmachung des achtzehnten bestand), und dies obwohl sich die USA sowohl im Inneren als auch in ihrer weltpolitischen Rolle in den mehr als 225 Jahren seitdem massiv gewandelt haben, ist eine wahrhaft staunenswerte Leistung. Auf wenig sind die US-Amerikaner so berechtigt stolz wie auf diese geniale Verfassung. Bei allen Unzugänglichkeiten im einzelnen und trotz der Tatsache, daß das Bekenntnis zu den Bürgerrechten das entsetzliche Unrecht der Sklaverei sowie die Beraubung und Vertreibung der eingeborenen Bevölkerung bis lange in das neunzehnte Jahrhundert hinein nicht ausschloß, ist es ein Faktum, daß aufgrund dieser Verfassung die Errichtung einer Tyrannei sehr schwer ist. Die weltgeschichtliche Leistung der USA, im 20. Jahrhundert dem totalitären Wahn widerstanden, ja, den Totalitarismus Deutschlands und der Sowjetunion in die Knie gezwungen zu haben, verdankt sich u. a. dieser Verfassung. Die Verbindung von horizontaler Gewaltenteilung (in Legislative, Exekutive und Judikative) und vertikaler Gewaltenteilung (in Zentral- und Gliedstaaten) bietet erstens massive Gegengewichte gegen die monokratisch konzipierte Exekutive des Bundes. Gerichte haben seit Trumps Amtsantritt zahlreiche seiner Entscheidungen blockiert, und die Gliedstaaten, ja einzelne Großstädte widersetzen sich erfolgreich den Rückschritten des Bundes in der Umwelt- und Migrationspolitik. Da freilich eine Verfassung tot ist, wenn nicht ein entsprechender Geist die Zivilgesellschaft beseelt, muß zweitens hervorgehoben werden, daß die Medienvielfalt, die erstrangige wirtschaftliche Dynamik sowie die ausgezeichnete Wissenschaftslandschaft der USA weitere Faktoren sind, die der Errichtung einer Tyrannei stark entgegenwirken. Und drittens ist zu erwähnen, daß *bisher* in Trumps Präsidentschaft jener Fall nicht eingetreten ist, in dem ihm als Präsidenten und Oberbefehlshaber der Streitkräfte außerordentliche Entscheidungsvollmachten zufallen – ein großer Krieg. Da Trump anders als die Diktatoren des Totalitarismus weder blutrünstig noch grausam ist, wird er einen solchen schwerlich bewußt herbeiführen. Da ihm langfristige Konzentration und Planung fremd ist (als er dem Fox Business Network berichtete, wie er beim Essen »des schönsten Schokoladenkuchens« zusammen mit dem chinesischen Staatspräsidenten diesem mitteilte, er habe gerade eine Bombardierung Syriens angeordnet, sprach er statt von Syrien von dem Alliierten der USA Irak),[32] da er lieber Golf spielt und Fernsehen schaut (besonders wenn von ihm selbst die Rede ist), als Schlachtpläne zu studieren, hat er nicht die Persönlichkeit, sich für Kriegsführung zu interessieren. Das heißt jedoch keineswegs, daß er die Klugheit besitzt, das Hineinschlittern in einen Krieg zu verhindern – eine Vielzahl von Kriegen ist so zustande gekommen. Und er mag für seine Wiederwahl einen Krieg anzetteln wollen.

Aber auch wenn Trump 2020 abgewählt werden und seine Präsidentschaft primär als clowneske Episode in Erinnerung bleiben sollte, ist es nicht leicht, langfristig hinsichtlich der politischen Zukunft der USA zuversichtlich zu sein. Denn das Land hat heute eine viel höhere politische Polarisierung als etwa vor zwanzig Jahren. Daß Menschen unterschiedliche politische Ideen haben, ist normal, daß Regierungen unterschiedlicher Parteien einander abwechseln, ist geradezu das Lebensblut einer Demokratie. Aber die Schwingungen des Pendels bei einem Präsidentenwechsel werden immer größer, und die Fähigkeit zum intelligenten politischen Kompromiß zwischen politischen Gegnern nimmt in beängstigendem Maße ab. Die amerikanische Verfassung setzt freilich diese Fähigkeit in besonderem Maße voraus, weil der Präsident nicht vom Kongreß gewählt wird und daher oft unterschiedliche Parteien auf der einen Seite das Weiße Haus und auf der anderen zumindest eine der beiden Parlamentskammern beherrschen. Beide Kammern und der Präsident müssen aber bei der Gesetzgebung zusammenwirken (ein Veto des Präsidenten kann nur mit der sehr seltenen Zweidrittelmehrheit in beiden Kammern überstimmt werden). Während der acht Jahre der Präsidentschaft Ronald Reagans war das Repräsentantenhaus stets, der Senat zwei Jahre von einer demokratischen Mehrheit bestimmt; die Regierungsgeschäfte wurden dadurch kaum gestört. In den letzten sechs Jahren seiner Präsidentschaft, in denen er nicht mehr eine Mehrheit in beiden Kammern genoß, kamen dagegen die innenpolitischen Pläne Obamas weitgehend zum Erliegen. Es ist nicht abzusehen, wie unter diesen Bedingungen etwa eine langfristig verantwortliche Haushaltspolitik zustande kommen kann. Selbst wenn Trump durch einen demokratischen Präsidenten bzw. Präsidentin ersetzt sein wird, ist es nicht wahrscheinlich, daß dieser oder diese eine Mehrheit der eigenen Partei in beiden Kammern haben bzw. andernfalls auf kompromißbereite Republikaner stoßen wird. Und noch unwahrscheinlicher ist es, daß selbst für den Fall, daß massivste Rechtsbrüche des Präsidenten erwiesen würden, sich eine überparteiliche Mehrheit für seine Amtsenthebung fände – denn ohne diese käme die erforderliche Zweidrittelmehrheit im Senat nicht zustande. Man kontrastiere die 1970er Jahre: Nixon wurde durch die Drohung des Impeachment zum Rücktritt gezwungen, auch wenn er 1972 in 49 Bundesstaaten (außer Massachusetts und dem District of Columbia) eine Mehrheit gewonnen hatte. Das verhinderte jedoch keineswegs einen überparteilichen Konsensus, Nixons Rechtsbrüche seien nicht weiter hinzunehmen – so wie auch 2016/17 bei der Amtsenthebung der südkoreanischen Präsidentin Park Geun-hye, einem vorbildlich durchgeführten Verfahren, das, wie auch die disziplinierten Demonstrationen vorher und die später erfolgten Verurteilungen Parks, den Eindruck erweckte, in diesem Lande Ostasiens sei der Geist des Rechtsstaates stärker lebendig als in vielen westlichen Staaten. Trump hat sich freilich bisher auf die Republikaner im Kongreß verlassen können, von denen die meisten für den Deal einer Steuersenkung zu Trumps Verfehlungen schweigen. Zudem ist es eine bekannte Eigentümlichkeit der Rechten, sich hinter ihrem Führungspersonal zu scharen, was im Wettkampf mit der viel leichter zersplitterten Linken große Vorteile mit sich bringt. Doch hat sich inzwischen der Parteiengeist auf Kosten der Staatsgesinnung in einem ganz neuen Maße durchgesetzt. Das Land, so muß man befürchten, wird polarisiert bleiben und zunehmend schwerer zu regieren sein. Es wird sich damit kaum als fähig erweisen, die angesichts rasanter weltpolitischer und technischer Veränderungen erforderlichen Anpassungen vorzunehmen.

Die Spaltung des Landes wurde besonders dadurch sichtbar, daß die demokratische Gegenkandidatin Clinton fast drei Millionen mehr Stimmen als Trump erhielt. Doch das konnte die Wahl Trumps nicht verhindern, da der amerikanische Präsident bekanntlich durch ein Wahlkollegium gewählt wird. Da jeder Staat soviele Mitglieder ins Wahlkollegium schickt, als er Vertreter im Repräsentantenhaus und Senat hat, da aber jeder Staat in den Senat gleichviele, nämlich zwei, Senatoren schickt, ja, da selbst im Repräsentantenhaus die Verteilung der Sitze auf die Staaten je nach Bevölkerungsgröße sich nach der alle zehn Jahre stattfindenden letzten Volkszählung richtet, in der Zwischenzeit freilich meistens viele Menschen aus den in der Mitte gelegenen Staaten mit starken ländlichen Regionen an die Ost- und Westküste abwandern, wo es viel mehr Jobs gibt, kommen in den bevölkerungsärmsten Staaten weniger als halb so viele Einwohner auf einen Wahlmann als in den bevölkerungsstärksten. (48 Staaten befolgen dabei das »winner takes all«-Prinzip, lassen also all ihre Wahlmänner oder -frauen für den Kandidaten der Partei stimmen, die die die Mehrzahl der Stimmen gewonnen hat. Doch ist dies eine Entscheidung des betreffenden Staates, dem durch die Verfassung hierzu nichts vorgeschrieben wird, wie in den USA allgemein die Organisation der Bundeswahlen Sache der Gliedstaaten ist.)

Es ist zu einfach, wenn man diese Tatsache als ungerecht, weil undemokratisch brandmarkt. Denn die amerikanische Verfassung versucht bei der Präsidentschaftswahl ganz bewußt eine Balance zwischen dem demokratischen und dem bundesstaatlichen Prinzip: Die bevölkerungsreicheren Staaten sollen nicht die bevölkerungsschwächeren dominieren. Für Trump hat zwar nicht die Mehrheit aller US-amerikanischen Wähler, aber doch die Mehrheit in einer klaren Mehrzahl der Einzelstaaten gestimmt. Man kann aus guten Gründen der Ansicht sein, das Land sei heute so zusammengewachsen, daß diese Begünstigung der Bewohner der bevölkerungsschwächeren Staaten nicht mehr zeitgemäß sei. Insbesondere ist eine der sehr negativen Konsequenzen des Systems, daß die Entscheidung in den wenigen swing states fällt – daß Texas republikanisch, New York demokratisch wählt, ist ausgemacht, und daher konzentrieren sich die Wahlkämpfe auf die weniger bevölkerungsreichen und wirtschaftlich und wissenschaftlich weniger bedeutsamen Staaten, in denen die Bevölkerung in ihrem Wahlverhalten zwischen den beiden Hauptparteien ziemlich genau gespalten ist. Trumps Sieg hatte damit zu tun, daß er erstmals seit längerer Zeit für die Republikaner Wisconsin, Michigan und Pennsylvania eroberte, die traditionell zum Blue Wall, zur »Blauen Mauer«, gehörten, also zur Gruppe geographisch zusammenhängender demokratisch wählender Staaten. Da die US-amerikanische Verfassung sehr schwer zu ändern ist, ist es illusorisch zu glauben, es werde in den nächsten Jahrzehnten zu einer Reform kommen – die weniger bevölkerungsstarken Staaten werden sich ihre Privilegierung nicht nehmen lassen. Auffallend ist, daß eine Divergenz zwischen den Mehrheitsverhältnissen im Bund bzw. im Wahlkollegium erst viermal aufgetreten ist (1876, 1888, 2000 und 2016), zweimal also in den zwei letzten Jahrzehnten. Sie mag sich sehr wohl in den nächsten Präsidentschaftswahlen 2020 wiederholen, denn die politische Spaltung hat heute eine starke geographische Basis: Die Staaten im Nordosten und an der Pazifikküste mit großen Metropolen, die stets besonders stark von der Globalisierung profitieren, wählen demokratisch, aber die Südstaaten und immer mehr Staaten in der Mitte republikanisch. Selbst wenn Kalifornien und New York bei den nächsten Wahlen zehn Millionen mehr Wähler für den demokratischen Kandidaten mobilisieren sollten, sich aber in den swing states nichts an den Mehrheitsverhältnissen ändert, wird das eine Wiederwahl Trumps nicht verhindern. Und selbst wenn Trump nicht wiedergewählt werden wird, er wird Schule gemacht und den politischen Umgangston im Lande nachhaltig verändert haben. Trump, das muß man ihm leider lassen, ist mehr als eine Episode.

Die Frustration, die sich aus dieser Situation ergibt, ist groß, und sie mag zu einer schweren Krise der sozialen Legitimität der Verfassung führen. Im März 2017 schrieb der Diplomat Keith Mines in einem vielbeachteten Artikel im Magazin »Foreign Policy«, er schätze das Risiko eines Bürgerkriegs in den USA in den nächsten zehn bis fünfzehn Jahren auf 60 %. Man muß sofort hinzufügen, daß bei dieser Frage »Bürgerkrieg« verstanden wird als verbreitete politische Gewalt mit Versuchen, die geltende politische Autorität in einigen legalen oder territorialen Gebieten einzuschränken. Damit ist kein langfristiger Bürgerkrieg wie der von 1861 bis 1865 in den USA gemeint, nicht einmal der Sturz einer Regierung, aber durchaus eine Situation, die aufgrund von Gewaltexplosionen das Funktionieren der Staatsgewalt beträchtlich behindert. Mines sieht aufgrund seiner Erfahrungen in Bürgerkriegsländern fünf Indikatoren eines solchen Konflikts in den USA als gegeben an. Dabei handelt es sich um eine extreme Polarisierung der Staatsbürger (die in den USA allerdings heute nicht durchgehend territorial basiert ist, was einen größeren Konflikt glücklicherweise unwahrscheinlich mache); einen Informationsfluß, der nicht mehr durchgängig ist, sondern in unterschiedliche Kanäle zerfällt, die jeweils nur von einer politischen Gruppierung wahrgenommen werden; zunehmende Akzeptanz von Gewalt (mit weitgehender Möglichkeit dazu dank der geschätzt gut 300 Millionen Feuerwaffen in Privatbesitz[33]); Schwächung von Institutionen wie Presse und Justiz; einen Zusammenbruch politischer Führung, zumal bei den Republikanern.[34] Andere Experten schätzen die Wahrscheinlichkeit eines so verstandenen Bürgerkriegs anders ein – von 5 % bis auf 95 %.[35] Was die Akzeptanz von Gewalt angeht, so genüge es zu erwähnen, daß Trump für den Fall seiner Niederlage seine Befürworter vorsorglich auf Wahlfälschungen eingestimmt hatte und diese These selbst nach der Wahl in der Form aufrechterhielt, auch die Mehrheit der wahlberechtigten Bevölkerung habe für ihn gestimmt, doch habe man Millionen Nicht-Staatsbürger abstimmen lassen.[36] Sicher kann man jetzt schon von einem »kalten Bürgerkrieg« reden – bei beiden Seiten gibt es eine Erwartung verfassungswidriger Gewalt von der anderen Seite und eine Bereitschaft, sich dann zur Wehr zu setzen.

Was auf jeden Fall großen Anlaß zur Beunruhigung gibt, ist der weitgehende Vertrauensverlust in die demokratisch gewählten Vertreter der Politik. Bei den Umfragen zum Vertrauen in siebzehn US-amerikanische Institutionen schneidet seit einiger Zeit der Kongreß am schlechtesten ab. Genoß er 2004 noch bei 30 % der Amerikaner großes bzw. ziemlich großes Vertrauen, war die entsprechende Zahl 2014 auf 7 % gefallen. 2018 hat sie sich immerhin auf 11 % erhöht. Das Präsidentenamt erhielt 2018 37 % (2004 waren es noch 52 %), die Kirchen 38 % (2004 waren es 53 %), der Oberste Gerichtshof 37 %, die öffentlichen Schulen 29 %, die Banken 30 %, das Fernsehen 20 %, das Strafrechtssystem 22 %, kleine Firmen 67 %, die Polizei 54 % und das Militär 74 %.[37] Von den staatlichen Organisationen genießen also nur die mit physischer Gewalt betrauten hohes bzw. recht hohes Vertrauen, von den drei wichtigsten Staatsgewalten die Spitze der Exekutive und der Judikative wesentlich mehr als der Kongreß. Was ist daran so verblüffend? Daß der Kongreß, anders als Präsident und Oberster Gerichtshof, um von Polizei und Militär zu schweigen, vom Volke direkt gewählt wird. Aber gerade das scheint die Ursache: Das Volk mißtraut sich selber mehr als jenen Organen, bei denen die Beförderung aufgrund sachlicher Kompetenzen erfolgt. Zwar wird sich das explizite Mißtrauen eher gegen die Mitwähler richten als gegen einen selber (so wie nach dem bekannten Witz jeder Psychologiestudent vermutet, seine Mitstudenten studierten das Fach, weil sie selber psychische Probleme hätten, er selber jedoch, weil er Menschen mit psychischen Problemen helfen wolle). Aber das ändert nichts an der Tatsache, daß viele Wähler zumindest implizit glauben müssen, die Bestimmung eines Staatsorgans durch allgemeine und gleiche Wahlen selegiere nicht notwendig Menschen, denen man besonderes Vertrauen entgegenbringen könne. Es geht hier gar nicht um die Beantwortung der Frage, ob dieses Mißtrauen berechtigt ist oder nicht. In diesem Zusammenhang genügt es, daß dieses Mißtrauen besteht. Und auf die Dauer kann ein solches Mißtrauen die Legitimität der Demokratie nur untergraben. Ein relativ harmloser Schritt ist die Ausweitung der Kompetenzen der Justiz gegenüber denen der Legislative, weil die Macht der Justiz naturgemäß beschränkt ist; viel gefährlicher ist es, wenn die Exekutive, die das Gewaltmonopol innehat, die Gesetzgebung zu ersetzen beginnt.

Zwar bleibt es gemäß Maurice Duvergers berühmtem Gesetz in den USA aufgrund des Mehrheitswahlrechts außerordentlich schwierig, das Zweiparteiensystem zu transzendieren. Denn wer einer dritten Partei die Stimme gibt, riskiert, diese zu verschwenden, da nur der Kandidat mit der relativen Mehrheit den Wahlkreis gewinnt. Ein solches System erschwert den Aufstieg neuer Parteien in hohem Maße und hat dafür den Vorteil, die Regierungsbildung zu erleichtern (auch wenn direkt gewählte Abgeordnete eher den Mut haben, sich gegenüber der Fraktionsspitze im Parlament aufmüpfig zu erweisen). Dennoch hat das Vereinigte Königreich mit demselben Wahlsystem wie die USA derzeit zum zweiten Mal seit 2010 ein »hung parliament«, das es vorher das letzte Mal 1974, und zwar nur kurz bis zu den Neuwahlen einige Monate später, gegeben hatte, und damit eine tolerierte Minderheitsregierung. Die Unzufriedenheit mit den beiden Hauptparteien muß einen hohen Grad haben, damit es dazu kommen kann. In den meisten demokratischen Staaten mit Verhältniswahlrecht ist freilich die Zersplitterung der Parteien weit fortgeschritten und damit die Regierungsbildung viel schwieriger geworden. Belgien war von den Parlamentswahlen im Juni 2010 bis zum Dezember 2011 ohne gewählte Regierung, die Niederlande 2017 über 200 Tage, Deutschland von der Bundestagswahl im September 2017 bis zum März 2018. Spanien hat seit 2016 wechselnde Minderheitsregierungen. Der Niedergang der sozialdemokratischen Parteien sowie der neue Aufstieg links- und rechtspopulistischer Parteien (sowie populistischer Parteien wie des Movimento 5 Stelle in Italien, die überhaupt nicht in das ohnehin immer mehr überholte Links-Rechts-Schema passen) sind in der EU in vollem Gange. In den USA bleibt zwar, wie gesagt, das Zweiparteiensystem an der Oberfläche stabil. Aber die Inhalte der beiden großen Parteien haben sich völlig gewandelt, so wie das schon früher mit der geographischen Basis der beiden Parteien geschehen war. Die Südstaaten waren traditionell demokratisch ausgerichtet (denn der Befreier der Sklaven Abraham Lincoln war Republikaner gewesen); noch in den 1960er und 1970er kandidierte ein Rassist wie der Demokrat George Wallace für die demokratische Präsidentschaftsnominierung. Aber mit dem Aufstieg der Bürgerrechtsbewegung innerhalb der Demokratischen Partei gelang es den Republikanern, den Süden auf lange Zeit für sich zu gewinnen. Doch in den 1980er Jahren waren die Republikaner die globalisierungsfreundliche Partei, während die Demokraten wegen ihrer Verbindung zu den Gewerkschaften viel eher bremsten. Unter Bill Clinton fand aber ein radikaler Wechsel innerhalb der Demokratischen Partei statt, deren Eliten sich nun wie diejenigen der Republikaner zur Globalisierung bekannten, sie weiterführten und die heimische Arbeiterklasse weitgehend vergaßen. Daß Trump für seine antiglobalistische Position die Republikanische Partei kapern konnte, war nur möglich, weil die rechtspopulistische Tea-Party-Bewegung seit 2009 die Republikanische Partei zu bestimmen begann. Die traditionelle wirtschaftliche Oberschicht, die sich mit den früher im Habitus »aristokratischeren« Republikanern identifizierte, wurde damit durch betont nationalistische, antiuniversalistische und antiintellektuelle Kräfte abgelöst, die sich als Volkes Stimme gegen die korrupten Eliten in Washington ausgaben.

Noch größer als in der Innenpolitik ist der Schaden der Trump-Präsidentschaft für die internationalen Beziehungen. Nur anderthalb Jahre nach seinem Amtsantritt läßt sich jetzt schon sagen, daß dank dieses Scharlatans im höchsten Amt die Vorbild- und die Führungsrolle der USA in der Weltpolitik zusammengebrochen sind und ein akzeptabler Ersatz nirgends sichtbar ist. Die internationale Arena ist binnen kurzem unberechenbar geworden; und die nicht demokratisch regierten Staaten fühlen sich in ihrer Verfassung bestärkt, wenn denn demokratische Wahlen ein so inkompetentes Staatsoberhaupt wie Trump an die Macht bringen. Die amerikanische Hegemonie seit 1991 konnte zwar schwerlich Jahrzehnte lang aufrechterhalten werden; eine längere Dauer wäre ihr aber vergönnt gewesen, wenn die USA vertrauensvoll mit den Vereinten Nationen zusammengearbeitet und sich als Hüter des Völkerrechts profiliert hätten. Mit der größenwahnsinnigen, die gerade bestehende Ungleichheit zugunsten der USA für immer zu zementieren beanspruchenden »Nationalen Sicherheitsstrategie« (»National Security Strategy«) vom September 2002 und dem illegalen, moralisch ungerechtfertigten und politisch unglaublich dummen Krieg gegen den Irak 2003 haben die USA unter George W. Bush ihre moralische Führungsrolle verspielt; und deren langsame Wiedergewinnung unter Obama hat Trump auf lange Sicht verschleudert, indem er auch die traditionellen Alliierten der USA weitgehend entfremdet hat. Es wäre unverantwortlich optimistisch anzunehmen, dieser Schaden werde in den Jahren, in denen man Trump noch ertragen muß, nicht weiter zunehmen. Wenn es erlaubt ist, geschichtstheologisch zu sprechen, darf man die Vermutung wagen, zuerst der zweite Bush, dann aber ganz besonders Trump seien subtile Mittel der göttlichen Vorsehung, die US-amerikanische Hegemonie zu einem Ende zu bringen. In der Wahl einer Cartoon-Figur wie Trumps zeigt sich ein erstaunlicher Sinn Gottes für Humor.

Der transatlantische Westen ist in seiner schwersten Krise seit 1945. Diese Krise wird dadurch verschärft, daß, wie gezeigt, auch die USA selber in sich gespalten sind wie seit langem nicht und daß die EU zentrifugalen Kräften ausgesetzt ist, die durchaus zu ihrem Kollaps führen können. Auch wenn viele Europäer ein Gefühl kultureller Überlegenheit gegenüber den USA empfinden, das angesichts der großartigen wissenschaftlichen und künstlerischen Leistungen der Vergangenheit durchaus verständlich ist, sich allerdings nicht mehr auf entsprechende Verdienste in der Gegenwart stützen kann und daher hauptsächlich eine kompensatorische Funktion angesichts der eigenen politischen und militärischen Schwächen ausübt, sei mit Nachdruck darauf hingewiesen, daß die Mehrzahl der psychosozialen und politischen Pathologien der USA innerhalb kurzer Zeit nach Europa hinüberschwappt. Die Erinnerung an die eigene Vergangenheit mag die Deutschen eher davor bewahren, Demagogen auf den Leim zu gehen, als die US-Amerikaner, deren ungebrochener Nationalstolz zwar die größere Vitalität des Landes mitbedingt, aber leider eine Tendenz hat, verblendend, ja, verdummend zu wirken. Doch es wäre fahrlässig zu glauben, der Politikertypus, den Trump repräsentiert, sei in Europa nicht möglich. Marine Le Pen vom rechtsradikalen Front National (bzw. seit Juni 2018 Rassemblement National) schaffte es im zweiten Wahlgang der französischen Präsidentschaftswahlen im Mai 2017 auf immerhin 33,9 % der Stimmen (schon ihr Vater war 2002 in die Stichwahl für das Präsidentenamt gekommen, hatte aber nur 17,79 % der Stimmen errungen). Gewiß war ihre Niederlage Emmanuel Macron gegenüber deutlich, der einerseits für eine universalistische Globalisierung und eine europafreundliche Politik steht und andererseits durch die Eleganz seiner Sprache, seine Intelligenz und seine Bildung besticht: Macron hat bei dem bedeutenden Philosophen Paul Ricœur studiert und seine Diplomarbeit über Hegel geschrieben. Als Persönlichkeit wie durch seine politischen Ideen ist Macron gewiß der Gegentypus zu Trump. Und doch ist eine Ähnlichkeit zwischen beiden verblüffend und durchaus beunruhigend. Beide sind Quereinsteiger in die Politik. Immerhin war Macron zwei Jahre lang Wirtschaftsminister gewesen, aber er verdankt seinen kometenhaften Aufstieg in das höchste Staatsamt Frankreichs der Gründung einer eigenen Bewegung, En marche (deren Abkürzung E. M. an seinen eigenen Namen erinnert), nur ein Jahr vor den Präsidentschaftswahlen. Daß es ihm gelang, alle Konkurrenten aus dem Feld zu schlagen, hatte Anfang 2017 noch kaum jemand erwartet und weist auf einen starken Wunsch nach Wandel, der u. a. die Konsequenz hatte, daß der Kandidat der sozialistischen Partei, die immerhin bis 2017 Präsident und Premier stellte, Benoît Hamon, nur 6,36 % der Stimmen erhielt. Nochmals: Die Wahl Macrons war nach den zwei vorangegangenen Fehlbesetzungen im Präsidentenamt ein wirklicher Glücksfall für Frankreich und die EU und hemmte die »antiglobalistische Revolte« von 2016. Aber es wäre naiv, nicht sehen zu wollen, daß diese Wahl eine enorme Volatilität des politischen Systems auch in Frankreich offenlegte, die bei anderer Gelegenheit zu ebenfalls unvorhersehbaren, aber in eine ganz andere Richtung drängenden Resultaten führen mag.

3. Was sind die Ursachen für den Aufstieg der Populisten?

Die Schattenseiten der Globalisierung. Der Niedergang der Arbeiterklasse der entwickelten Länder und die Verunsicherung der Männer

Wie hat es Trump geschafft, Präsident zu werden? Es besteht kein Zweifel daran, daß er lange zielstrebig darauf hingearbeitet hat und mit treffsicherem Instinkt gespürt hat, 2016 sei der richtige Moment für seine Kandidatur gekommen, da nach zwei Amtszeiten desselben Präsidenten in den USA eine allgemeine Tendenz zum Wechsel der Partei des Amtsinhabers besteht und konservative Amerikaner nach einem afroamerikanischen Präsidenten nicht gerne eine Frau im Amt sahen. Der Dokumentarfilmregisseur Michael Moore hat im Sommer 2016 als einer der ganz wenigen die Wahl Trumps richtig vorhergesehen und in seinem kurzen, genialen Text »5 Reasons Why Trump Will Win«, der an Einsicht ganze Bibliotheken an politikwissenschaftlicher Literatur aufwiegt, dies mit folgenden fünf Argumenten begründet.[38] Erstens hat der Rostgürtel des Mittleren Westens, der am meisten unter der Globalisierung gelitten hat und in dem die Mittelklasse weitgehend geschrumpft ist, eine tiefsitzende Allergie gegen die Eliten in Washington entwickelt, und der Wechsel von Staaten wie Pennsylvania, Michigan und Wisconsin, traditionell »blauen«, also demokratischen Staaten, ins »rote«, also republikanische Lager bei der Präsidentschaftswahl war, wie schon gesagt, für Trumps Sieg entscheidend. Dieser hat den Arbeitern versprochen, ihre Sorgen um weitere Arbeitsplatzverlagerungen ins Ausland ernst zu nehmen. Gewiß ist es richtig, daß sein Mittel – die Drohung mit Zöllen – sich langfristig nicht als effektiv erweisen, sondern zuerst zu Kostensteigerungen und dann auch zu Arbeitsplatzverlust führen wird (um von politischen Konsequenzen wie der Untergrabung der US-amerikanischen Führungsrolle innerhalb des Westens und dem Aufstieg weiterer Mächte einmal abzusehen). Aber für den Menschen in Not ist ein noch so abwegiges Versprechen viel anziehender als Gleichgültigkeit. Moore hat ein besonderes Gespür für die Einstellungen der Menschen im Mittleren Westen, da er aus Flint, Michigan stammt, einst dem Hauptproduktionsstandort von General Motors und heute einer Stadt, die von 1960 bis 2010 fast die Hälfte ihrer Bevölkerung verloren hat, mehrfach eine der höchsten Verbrechensraten der USA aufwies und in der etwa 40 % der Immobilien leer stehen. Ähnliches gilt für die größte Stadt Michigans, das einst stolze Detroit, das der USA-Tourist unbedingt besuchen sollte, der anschaulich einsehen will, wieso das Land, das Jefferson, Lincoln und die beiden Roosevelts zu Präsidenten gewählt hat, auf einen Trump verfallen konnte.

Doch ist es nicht nur der Arbeiter, der sich von dem Milliardär Trump angezogen fühlt. Zweitens ist es der männliche Wähler, denn die traditionellen Geschlechterrollen sind in einem Wandel begriffen, der viele Männer (und auch einige Frauen) existenziell verunsichert. Moore stellt sich den Gedankengang (oder besser den Emotionenfluß) eines solchen Wählers so vor: Nach einem Schwarzen (Obama ist Sohn eines Kenianers und hat seine Kindheit in Indonesien verbracht) sollen wir nun acht Jahre lang einer Frau erlauben, uns herumzukommandieren? Und dann kommen wohl ein Schwuler und ein Transgender ins Weiße Haus, und am Ende nach der Gewährung politischer Rechte an Tiere ein Hamster?

Moore war drittens so ehrlich, als weiteres Problem die Persönlichkeit Hillary Clintons zu nennen. Ihre fachliche Kompetenz war unstrittig (sie gewann in allen drei Fernsehdebatten mit Trump nach allen Umfragen deutlich), aber das war eher ein Problem als ein Vorzug. Denn nicht jeder Mann mag intelligente Frauen. Zudem wurde Clinton weitgehend, und wohl nicht zu Unrecht, als jemand wahrgenommen, der nicht für bestimmte politische Positionen aus Überzeugung einsteht, sondern diese opportunistisch wechselt (z. B. ihre Einstellung zur gleichgeschlechtlichen Ehe). Ihre Unterstützung für den Irakkrieg von 2003, vor dem Barack Obama scharf gewarnt hatte, machte sie bei vielen Liberalen und zumal jungen Wählern unbeliebt. Der Haß gegen sie war stärker als die Angst vor Trump.

Viertens erwähnte Michael Moore die Frustration derjenigen, die bei den Vorwahlen innerhalb der demokratischen Partei für Bernie Sanders gestimmt hatten. Der Erfolg dieses Außenseiters, der interessanterweise einige Positionen wie die Ablehnung des Freihandels mit Trump teilte, aber durch seine persönliche Integrität gerade auf junge Menschen eine angesichts seines recht hohen Alters überraschende Anziehungskraft ausübte, brachte Clintons Kandidatur in Bedrängnis. Sie gewann die demokratische Nominierung nur knapp, und der Verdacht erhärtete sich später, und zwar dank freundlicher Informationsbeschaffung durch die Russen, daß die demokratische Parteiführung, die zur Neutralität verpflichtet ist, Clinton unfair begünstigt hatte. Die Vorsitzende des Democratic National Committee, Debbie Wasserman Schultz, mußte deswegen im Juli 2016 zurücktreten.

Fünftens erinnerte Moore an den Sieg des ehemaligen Wrestlers, Bodyguards der Rolling Stones und Showmasters Jesse Ventura, der 1998 als Kandidat einer kleinen dritten Partei zum Governor Minnesotas gewählt wurde, u.a. weil er als einer der ersten klug das Internet einsetzte. Solche Wahlen erfolgen ja geheim, also ohne zu mißbilligenden Reaktionen der anderen Anlaß zu geben, und daher kann sich in ihnen die Unverantwortlichkeit ausleben. Diese will dem prickelnden Wunsch Ausdruck verleihen, einer politischen Elite, mit der man sich nicht mehr identifizieren kann, die eigene abgrundtiefe Verachtung zu zeigen – selbst auf das Risiko ernster negativer Konsequenzen für einen selber hin.

Moore hat tatsächlich die entscheidenden Faktoren genannt. Aber es lohnt, seine Analysen zu vertiefen, denn was Moore anführt, ist leider keineswegs auf die USA und den augenblicklichen Zustand beschränkt. Es handelt sich um allgemeine soziale Veränderungen, die weltweit enorme politische Konsequenzen nach sich ziehen werden. Denn auch wenn das politische Subsystem Rahmenbedingungen der Gesellschaft festzulegen vermag, ist es doch selbst abhängig von Parametern des sozialen Umfeldes, in dem allein es temporär Herrschaft gewinnen kann. Was den ersten Punkt betrifft, so ist die vielleicht wichtigste derzeitige soziale Veränderung der Niedergang der Arbeiterklasse. Diese

Klasse ist weltgeschichtlich relativ jung – sie verdankt sich der Industriellen Revolution. In den USA waren 1810 80,9 % der Arbeitskräfte in der Landwirtschaft tätig und nur 2,8 % in der Industrie. 1920 waren die Zahlen auf 25,9 % gefallen bzw. 26,9 % gestiegen, 1960 fielen sie auf 8,1 % bzw. 23,2 %.[39] Angesichts dieser Verlagerung vom Primär- in den Sekundär-, also Industriellen Sektor im Lauf des 19. Jahrhunderts in Westeuropa und den USA war es naheliegend, daß im Marxismus die Arbeiterklasse als der eigentliche Motor der Weltgeschichte verherrlicht wurde. Da ohne sie die Industrialisierung nicht in Gang kommen konnte, wurde ihre Ausbeutung als besonders ungerecht angesehen. Der Stolz des Arbeiters auf die eigene manuelle Arbeit war aber keineswegs auf die sozialistischen Wirtschaftssysteme beschränkt. Auch der US-amerikanische Arbeiter, der völlig zu Recht die Vorteile einer Marktwirtschaft begriff, hatte ein starkes Selbstbewußtsein, das sich u.a. daraus speiste, daß er gut verdiente. Aber nicht nur der Aufstieg des Tertiär-, also Dienstleistungssektors und zumal jener Teilmenge des Tertiärsektors, die man manchmal als Quartärsektor bezeichnet, also des Informationssektors, zu dem etwa Ingenieure gehören, drängte im Laufe des 20. Jahrhunderts den Sekundärsektor zurück. Die technischen Entwicklungen, die man unter dem Begriff von »Industrie 4.0« zusammenfaßt, könnten den Sekundärsektor fast ganz beseitigen und ihm damit eine Lebensdauer von etwa zwei Jahrhunderten verleihen, während die Neolithische Revolution vor mehr als 10.000 Jahren einsetzte, mit der die Landwirtschaft der dominierende Sektor wurde.

Von den späten 1940er Jahren bis 1973 stieg in den USA das Einkommen des durchschnittlichen Arbeiters im Einklang mit dem Wachstum der Produktivität, und dieses war beträchtlich. Doch von 1973 bis 2016 steigerte sich die Produktivität um 73,7 %, der Stundenlohn jedoch nur um 12,5 %. Jene hat also fast sechsmal so stark zugenommen wie dieser.[40] Das heißt, daß die Arbeiter von der allgemeinen Lohnentwicklung abgekoppelt wurden; und unweigerlich nahm damit die Einkommensungleichheit in den USA zu. Der mit dem Alfred-Nobel-Gedächtnispreis für Wirtschaftswissenschaften ausgezeichnete Joseph Stiglitz gibt in seinem Aufsatz »Inequality and Economic Growth« (»Ungleichheit und Wirtschaftswachstum«)[41] folgende Daten: Zwischen 1980 und 2013 hat das reichste Prozent der US-Amerikaner sein reales Durchschnittseinkommen um 142 % gesteigert gesehen, das reichste Promille um 236 % – das mediane Haushaltseinkommen hingegen nur um 9 %. Und zwar erfolgte dieser Zuwachs in den ersten Jahren des angegebenen Zeitraums; zwischen 1989 und 2013 schrumpfte es um 0,9 %. Dabei ist zu bedenken, daß zwischen 1980 und 2012 sich die Zahl der Collegeabsolventen auf 30 % fast verdoppelte und daß zwischen 1979 und 2007 das unterste Fünftel der Lohnempfänger die eigene Jahresarbeitszeit um 22 % erhöhte; doch trug das nicht zur Beschränkung der Zunahme der Ungleichheit bei. Die Konzentration der Vermögen ist dabei noch massiver als die der Einkommen: Schon 2013 besaß das vermögendste Prozent 35 % des Gesamtvermögens. Besonders bedrohlich ist, daß auch die Aufstiegschancen eines jungen Menschen in hohem Maße von Einkommen und Bildung seiner Eltern abhängen – damit aber wird die traditionelle, auf das 18. Jahrhundert zurückgehende Ideologie des amerikanischen Traumes, nach der jedem Begabten der Aufstieg offenstehe, immer mehr Lügen gestraft.[42] In der Tat wird die (nicht einfach zu messende) intergenerationelle Einkommenselastizität, die das Einkommens der Eltern mit dem späteren der Kinder korreliert, für die USA auf 0.47 geschätzt – was (manchmal bedeutend) höher ist als in den meisten europäischen Ländern mit der Ausnahme Italiens und des Vereinigten Königreiches.[43] Doch hat der die Einkommensungleichheit messende Gini-Koeffizient seit 1985 in fast allen OECD-Staaten zugenommen.[44] Alarmierend ist auch, daß vermutlich 2018 das dritte Jahr in Folge sein wird, in dem in den USA eine Senkung der Lebenserwartung erfolgen wird – etwas, was das letzte Mal vor genau hundert Jahren, also 1916–1918, geschah.[45]

Was sind die Ursachen für die zunehmende Ungleichheit in den USA? Sicher spielen politische Entscheidungen eine wichtige Rolle – das Zulassen von Grundrenten aufgrund von Monopolen, die schamlose Sozialisierung von Verlusten in der Finanzkrise von 2008 bei gleichzeitiger Privatisierung von Gewinnen, eine die Reichen begünstigende Steuerpolitik. Wesentlich ist ferner der

Niedergang der Organisation der Arbeiter in Gewerkschaften. Ihnen gehörten 1981 noch 21,0 % der Arbeiter und Angestellten an, 2016 nur noch 10,3 % – in einem Sozialstaat wie Finnland dagegen 64,6 %.[46] Schließlich ist der schlechte Zustand der öffentlichen Schulen zu erwähnen. Denn da knapp die Hälfte (2014/15 waren es 45 %) der öffentlichen Mittel für Schulen aus lokalen Mitteln, hauptsächlich der Vermögenssteuer, stammt (der Rest kommt aus Mitteln des Bundes, der 2014/15 8 % bezahlte, bzw. des Staates),[47] bedeutet der Wohnsitz in einem ärmeren Distrikt den Zugang zu einer schlechteren Schule, und die dort angebotene Erziehung erklärt, warum es auch für die kommende Generation oft schwer ist, den Teufelskreis der Armut zu überwinden. Denn ein Zuwachs um 10 % der Ausgaben pro Schüler durch die ganze Schulzeit von zwölf Jahren führt zu 7.25 % höheren Löhnen und einer Senkung um 3.67 % des Risikos von Armut im Erwachsenenalter; und diese Wirkungen sind bei Familien mit niedrigem Einkommen noch ausgeprägter.[48]

Neben diesen Faktoren spielen zwei weitere eine entscheidende Rolle – Globalisierung und Automatisierung. Eine Folge der Globalisierung ist, daß Unternehmen westlichen Arbeitern leicht damit drohen können, sie würden ihre Fabriken in Entwicklungsländer verlagern, wenn die Lohnforderungen zu hoch seien; und sie verlagern sie oft auch dann, wenn die Forderungen bescheiden bleiben, weil die Lohndifferenz manchmal größer ist als die Produktivitätsdifferenz. Gewiß ist das Motiv hinter solchen unternehmerischen Entscheidungen selten ein altruistisches. Aber wir haben schon im ersten Kapitel gesehen, daß die Folgen dieser Globalisierung für die ärmeren Länder insgesamt – also keineswegs für jede einzelne Klasse – positiv gewesen sind: Die globale Ungleichheit hat abgenommen. Die Zunahme der Ungleichheit innerhalb der OECD-Staaten ist damit verknüpft – in China hat die Mittelklasse u.a. deswegen so stark zugenommen, weil die chinesische Wirtschaft stark expandierte; und diese Expansion hat den Marktpreis von Lohnarbeit in den westlichen Staaten gedrückt. Die Konsequenzen für die westlichen Arbeiter sind sicher zu bedauern. Aber wer Universalist ist, also davon ausgeht, daß im Prinzip jeder Mensch gleiche Rechte hat, u.a. das Recht, durch

Arbeit Wohlstand zu erwerben, muß der Überwindung absoluter Armut in Entwicklungsländern den Vorrang geben gegenüber der Bekämpfung nur relativer Armut in den reichen Ländern. Zwar mag es richtig sein, daß einige Menschen an relativer Armut subjektiv ebensostark leiden wie andere an absoluter; aber unter objektiven Gesichtspunkten ist absolute Armut, die selbst die Erfüllung von Grundbedürfnissen verhindert, ein größeres moralisches Übel. All das heißt natürlich nicht, daß die bisherige interne Verteilung der Globalisierungsgewinne innerhalb der reichen Länder moralisch richtig ist. Ich habe schon einige der Schrauben genannt, an denen man drehen soll, um die Ungleichheit zu mindern – eine bessere Bildungspolitik, eine stärkere Umverteilung durch Steuern, eine energische Bekämpfung von Monopolen. Aber sosehr die Menschheit eine bessere Globalisierung braucht, die im Inneren sowohl der reichen als auch der armen Staaten die Konsequenzen für die Globalisierungsverlierer abfedert und die Globalisierungsgewinne gleichmäßiger verteilt, so falsch wäre es, deswegen von der Globalisierung als ganzer Abstand zu nehmen. Die nationalistische Rechte und die nationalistische Linke neigen beide dazu, und beiden gegenüber hat der klassische Liberalismus ein überlegenes Recht – ökonomisch ebenso wie moralisch. Und zwar ökonomisch selbst dann, wenn man nicht von der Weltwirtschaft, sondern von der eigenen Nationalökonomie her denkt. Denn natürlich würden sich die ins Ausland verlagerten Arbeitsplätze bei Abbruch der Globalisierung nur zum Teil in die viel kapitalintensivere entwickeltere Volkswirtschaft zurückbringen lassen, von den Folgen der unvermeidlich höheren Kosten der Produkte und der Tatsache, daß sich die bisherigen Partnerländer gegen den Protektionismus mit analogen Maßnahmen wehren würden, einmal ganz abgesehen.[49]

Bedrohlich für die westliche Arbeiterklasse war schon die Automatisierung gewesen, die mit der dritten industriellen, d.h. der digitalen Revolution einherging. (Die erste industrielle Revolution beruhte auf der Mechanisierung dank Wasser- und Dampfkraft, die zweite auf der Massenfertigung dank elektrischer Energie und Fließbändern.) Der zentrale Gedanke der vierten industriellen Revolution, der sogenannten Industrie 4.0, ist die

Vernetzung von Menschen, Anlagen, Logistik und Produkten mit dem Ziel, die ganze Wertschöpfungskette von der Entwicklung des Produkts bis zu seinem Recycling optimal zu gestalten, u. a. durch die Verschmelzung virtueller und realer Welt. Die Produktivität wird dadurch weiter gesteigert werden, bei intelligenter Gestaltung auch die Umweltfreundlichkeit, und harte physische, aber auch eher langweilige und daher mechanisierbare geistige Arbeit werden zunehmend auf Maschinen abgewälzt werden. Berufe, die bei weiteren Fortschritten der Automatisierung weitgehend überflüssig werden dürften, sind etwa diejenigen von Metallarbeitern, Taxi- und Lkw-Fahrern, Zustelldienstleistern, Bürokräften, Buchhaltern, Bankkaufleuten. Die in Oxford lehrenden Wissenschaftler Carl Benedikt Frey und Michael A. Osborne gehen davon aus, daß in den USA 47 % der Jobs gefährdet sind.[50] Was wird mit diesen Millionen von Arbeitslosen passieren? Vereinfacht kann man sich drei Möglichkeiten vorstellen, mit dem Problem umzugehen. Das eine ist die Verlangsamung dieser Entwicklung. Zwar ist Maschinenstürmerei, wie sie erstmals Anfang des 19 Jahrhunderts mit den Ludditen auftrat, selten hilfreich; und in einer globalisierten Welt ist das Argument durchaus triftig, wer sich Rationalisierungen wiedersetze, verliere den weltweiten Wettbewerb. Und dennoch scheint mir, daß es unverantwortlich wäre, den Dingen einfach ihren natürlichen – und d. h. technischen – Lauf zu lassen. Wenn, wie wahrscheinlich, Industrie 4.0 ganz andere Formen von Arbeitslosigkeit als bisher bekannt verursachen wird, ist es nur gerecht, einige der sozialen Folgekosten denjenigen aufzubürden, die diese Entwicklung verursachen. So wie Umweltsteuern deswegen gerecht sind, weil sie die Externalisierung der Folgen des eigenen Konsums – deren Weiterreichung an folgende Generationen oder an Menschen weit weg, die unter dem Klimawandel weit mehr zu leiden haben als diejenigen, die am meisten zu ihm beitragen – wenigstens zum Teil verhindern und durch die Internalisierung der Kosten Anreize schaffen, auf umweltverträglichere Weise zu wirtschaften, so ist eine Maschinensteuer durchaus erwägenswert. Der Einwand, der gegen den allgemeineren Gedanken einer Wertschöpfungsabgabe vorgebracht wird, diese würde die Kapitalbildung verlangsamen, zieht hier deswegen nicht, weil die Verlangsamung der neuen Techniken derart, daß sich die Gesellschaft an den technischen Wandel anzupassen vermag, gerade das Ziel ist. In diesem Zusammenhang sind wohl auch einige Verletzungen des Freihandelsprinzips wie Zölle und Subventionen legitimierbar – sie wären analog zu den Umweltzöllen zu begründen, die eine Begünstigung jener verhindern sollen, die sich durch Externalisierung von Kosten auf die Allgemeinheit Vorteile verschaffen.

An zweiter Stelle ist der Gedanke eines garantierten Subsistenzminimums für alle (zunächst einmal im eigenen Land) zu nennen. Je reicher eine Gesellschaft auch ohne menschliche Arbeit sein kann, desto ungerechter ist es, die Eigentumsverteilung (wenigstens der Theorie nach, da im heutigen Kapitalismus ja neben Leistung stets auch Erbschaften und Marktlagengewinne eine Rolle spielen) von der Arbeit alleine abhängig zu machen. Nimmt die Nachfrage nach Arbeit ab, müssen Menschen unabhängig von ihrer Arbeit ein Minimaleinkommen beziehen – das Wirtschaftswachstum wird dies ermöglichen, zumal wenn das demographische Wachstum abflaut. Aber so unvermeidlich und gerecht diese Entwicklung auch ist, so naiv wäre es zu glauben, sie würde alle oder auch nur die entscheidenden Probleme der Arbeitsreduktion lösen. Der Mensch lebt nicht vom Brot allein, sondern zumindest auch von der Anerkennung seiner Mitmenschen (um von der religiösen Dimension hier zu schweigen), und diese Anerkennung wird in der Regel seiner Arbeitsleistung zuteil. Die Hoffnung der Utopisten des 19. Jahrhunderts, eine Welt ohne Arbeit würde allen ein glückliches und geistiges Leben ermöglichen, ist blauäugig gewesen; wahrscheinlicher ist, daß ein Wesen mit so starker Instinktreduktion wie der Mensch ohne Arbeit und ohne eine ihn einrahmende, als verbindlich erfahrene Hochkultur seinen Trieben ausgeliefert ist. Aufgrund der mimetischen Begierde des Menschen ist es ferner illusorisch anzunehmen, diejenigen, die auf einem wirtschaftlich niedrigeren Niveau leben (denn es wird unvermeidlich sein, denjenigen, die die durch Maschinen nicht übernehmbare Arbeit ausführen, ein höheres Einkommen zuteil werden zu lassen, um solche Menschen überhaupt noch zu finden), würden nicht von Neid auf diejenigen geplagt, die einer

Tätigkeit nachgehen, die Anerkennung genießt und deswegen mehr Einkommen bezieht. Das Haß- und Wutpotential, das hier schlummert, wird für Demagogen ein gefundenes Fressen sein – so wie die enorme Arbeitslosigkeit in Deutschland 1933 den Aufstieg Hitlers begünstigte – und noch ganz andere Politiker erzeugen als Trump. Entscheidend ist, daß sich gegenüber Konkurrenten ein Charakter durchsetzt, der Vertrauen erzeugt – nicht etwa durch rationale Lösungsvorschläge, sondern durch das Ausleben von Instinkten, die er (oder sie) mit den Frustrierten teilt und auf deren Befriedigung diese selber verzichten müssen. Doch durch die Identifikation mit dem Führer erfolgt eine Ersatzbefriedigung, die hohe Opferbereitschaft für ihn zur Folge hat. Man bedarf keiner besonderen Vertrautheit mit der menschlichen Natur, um zu erklären, warum die Deklassierten nicht in der Automatisierung, sondern in der Globalisierung ihren eigentlichen Gegner identifizieren, sei es in Form der illegal einwandernden Mexikaner, sei es in derjenigen neuer Mitbürger muslimischen Glaubens, die angeblich Terroristen sind, sei es in derjenigen unfair handelnder Chinesen (die nach Trump die USA »vergewaltigen«[51]). Denn auf diese Gruppen kann man, anders als auf die Maschinen, so einschlagen, daß es ihnen auch wehtut, und ihnen gegenüber kann man sich überlegen vorkommen – anders als den smarten amerikanischen Ingenieuren gegenüber (nicht selten asiatischer Herkunft), die dank neuer Software die nächste Runde der Automatisierung vorbereiten. Die Flucht in den Nationalismus ist an sich schon eine naheliegende Reaktion, wenn das eigene Selbstwertgefühl verletzt wird; denn wie Schopenhauer in den »Aphorismen zur Lebensweisheit« schreibt: »Jeder erbärmliche Tropf, der nichts in der Welt hat, darauf er stolz sein könnte, ergreift das letzte Mittel, auf die Nation, der er gerade angehört, stolz zu sein.«[52] Aber wenn die Bedrohung der eigenen Wirtschaftskraft und sogar der eigenen Identität der Globalisierung zugeschrieben wird, dann ist der nationalistische Impuls noch natürlicher und viel schwerer zu hemmen.

Berufe wie diejenigen von Ingenieuren, Ärzten, Pflegern, Erziehern oder Lehrern werden durch Maschinen nicht ersetzt werden können, die nur routinemäßige physische oder intellektuelle

Arbeit, aber eben nicht kreative und soziale Tätigkeiten übernehmen können. Insofern wird die vierte industrielle Revolution drittens Arbeit nicht überflüssig machen, sondern nur mindern und die nachgefragte Form verändern. Jede Innovation durch dynamische Unternehmer führt zu schöpferischer Zerstörung, um den berühmten Terminus des großen Ökonomen Joseph Schumpeter zu verwenden; und was weiter zunehmen wird, wird sicher, da die Menschen mehr Freizeit haben werden, die Freizeitindustrie sein. Man darf zwar seine Zweifel haben, ob die Verschiebung des Fokus der eigenen Beschäftigung auf Unterhaltung statt Arbeit der hohen Kultur guttun wird, aber man darf sich darüber freuen, daß das Mitwirken an noch mehr abendlichen Fernsehkrimis, Talkshows und Reality-TV-Shows wie den diversen Dschungelcamps einige der arbeitslos Gewordenen absorbieren wird. Wahrscheinlich wird es allerdings kein großer Teil sein, denn Unterhaltung ist durch den Wunsch nach Stars gekennzeichnet; und ein Star kann definitionsgemäß nicht jeder sein. Was die politischen Folgen dieser Unterhaltungszivilisation sein werden, ist noch nicht klar; aber es bedarf keines großen Scharfsinns, um vorherzusagen, daß sich noch mehr Politiker aus dem Showbusiness rekrutieren werden, als uns jetzt schon geschenkt worden sind. Daneben werden weiterhin Berufe bedeutsam bleiben, die die Unterhaltungsindustrie erst ermöglichen. Ingenieure, die immer komplexere Software entwickeln, werden die Produktion in Gang halten; und soziale Berufe werden sich zumal mit Menschen in den ersten zwei Jahrzehnten und dem letzten Jahrzehnt befassen. Denn eine der Paradoxien der wissenschaftlich-technischen Zivilisation, die dem Autonomiestreben des modernen Menschen entstammt, ist, daß sie aufgrund des medizinisch-pharmazeutischen Fortschrittes die Phase der Abhängigkeit, ja, manchmal sogar Hilflosigkeit aufgrund von Demenz am Ende des Lebens verlängert hat.

Es wäre nicht überraschend, wenn die Verlagerung von Berufen, die eher physische Kraft erfordern, auf solche, die eher soziale Fertigkeiten verlangen, die Feminisierung der Arbeitswelt verstärken wird. Denn auch wenn Geschlechterrollen fluide sind und nichts gegen die Vermutung spricht, daß die meisten Männer des 22. Jahrhunderts mehr von den Charakteristika aufweisen werden, die heute eher mit Frauen assoziiert werden, braucht ein solcher Wandel seine Zeit; und wenigstens nach meiner Beobachtung (Selbstbeobachtung eingeschlossen) ist es nicht unplausibel, daß Frauen im Durchschnitt empathischer sind als Männer. Das ließe sich, wenn es zutrifft, evolutionsbiologisch relativ einfach damit erklären, daß die besondere Rolle der Frauen in der Erziehung von Kleinkindern solche mit größerer Sensibilität in der nicht-verbalen Kommunikation selektiert hat. Hanna Rosin hat in ihrem Buch »Das Ende der Männer und der Aufstieg der Frauen« von 2012 und dem Vorgängerartikel von 2010[53] die These vertreten, wir erlebten gerade das Ende der seit der Urgeschichte bestehenden Dominanz der Männer. Anfang 2010 hatten zum ersten Mal in der Geschichte der USA mehr Frauen einen Job als Männer, für zwei Männer, die einen College-Abschluß errangen, gab es drei Frauen, und in dreizehn der fünfzehn Berufskategorien, denen Wirtschaftswissenschaftler einen Zuwachs vorhersagen, sind Frauen dominierend (eine der zwei Kategorien, in denen sie es nicht sind, sind Computeringenieure). In der Schule bekommen Mädchen seit langem die besseren Noten, und zwar in den meisten Ländern.[54] Christina Hoff Sommers hat daher schon 2000 dafür plädiert, sich mehr um die in der Schule vernachlässigten Jungen zu kümmern.[55] Gewiß gibt es noch eine empfindliche Gehaltslücke zwischen Männern und Frauen, und sicher ist die Mehrzahl der Spitzenpositionen in der Wirtschaft noch in männlicher Hand. Aber die Lage ist dabei, sich zu ändern, und die Rezession nach der Finanzkrise von 2008 hat das Los nicht nur der Arbeiterklasse, sondern auch und gerade der Männer bedeutend verschlechtert. Ich erwähnte oben (S. 32) Pinkers These, die zunehmende Achtung für weibliche Werte sei eine der Ursachen für die Abnahme von Gewalt. Wenn der geringere Testosteronwert bei Frauen zu friedlicherer Politik führt, sollten kluge Männer, ceteris paribus, den Aufstieg von immer mehr Frauen in politische Führungspositionen begrüßen und fördern. Allerdings sind zwei Vorbehalte wichtig. Erstens wird Frieden nicht alleine von einer Seite geschaffen; es reicht nicht, wenn nur eine Seite ihre Friedfertigkeit herausstreicht. Die Abwehrfähigkeit gegenüber politischen Systemen, die von Männern beherrscht werden und vielleicht deswegen weniger friedfertig sind, muß bewahrt bleiben, wenn ein politisches System überleben, seine Strategie also evolutionär stabil sein soll. Und zweitens ist es in einer Demokratie unabdingbar, daß die Mehrzahl der Bevölkerung und damit auch eine nicht geringe Zahl von Männern mit einer Feminisierung des Politischen einverstanden ist. Ist das nicht der Fall, hat man mit einer psychosexuellen Dynamik zu rechnen, die für das politische System unheilschwanger ist.

Dies hat uns auf natürliche Weise zu dem zweiten Punkt Michael Moores geführt, der Verunsicherung der Männer durch die Frauen als Grund für die Wahl Trumps und die Aversion gegen eine weibliche Präsidentin. Daß Trump ein Macho ist und als solcher unweigerlich stolz darauf ist, ein Macho zu sein, ist offenkundig. Die Hemmungslosigkeit, mit der er die Tabus der politischen Korrektheit im Umgang mit Frauen verletzt hat – etwa wenn er im August 2015 von der Journalistin Megyn Kelly behauptete, Blut sei von ihren Augen, »von wo auch immer« geflossen, und sein Publikum im September 2015 aufforderte, sich doch das Gesicht seiner innerrepublikanischen Konkurrentin Carly Fiorina anzusehen –, war Teil einer bewußten Strategie, die ihn zum Helden derjenigen machte, die als Arbeiter *und* Männer zu den Verlierern der Geschichte zu gehören drohen.[56] Es kann daher nicht wundern, daß auch seine kurz vor der Wahl bekanntgewordene Äußerung, als Star könne er mit Frauen alles machen, ihnen etwa an die Genitalien greifen, seinen Sieg nicht verhinderte. Immerhin hat nur die Mehrzahl der Männer für Trump gestimmt, nicht diejenige der Frauen – wohl aber diejenige der weißen Frauen (unter denen Frauen ohne College-Abschluß besonders deutlich).[57]

In der Tat war einer der eigenwilligsten Aspekte des Wahlkampfes von 2016 dessen extreme Sexualisierung. Von Duterte haben wir schon gehört, daß er in politischen Reden die Leistungsfähigkeit seines Gliedes hervorzuheben wußte. Putin erklärte 2006 seine Anerkennung und seinen Neid gegenüber dem israelischen Staatspräsidenten Mosche Katsav, als diesem mehrfache Vergewaltigung vorgeworfen wurde.[58] (Er wurde deswegen später zu sieben Jahren Haft verurteilt.) Dutertes und Putins US-amerikanischer Geistesverwandter informierte sein Publikum im März 2016, entgegen den Insinuationen seines Konkurrenten Senator Marco Rubio sei sein Glied nicht klein.[59] Wenn seine Anhänger im Chor brüllten »Lock her up« (»Sperrt sie ⟨d. h. Hillary Clinton⟩ ein«), zeigte dies eine eigenwillige Vorwegnahme der Aufgaben der Justiz durch das Volk; und wenn »Trump that bitch« (»Übertrumpft dieses Weibsbild«) folgte, dann war der Haß wohl von Männerphantasien begleitet. Diese wurden noch deutlicher, wenn Männer mit politischen Buttons[60] auftraten, auf denen man lesen konnte »Finally a President with Balls« – »endlich ein Präsident mit Hoden«. Bei oft fettleibigen und nicht stets attraktiven weiblichen Fans konnte man Buttons mit »Hot chicks for Donald Trump« (»Heiße Puppen für Donald Trump«) bestaunen. Besonders aufschlußreich waren die Angriffe auf Clinton wie »If Hillary Can't Satisfy Her Husband, How Can She Satisfy Our country?« (»Wenn Hillary Clinton ihren Mann nicht befriedigen kann, wie kann sie das dann mit unserem Lande tun?«). Ein T-Shirt, das ich selber in South Bend sah, als Trump in dieser Stadt sprach, bot auf der Hinterseite »Donald Fucking Trump«. Zuerst dachte ich, es sei gegen Trump gerichtet, bis ich die Vorderseite sah »Hillary Sucks But Not Like Monica«. Angesichts der Ambiguität des Wortes »suck« im Englischen lasse ich alle Hoffnungen fahren, diesen Geistesblitz zu übertragen, und begnüge mich, daran zu erinnern, daß Bill Clintons seinerzeitige Gespielin Monica Lewinsky hieß. Wie kann jemand so tief sinken, bei einer politischen Veranstaltung ein derartiges Hemd zu tragen? Nun, der Mann aus der Arbeiterklasse, der schon aus der Mittel- in die Unterschicht abgeglitten ist oder dabei ist, es zu tun, ist auf zweierlei stolz: auf seiner Hände Arbeit und auf seine normale Sexualität, dank deren er Kinder in die Welt setzen kann. Daß beides gesellschaftlich nicht mehr die Ehre genießt, von der er sein Selbstbewußtsein bisher genährt hat, bedeutet eine existentielle Verunsicherung, aus der ihn das Idol Trump erlöst, das, so wird vermutet, auf traditionellere Weise kopuliert.

Moore, so sahen wir, rekonstruiert die Angst der Trumpwähler und Clintonhasser dahingehend, nach dem Schwarzen und der

Frau werde ein Homosexueller und schließlich ein Transgender Präsident werden. In der Tat liegt hier eine Angst, die nicht ganz absurd ist. Warum? Nun, einerseits ist die Gleichberechtigung der Homosexuellen – einschließlich des Rechts auf Ehe und Adoption – vernünftig und gerecht, ja, längst überfällig gewesen. Sicher hat der Staat als eine die Generationen überdauernde Institution ein vitales Interesse an der Reproduktion der Bürger. Da aber sehr viele heterosexuelle Ehen bewußt auf Kinder verzichten, gibt es nicht den geringsten Grund, homosexuelle Partnerschaften anders zu behandeln (und gute Gründe, die finanzielle Begünstigung der Ehe durch eine solche der Familie zu ersetzen). Dies ist so evident, daß in vielen liberalen Demokratien, u. a. in den USA, die Verfassungsgerichte die gleichgeschlechtliche Ehe erzwungen haben – auch gegen die Mehrheit der Parlamente, in den USA sogar gegen die durch das Wahlvolk durchgesetzten Verfassungsänderungen auf Länderebene. Denn Bundesverfassungsrecht bricht in einem Bundesstaat Landesverfassungsrecht. Andererseits ist es mit der Durchsetzung dieser Gleichberechtigung auch gut. Die hohe Medienaufmerksamkeit, die LGBT[61]-Aktivisten zumal in den USA genießen, und die Sonderrechte, die sie in Anspruch nehmen, werden von vielen als ungerechtfertigt empfunden: Es gebe wesentlich ernstere Probleme als die bis zum Obersten Gerichtshof weitergereichte Frage, ob Transgender-Personen ein Recht auf die Benutzung der Toilette des Geschlechts, dem sie sich psychisch zugehörig fühlen, auch wenn ihre biologischen Geschlechtsmerkmale in eine andere Richtung weisen, oder auf die Errichtung einer neuen eigenen Toilette extra für Transgender-Personen besitzen. Die moralische Entrüstung, die sich bei Liberalen zeigt, wenn sie derartige Ungerechtigkeiten gegenüber Minderheiten beklagen, läßt die Vermutung aufkommen (die empirisch untersucht werden sollte), das moralische Entrüstungsbedürfnis bei Sexualfragen sei erstaunlich konstant: Wenn man sich nicht mehr, wie in traditionellen Gesellschaften, etwa über Ehebruch und Promiskuität empören darf, dann wenigstens über die Ungleichbehandlung von Transgenderpersonen. Wie auch immer es um diese moralpsychologische These steht, für den Arbeiter, der seine Stelle verloren hat und sich die Frage stellt, ob er seine Krankenversicherung noch zahlen und seine Kinder an ein College schicken kann, sind lange Diskussionen dieser Art eine Zumutung. Es ist nicht überraschend, daß er denjenigen wählt, der sich darüber lustig macht. Der amerikanische Politische Philosoph Mark Lilla hat in seinem Buch »The Once and Future Liberal: After Identity Politics«[62] die Besessenheit mit Identitätspolitik als die eigentliche Ursache des Niedergangs der Demokratischen Partei der USA benannt. Wenn eine Partei keine Politik mehr entwirft, die für die ganze Nation plausibel ist, sondern sich zersplittert in die Verteidigung von immer kleineren Interessengruppen, deren Rechte auf die eigene Identität wichtiger sind als so etwas wie ein Gemeinwohlbegriff, wird sie keine Mehrheit erringen. Selbstredend soll jede Person aus welcher Minderheit auch immer zu wichtigen wirtschaftlichen, kulturellen und politischen Positionen aufsteigen können. Aber sie soll das, sofern sie qualifiziert ist, und nie darf ihr Geschlecht, ihre sexuelle Orientierung, ihre Rasse, ihre Religion dabei ein Hinderungsgrund sein. Aber eben auch nicht ein Grund der Bevorzugung. Die oben erwähnten Aufschriften zeigen, daß es ohne Zweifel einen primitiven Frauenhaß bei vielen Trumpwählern gab. Aber Clintons ständiges Herausstellen der Tatsache, sie werde die erste Präsidentin der USA sein, irritierte viele, die die Zugehörigkeit zu einer Minderheit (wenn man Frauen so bezeichnen darf, weil sie in Führungspositionen unterrepräsentiert sind) nicht für ein relevantes Qualitätsmerkmal halten.

Damit haben wir uns dem dritten Grund Moores genähert, dem verbreiteten Haß auf Clinton. Ohne Zweifel wurde Clinton zweierlei zum Verhängnis, und da dies vorhersehbar war, kann man nicht umhin, der Demokratischen Partei, ja, auch Obama, den Vorwurf zu machen, man habe eine denkbar ungeeignete Kandidatin ausgewählt. Die mögliche Rückkehr Bill Clintons als Gatte der Präsidentin (First Gentleman) ins Weiße Haus störte erstens viele Amerikaner, da mit dem 22. Zusatzartikel zur US-amerikanischen Verfassung 1951 die zulässigen Amtszeiten des Präsidenten auf zwei begrenzt worden waren. Sicher wäre Bill Clinton mit Hillarys Wahl nicht selber Präsident geworden. Aber erstmals wäre ein ehemaliger Präsident – der sich während seiner Amtszeit zudem nicht gerade mit Ruhm bekleckert hatte, sondern einer von nur zwei amerikanischen Staatsoberhäuptern war, gegen die ein Amtsenthebungsverfahren (vergeblich) durchgeführt wurde – ohne das Amt in dieses symbolische Gebäude wieder eingezogen. In Argentinien etwa ist so etwas mit Néstor Kirchner passiert, auf den 2007 seine Frau Cristina folgte; für die USA galt es als zutiefst unangemessen. Es sei erwähnt, daß keiner der drei amerikanischen Präsidenten, die Söhne bzw. Enkel von Präsidenten waren, also John Quincy Adams, Benjamin Harrison und George W. Bush, bei ihrer ersten Wahl ins Präsidentenamt (und nur Bush wurde ein zweites Mal gewählt) eine Mehrheit der Stimmen der Bevölkerung erhielt. Dynastiebildungen liegen den Amerikanern aufgrund ihrer demokratischen Traditionen aus guten Gründen nicht. Deswegen hatte auch Jeb Bush keine Chance. Zwei Bushs waren genug.

Aber mehr noch als die Familiengeschichte spielte zweitens der Charakter Hillary Clintons eine entscheidende Rolle. Ihr Einsatz für soziale Gerechtigkeit galt angesichts ihres eigenen Lebensstils und der ihr zugeschriebenen Geldgier als nicht glaubwürdig: Zu einer Rede, in der sie u. a. die wachsende soziale Ungleichheit beklagte, trug sie eine Armani-Jacke, die neu mehr als 12.000 $ kostete.[63] (Ob sie den vollen Preis dafür bezahlt hatte, ist unbekannt.) Sie galt als der Inbegriff des Typus »reich und selbstgerecht«. Ihr künstliches Lachen, ihr allzu deutlich gezeigter Wunsch nach dem Präsidentenamt, ihr oft oberlehrerinnenhaftes Betragen (so nannte sie einen Teil der Trump-Fans im September 2016 bei einer Rede vor einer LGBT-Gruppe »basket of deplorables«, also einen »Korb erbärmlicher Leute«), ihre Unfähigkeit, mit Menschenmengen zu kommunizieren, denen sie im Wahlkampf weitgehend aus dem Wege ging, waren keineswegs dazu geeignet, ihre Sympathiewerte zu heben. Sie kehrte etwa nach dem Verlust der demokratischen Vorwahl an ihren innerparteilichen Konkurrenten Bernie Sanders in Wisconsin nicht mehr in diesen Bundesstaat zurück, hinsichtlich dessen sie, wie wir heute wissen: zu Unrecht, davon ausging, er werde sowieso demokratisch wählen. Als Kandidaten für die Vizepräsidentschaft bestimmte sie mit Senator Timothy Kaine einen Mann ohne Ausstrahlung.

Für viele religiöse Menschen war Clinton u. a. wegen ihrer Verteidigung des Rechts auf Abtreibung unwählbar, auch wenn es nicht ganz leichtfiel, bei Trump Spuren von Religiosität zu entdecken. Denn – zu seiner Ehre sei es gesagt – er bemühte sich keineswegs darum, Frömmigkeit vorzuheucheln, die ihm nicht weniger wesensfremd ist als Clinton. Aber die in den USA sehr mächtige religiöse Rechte setzte sich 2016 nicht sosehr für Trump als mit allen Mitteln gegen Clinton ein. Unter den christlichen Konfessionen wählten nur die katholischen Hispanics aus dem naheliegenden Grund der Angst vor Trumps Xenophobie mehrheitlich für Clinton; bei den Katholiken im allgemeinen stimmten 52 % für Trump, bei den Protestanten im allgemeinen waren es 58 %, bei den weißen Evangelikalen 81 %.[64] Der evangelikale Autor Eric Metaxas, Verfasser eines Buches über Dietrich Bonhoeffer, erklärte, Globalismus habe heute Züge des Faschismus, das Brexit-Referendum sei ein unglaublicher Akt des Mutes gewesen und Trump sei das geringere Übel.[65] Für jemanden zu stimmen bedeutet ihm zufolge nicht notwendig, daß man ihn oder sie positiv sieht. Aber im März 2018 hatten inzwischen 75 % der weißen Evangelikalen ein positives Bild von Trump;[66] er ist nicht mehr bloß das kleinere Übel. Der Sohn des berühmten Baptistenpredigers William Graham, Franklin Graham, erklärte zur gleichen Zeit, Trumps überraschende Wahl sei das Zeichen eines göttlichen Eingriffes gewesen.[67] Vermutlich ist der betont antirationalistische Zug der evangelikalen Theologie, das Gefühl, die Wendung im eigenen Herzen könne von der Welt sowieso nicht verstanden werden und sie transzendiere alle Vernunft, für diese politische Orientierung mitverantwortlich.

Hervorzuheben ist die Tatsache, daß Clinton im Wahlkampf fast doppelt soviel ausgab wie Trump; u. a. spendeten die entsprechenden Lobbygruppen, die sogenannten Super Political Action Committees, mehr als zweieinhalb Mal so viel für Clinton wie für Trump.[68] Es stimmt also keineswegs, daß Trump die Wahlen dank seines Privatvermögens »kaufen« konnte – es war umgekehrt Clintons Geld, das es nicht schaffte, die tiefsitzende Aversion gegen sie zu überwinden. Selbstredend ist das keine Verteidigung der Gesetze, die das Ausgeben von immer mehr Geld in den Wahlkämpfen erlauben. Die Entscheidung des Obersten Gerichtshofs im Jahre 2010 – im Fall »Citizens United v. Federal Election Committee« –, Finanzierungsbeschränkungen für von privaten Spendern bezahlte politische Werbesendungen seien ein Eingriff in die durch den ersten Verfassungszusatzartikel geschützte Redefreiheit, basiert auf einer Weigerung, den Unterschied zwischen Information und Manipulation durch besonders machtvolle Medien zu berücksichtigen. Aber sosehr die Berieselung durch Medien wie das Fernsehen den demokratischen Prozeß verzerrt, sowenig läßt sich bestreiten, daß die meisten Trumpwähler sich gegen anderweitige Beeinflussungen ganz bewußt für ihren Helden entschieden haben.

Ob die arbeitslosen weißen Männer wirklich glaubten, daß sich ihre wirtschaftliche Lage unter Trump bessern würde, können nur sie selber wissen. Aber es ist auf jeden Fall unzulässig anzunehmen, Menschen wählten nur nach ihrem ökonomischen Interesse. Das mag einer bestimmten Form marxistischen Denkens gemäß sein, entspricht aber keineswegs immer den Tatsachen. Denn Menschen haben auch ein Ehrgefühl. Die sogenannten »Values Voters«, Werte-Wähler, die sich seit 2006 jährlich in Washington, DC versammeln, sind Sozialkonservative, die sich gegen Abtreibung und gleichgeschlechtliche Ehe sowie für ein starkes Militär einsetzen und dafür manchmal selbst wirtschaftliche Nachteile für sich in Kauf zu nehmen willens sind. 2004 sicherte sich George W. Bush seine knappe Wiederwahl, indem in elf Staaten Referenden gegen die gleichgeschlechtliche Ehe organisiert wurden; die hochmotivierten Wähler, die wegen dieser Frage zu den Urnen gingen und sonst vermutlich zu Hause geblieben wären, wählten dann auch für die Republikaner. Aber neben Werten und Interessen spielen beim Wahlverhalten auch Sympathie und das Gefühl, ernst genommen und anerkannt zu sein, eine wichtige Rolle. Während Clinton als herablassend empfunden wurde, galt Trumps ordinäres Herausstellen der eigenen Milliarden als wenigstens nicht heuchlerisch, ja, als authentisch. Trump kann Massen mobilisieren und auf deren Niveau mit ihnen kommunizieren; er spricht ihre Sprache. Er schloß sich sofort sehr geschickt selber unter die »deplorables« mit ein und erklärte: »We're the hot ones right now.«[69] (»Wir sind jetzt die Geilen.«) Es sei übrigens gleich angemerkt, daß Trump sich nicht verstellt, wenn er etwa, wie in Las Vegas im Februar 2016, erklärt, er liebe die Ungebildeten;[70] das würden seine Fans sofort merken. Er fühlt sich von ihnen ganz zu Recht mehr anerkannt als etwa von Ostküstenintellektuellen. »Man bilde sich nicht ein«, schreibt Carl Zuckmayer zum Aufstieg des Nationalsozialismus, »daß je eine Propaganda Erfolg habe, von der ihre Initiatoren nicht selbst überzeugt sind.«[71]

Trump ist eine Projektionsfläche: Niemand braucht sich nun wegen der Schlichtheit des eigenen Geschmacks, der Roheit des moralischen Empfindens, der Vulgarität von Sprache und Auftreten zu schämen; das Staatsoberhaupt macht ihnen all das vor, und kein anderer hat es so weit gebracht. Vielleicht hat man daher auch selber Chancen, sozial aufzusteigen, und auch wenn das nicht der Fall ist, tut es der eigenen Selbstachtung gut, das vergrößerte eigene Spiegelbild im Weißen Haus zu wissen. Die Tatsache, daß jemand, der so ist wie man selber, der nicht hochtönend moralisch redet, sondern ohne Hemmung wie an Stammtischen spricht, zum Repräsentanten der USA geworden ist, dient in hohem Maße der Selbstbestätigung des homo trumpicus und wiegt die wenigen wirtschaftlichen Vorteile auf, die vielleicht unter demokratischer Führung zu erwarten gewesen wären, wie die Beibehaltung einer großzügigeren Krankenversicherung. Ich erwähnte weiter oben Trumps narzißtische Persönlichkeitsmerkmale. Indem er die politische Arena betrat, vollzog er einerseits eine Erweiterung seiner Persönlichkeit: Es geht ihm jetzt nicht mehr um die Kränkungen, die ihm persönlich widerfahren sind, sondern um diejenigen, die den USA von ihren Feinden geschehen sind. Seine Habsucht, die ihn stets charakterisiert habe, werde nun Habsucht für die USA sein, verkündete er in einer Rede in Iowa im Januar 2016[72] – das offen eingestandene Laster verwandelt sich in eine Wohltat für das Volk, weil es kollektiv ausgelebt wird. Trumps Fans sehen ihre Wut wie auf eine gigantische Leinwand projiziert, die Millionen Stimmen bündelt und in Donald

Trump Fleisch wird. Jetzt dürfen sie laut hinausschreien, weil Millionen mitbrüllen und ein großer Mann sie führt, was sie immer schon fühlten: Amerikas Probleme sind nicht etwa hausgemacht, sondern die Heimat ist unfair behandelt worden, aber Amerika wird jetzt trotz all seiner Feinde wieder groß werden. Es versteht sich, daß sie damit den Verfall der USA, den sie dumpf spüren, nur rasant beschleunigen.

Schon 2004 hat Thomas Frank[73] den Niedergang der Demokraten bei ihren eigentlichen Stammwählern, den Arbeitern, dahingehend erklärt, wirtschaftspolitisch hätten sich diese in den letzten Jahrzehnten den Republikanern weitgehend angenähert (denn beide Parteien sind von dem Geld der Lobbyisten abhängig, die ihre Wahlkämpfe finanzieren), in kulturellen und gesellschaftlichen Fragen sich jedoch von ihnen viel mehr entfremdet als die traditionellen Konservativen. Daher stimmten die Arbeiter für letztere, auch wenn diese ihre Interessen noch stärker verletzten. Das, so kann man ergänzen, steigert die Wut über die eigene Situation, die bei den eleganten, mobilen, globalisierten und dadurch meist reichen Linken noch mehr Verachtung auslöst, auf die noch mehr Zorn und Haß folgen. Eine Wendung gegen Trump wird schon deswegen nicht leicht erfolgen, weil man die meisten Menschen leichter ein zweites Mal betrügen kann als ihnen klarmachen, daß sie betrogen worden sind: Das ist der eigenen Selbstachtung zu abträglich.

Moore nahm an – und damit kommen wir zu seinem vierten Punkt –, die meisten Sanders-Wähler würden für Clinton wählen, sich aber, da ohne Enthusiasmus, nicht für sie einsetzen. Hierin irrte er: In Wahrheit stimmten 12 % der Sanderswähler im November 2016 für Trump.[74] Wie läßt sich dies erklären? Nun, wir haben schon gesehen, daß Sanders trotz seines glaubhaften Engagements für die sozial Schwachen und einer moralisch anziehenden Persönlichkeit in einem Punkte mit Trump übereinstimmt: Er steht der Globalisierung und dem Freihandel sehr kritisch gegenüber. Und neben dieser inhaltlichen Schnittmenge verbindet Sanders mit Trump, daß beide auf Großspenden von Lobbyisten zu verzichten und daher unabhängig zu sein beanspruchten, Trump dank seiner eigenen Milliarden, Sanders dank der vielen kleinen Spenden seiner Bewunderer. Beide sind zudem Quereinsteiger. Allerdings hat Sanders die Präsidentschaftskandidatur der Demokratischen Partei, zu der er früher nicht wirklich gehört hatte, am Ende doch nicht errungen. Da er ihr aber nahekam, erzeugte das bei einigen seiner Befürworter eine besonders herbe Enttäuschung: Lieber einen anderen Quereinsteiger wählen als die altbekannten und korrupten politischen Eliten! Diejenigen Sanders-Befürworter, die nach seiner Niederlage bei der Nominierung gar nicht mehr zur Wahl im November antraten oder für einen aussichtslosen dritten Kandidaten stimmten, mag man mit der Hegelschen Kategorie der »schönen Seele« charakterisieren. Ihre Einstellung ist: Wenn wir den einzig reinen Politiker nicht ins Weiße Haus bringen können, dann ist es uns gleichgültig, wer gewinnt; wir wollen uns die Hände nicht schmutzig machen, indem wir für jemanden wählen, den wir moralisch so verachten wie Hillary Clinton. Mir scheint diese Einstellung unreif, ja, unmoralisch zu sein. Moralische Politik ist in den meisten Fällen leider die Wahl des kleineren Übels; und wer sich ihr verweigert, trägt eine Mitschuld am Aufstieg des größeren Übels.

Ein Bekannter, der in den demokratischen Primaries für Sanders gestimmt hatte, erklärte mir nach der Nominierung Clintons, er werde im November ganz sicher nicht sie, sondern wahrscheinlich Trump wählen. Auf meine Frage, wieso, gab er mir eine Antwort, die von einem Lächeln begleitet wurde, das ich nie vergessen werde, da es mir eine Erfahrung des Unendlichen vermittelte (wenn denn Ernest Renan recht damit hat, das einzige, was eine Idee der Unendlichkeit gebe, sei die menschliche Dummheit): »Because he is so funny.« (»Weil er so lustig ist.«) Damit ist Moores fünfter und letzter Grund berührt. Trump bekam schon sehr früh einen ungeheuren Aufmerksamkeitsgewinn dadurch, daß jede seiner provokanten Äußerungen von allen Medien aufgegriffen und, oft genug mit einem Schauder der Mißbilligung, weitergereicht und kommentiert wurde – eine kostenlose Werbung, von der er enorm profitierte (wie 2018 Bolsonaro von den Bulletins über seinen Gesundheitszustand nach dem Attentat auf ihn). Trump trat ja nicht einfach aus Unachtsamkeit in fast alle Fettnäpfchen der politischen Korrektheit; er stampfte in sie hinein oder gab ihnen Fußtritte, daß es krachte. Was er sagte, gefiel inhaltlich Menschen, die rassistische und sexistische Ideen vertreten; aber auch wer das nicht offen tat, jedoch den Eindruck hatte, daß die Ideologie der politischen Korrektheiten einen geistigen Mehltau ausgebreitet hatte, der freie Diskussionen erschwere, lachte immer wieder über Trumps Provokationen. Seine Lümmeleien seinen republikanischen Mitbewerbern gegenüber waren Anlaß zum Vergnügen; man freute sich auf die nächste Debatte wie auf eine satirische Show, die nun aber real war, und man konnte sich nicht mit dem Gedanken abfinden, das alles könne je ein Ende haben. Die Show mußte weitergehen, und das war nur möglich, wenn der Mann Präsident wurde.

Jede besorgte Anfrage, auch des eigenen Gewissens, wurde dank der Überzeugung weggewischt, daß Politik ja auch nur dem Imperativ der allgemeinen Bespaßung zu gehorchen hat, die sonst die Unterhaltungsindustrie bietet. In der Tat hatte schon 2012 der innerrepublikanische Wahlkampf um die Präsidentschaftskandidatur Züge einer Freakshow angenommen; aber damals war wenigstens den intelligenteren Beobachtern klar, daß einige der inkompetentesten Kandidaten, wie etwa Herman Cain, der als Schwarzer den Republikanern hochwillkommen war, keine ernsthaften Chancen hatten. Man ließ jemanden wie ihn eine Weile agieren, um der ganzen Welt zu zeigen, Rassismus sei auch der eigenen Partei fremd, aber man wußte, daß er bald abstürzen würde (im Falle Cains über den Vorwurf sexueller Belästigungen). Timur Vermes' Roman »Er ist wieder da« von 2012, 2015 brillant von David Wnendt verfilmt, hat, noch vor dem Aufstieg Trumps, die Geschichte der Wiederkehr des realen Hitler, der von den Medien als genialer Hitler-Imitator gedeutet wird und dem gelangweilten Publikum alle politischen Korrektheiten um die Ohren haut und dadurch enorme Popularität gewinnt, auf furchterregend glaubwürdige Weise erzählt. Wenn schließlich durch Trumps Wahl die allgemein, jenseits aller als zunehmend irrelevant empfundenen Parteiunterschiede verachtete Politikerklasse beider Parteien damit einen Schlag in die Magengrube erhielt, war die Schadenfreude des Wählers noch größer. Der damit verbundene Spaß war das damit verbundene Risiko durchaus wert. Ja, selbst wenn man sicher wüßte, daß man dafür noch einen sehr hohen Preis zahlen müßte, würden viele weiterhin für den Mann wählen, der ihre Demütigung wenigstens temporär rächte. Denn der Mensch, ich wiederhole es, lebt nicht vom Brot allein.

4. Die Zersetzung politischer Rationalität

Welchen Politikertypus selektiert die moderne Mediendemokratie?
McLuhan Reloaded: Wie die neuen Medien Inhalte festlegen.
Das Vakuum der Ideologien, der Kult des eigenen Ichs und die Sehnsucht nach simplen Antworten

Trump selbst ist nicht wichtig. Das, was allein das Studium dieses Phänomens rechtfertigt, ist, daß es symptomatisch ist und daß sich die westlichen Demokratien besser auf den Aufstieg weiterer Politiker einstellen, die in Desorientierung und Haß ihren Nährboden haben und gleichzeitig viel gewaltbereiter sein werden als Trump. Was als ernste Gefahr bevorsteht, ist die Selbstzersetzung der liberalen Demokratie, wie wir sie bisher kennen. Denn diese lebt von komplexen geistigen Voraussetzungen, die immer schneller wegerodieren; und es ist eine Illusion zu meinen, sie werde diese Erosion lange überleben. Formal mag ein politisches System übrigbleiben, das wie Rußland periodische Wahlen des Staatsoberhaupts kennt. Aber eine solche gelenkte Demokratie hat mit der eigentlichen Demokratie nur den Namen gemein. Was sind die Voraussetzungen einer funktionierenden Demokratie?

Zunächst einmal ist festzuhalten, daß die Demokratie, wie der Westen sie seit dem 18. Jahrhundert entwickelt hat, eine liberale Demokratie ist. Das geschah in bewußter Ablehnung des Modells des alten Athens, das eine nicht liberale direkte Demokratie mit wenig Gewaltenteilung darstellte, die freilich u.a. aufgrund der starken religiösen Dimension des politischen Lebens von ganz anderer Natur war als die illiberalen Demokratien der Gegenwart. Der Grundgedanke des Liberalismus und derjenige der Demokratie basieren auf unterschiedlichen Prinzipien. Deswegen kann es einen nicht-demokratischen Liberalismus geben (etwa in Gestalt der konstitutionellen Monarchie des 19. Jahrhunderts mit einem Oberhaus, das sich aus dem Adel rekrutiert); und es kann eine illiberale Demokratie geben. Glücklicherweise sind aber die beiden Prinzipien, wenngleich unterschiedlich, logisch miteinander verträglich; und darauf beruht das Erfolgsmodell der liberalen Demokratie. Aber dieses Modell ist, da auf die Synthese unabhängiger Prinzipien gegründet, intellektuell komplex; und es ist für sein Überleben entscheidend, daß eine genügende Anzahl von Staatsbürgern seine Natur begreift.

Der Grundgedanke des Liberalismus ist, daß jeder Staatsbürger bestimmte Rechte hat, etwa auf Leben, Freiheit, Eigentum. (In späteren Versionen hat auch jeder Mensch als solcher Grundrechte, die allerdings weniger weit gehen als die Staatsbürgerrechte.) Die Begründung dieses Prinzips ist unterschiedlich; in der amerikanischen Unabhängigkeitserklärung von 1776 gilt es als evident, daß Gott die Menschen mit solchen Rechten geschaffen habe. Historisch ist es sicher so, daß der Gedanke der Menschenrechte neben aufklärerischen auch theologische Wurzeln hat;[75] und es muß hier offen bleiben, ob der Gedanke von diesen theologischen Wurzeln abgekoppelt und anders begründet werden kann (was wünschenswert ist, da sich auch für einen religiösen Menschen die Frage stellen kann, warum Gott derartige Rechte verliehen hat). Die Staatsgewalt ist dazu da, diese Rechte zu schützen, und die entscheidende Frage ist daher, wie eine Verfassung aussehen soll, die es möglichst vermeidet, daß diese Rechte von jener Institution verletzt werden, die am ehesten dazu in der Lage ist – und das ist nach Herstellung des staatlichen Gewaltmonopols nun einmal die Regierung. Seit Montesquieu ist die Forderung nach Gewaltenteilung und zumal Unabhängigkeit der Judikative der entscheidende Gedanke des Liberalismus (in Großbritannien wurde schon 1701 durch den Act of Settlement die faktische Unabsetzbarkeit der Richter garantiert). Die US-amerikanische Verfassung, die in den ersten drei Artikeln die drei Staatsgewalten behandelt, entspricht dem liberalen Grundgedanken. Um die Bürger nicht nur vor der Exekutive, die an Recht und Gesetz gebunden ist, sondern auch vor der Legislative zu schützen, hat der Oberste Gerichtshof der USA seit 1803 Gesetze für nichtig erklärt, wenn sie gegen die Verfassung verstoßen. Die meisten gegenwärtigen liberalen Demokratien haben dazu ein eigenes Verfassungsgericht, dessen Mitglieder ausgebildete Juristen sind. Auch die Zentralbank muß unabhängig sein, um Regierungsgelüsten nach kurzfristig populären, langfristig jedoch schädlichen Maßnahmen widerstehen zu können; und es kann nicht überraschen, daß Trump im August 2018 durch Kritik am Federal Reserve System diese Unabhängigkeit in Frage stellte. Einige liberale Demokratien haben zudem ein erbliches Staatsoberhaupt beibehalten, weil sie nicht zu Unrecht davon ausgehen, daß in einer parlamentarischen Monarchie die Krone das Konzert der Gewaltenteilung um eine weitere Stimme bereichert.

Daneben ging der klassische Liberalismus davon aus, daß die Gesetze von der Elite der Nation, die sie dazu in ein Parlament abordnet, nach rationaler Diskussion darüber, wie weit sie zum Gemeinwohl beitragen, erlassen werden. Das demokratische Prinzip wird in dieses liberale System integriert, indem die Idee gleicher Grundrechte auch auf die politischen Rechte ausgedehnt wird; das führt zum Postulat des allgemeinen und gleichen Wahlrechts. Da aber die Grundlage der liberalen Demokratie die Bürgerrechte aller sind, kann das allgemeine Wahlrecht nicht dazu benutzt werden, diese Grundstruktur zu untergraben; daher können etwa in Deutschland (Grundgesetz Art. 21) verfassungsfeindliche Parteien verboten werden. Da es zudem nach diesem Modell wünschenswert ist, daß politische Ämter von den Qualifiziertesten ausgefüllt werden, ist es denkbar, das passive Wahlrecht für gewisse Ämter an bestimmte sachliche Qualifikationen zu knüpfen. Im alten Rom etwa gab es ab 180 v. Chr. den cursus honorum, man konnte also zu höheren Ämtern nur aufsteigen, wenn man niedrigere ausgeübt hatte. Auch heute noch setzt ein Richteramt auch an einem »politischen« Gericht wie einem Verfassungsgericht meist ein Jurastudium voraus. In der Vergangenheit haben liberale Demokratien wie die USA sogar das aktive Stimmrecht bzw. bei Pluralwahlsystemen wie im Königreich Sachsen bis 1918 die Verleihung eines mehrfachen Stimmrechts an bestimmte Bildungsvoraussetzungen geknüpft.

Die Grundidee der Demokratie ist viel einfacher – die Mehrheit entscheidet. Ist dies der einzige Gedanke zur Legitimierung politischer Herrschaft, der noch verstanden wird, hat es das Programm des Liberalismus schwer. Denn warum sollte eine kleine Gruppe von Richtern in einem Verfassungsgericht Gesetze, die von einer Mehrheit des Parlaments bzw. ggf. des Volkes selbst bestimmt wurden, außer Kraft setzen dürfen? Wieso sollte ein Verwaltungsgericht Maßnahmen einer Regierung blockieren, die eine Mehrheit hinter sich hat? Wieso sollte ein sehr populärer Politiker nicht für das höchste Amt des Staates kandidieren, auch wenn er rechtskräftig wegen Korruption verurteilt im Gefängnis sitzt? Im August 2018 stellte der brasilianische Partido dos Trabalhadores den inhaftierten Luis Inácio Lula da Silva trotzdem als seinen Präsidentschaftskandidaten auf. Immerhin zog Lula im September eine Stunde vor Ablauf der Frist seine Kandidatur zurück; durch diese späte Entscheidung minderte er allerdings die Chancen des nun neu einspringenden Kandidaten des Partido dos Trabalhadores, Fernando Haddad, beträchtlich. Damit trägt er eine Mitverantwortung für die Wahl Jair Bolsonaros zum Präsidenten Brasiliens im Oktober 2018, eines Typen nach dem Geschmack Trumps und Dutertes, der sich u. a. anerkennend zur Folter unter der Militärdiktatur äußerte und einer politischen Gegnerin mitteilte, sie sei es nicht wert, vergewaltigt zu werden.

Ja, wieso sollten Medien Mehrheitsmeinungen kritisieren können, wenn die Mehrheit sich dadurch verletzt fühlt? Die Antwort ist natürlich, daß die Rechte der Minderheit nur so oder zumindest am besten so gegen Übergriffe der Mehrheit geschützt werden können. Das setzt allerdings voraus, daß diese Rechte verfassungsrechtlichen Rang genießen und nicht von Gnaden der Mehrheit sind, die jene daher überhaupt nicht oder nur mit einer schwer zu erreichenden qualifizierten Mehrheit beschränken kann, wie sie in der Regel für eine Verfassungsänderung erforderlich ist. Wer nach Alleinherrschaft strebt, kann in politischen Systemen, in denen nicht durchdachte demokratische Ideale herrschen und eine Machtübernahme durch das Militär nicht leicht ist, jene am ehesten dadurch erreichen, daß er die Mechanismen der Gewaltenteilung als antidemokratisch zurückweist und sich auf die Mehrheit beruft, die ihn trägt. Eine Richterschelte ist der erste Schritt zur Zerstörung der liberalen Demokratie, oft durch korrupte Politiker, denen es an den Kragen zu gehen droht und die für die an objektiven Normen orientierte Daseinsform des Richters, oft im Namen der politischen Wirklichkeit und Vitalität, ihre Verachtung auszudrücken pflegen. Richter sind anthropologisch anders, war einer der wenigen richtigen Sätze Silvio Berlusconis.[76] Auch wenn es nicht so gemeint war, stellte er ein großes Kompliment an die dritte Gewalt dar.

Da der Gegner der liberalen Demokratie voraussieht, seine eigenen Rechte würden ebenso mit Füßen getreten werden, wie er das mit denjenigen seiner Gegner getan hat, sofern er selber in eine Minderheitenposition gerät, wird er alles tun, um den Machtverlust zu verhindern; und sofern Verfassungs- und Verwaltungsgerichte und oppositionelle Medien kaltgestellt sind, wird ihm das in der Regel nicht schwer fallen, im schlimmsten Fall durch Wahlfälschungen. Aber diese sind oft gar nicht nötig, weil Manipulationen der Wähler, Erzeugung der Angst vor einem inneren oder äußeren Feind, kurzfristige soziale Wohltaten, demagogisch ausgerufene Plebiszite (im Extremfall die Schaffung einer neuen Verfassunggebenden Versammlung, die das Parlament ersetzt, wie dies 2017 verfassungswidrig in Venezuela geschehen ist) und die Bereitstellung einer Ideologie, nach der die eigene Gruppe das eigentliche Volk ist und nur in ihr eine sinnvolle Identität gefunden werden kann, als wohlbewährte Mittel des Aufstiegs zur Tyrannei ausreichen. Eine geheime Staatspolizei kann dann in einem zweiten Schritt errichtet werden.

Es ist daher ohne Zweifel so, daß illiberale Demokratien viel gefährlicher sind als nicht-demokratische liberale Staaten. Die Zahl an Menschenrechtsverletzungen in nicht demokratischen liberalen Staaten wie den konstitutionellen Monarchien des 19. Jahrhunderts ist unvergleichlich geringer gewesen als in den totalitären Staaten des 20. Jahrhunderts, von denen einige durchaus auf demokratischem Wege zustande gekommen sind. Die Ernennung Hitlers zum Reichskanzler am 30. Januar 1933 entsprach nach dem Wahlsieg der NSDAP allen Gepflogenheiten des Parlamentarismus; und auch das Ermächtigungsgesetz, durch das der Reichstag seine entscheidenden Rechte an die Regierung übertrug, bewahrte den Schein der Legalität. (Ebendeswegen hat das Grundgesetz von 1949 in Art. 79 III die Grundrechte mit einer

Die Zersetzung politischer Rationalität

Ewigkeitsgarantie bewehrt.) Nur wer völlig geschichtsvergessen ist, kann die Gefahren einer illiberalen Demokratie gering einschätzen. Wer hingegen ein gutes Gedächtnis hat, erinnert sich unweigerlich bei der oben beschriebenen Umbesetzung des polnischen Verfassungsgerichts an die Entmachung des österreichischen Verfassungsgerichtshofes im Mai 1933 durch die austrofaschistische Regierung von Engelbert Dollfuß (er wurde dann 1934 ganz abgeschafft). Das déjà-vu-Erlebnis ergibt sich aus der einfachen Tatsache, daß es ein allgemeines Drehbuch für den Übergang in illiberale Demokratien gibt. Allerdings hat die Entwicklung einer internationalen öffentlichen Meinung dazu geführt, daß abrupte Übergänge heute eher vermieden werden; Militärputschs sind nicht mehr zeitgemäß, sondern können im Gegenteil, wie in der Türkei, dazu benutzt werden, die schleichende Konzentration der Macht bei der Exekutive und die Unterhöhlung der Opposition als Kampf gegen einen drohenden bzw. als Rache für einen versuchten Putsch auszugeben.

Doch haben sich inzwischen weitere Gefährdungen der liberalen Demokratie ergeben. Diese setzt, neben der Gewaltenteilung, auch die Überzeugung voraus, durch den rationalen Diskurs qualifizierter Bürger könne ein Volk entscheiden, welche Politik die dem Gemeinwohl zuträglichste sei. Daß dies eine Idealvorstellung sei, der man sich nur langsam annähern könne, war den Vätern des Liberalismus natürlich bewußt. Aber was inzwischen eingetreten ist, ist nicht etwa nur, daß man sich von dem Ideal wieder entfernt, sondern daß man es ganz aufgegeben hat. Die Klärung des Gemeinwohlbegriffs ist in der Tat nicht einfach; aber die Auffassung, es handle sich dabei nur um eine Worthülse, hat unweigerlich zu einer eigenwilligen Neudefinition von linker und rechter Politik geführt. Die linken Politiker versprechen ihren Wählern soziale Wohltaten, die selten Investitionen in die Zukunft darstellen, auch wenn nicht klar ist, wie das finanziert werden soll – meist wird dazu eine erhöhte Staatsverschuldung in Kauf genommen, die zurückzuzahlen die Sorge anderer sein wird und deren Konsequenz ist, daß ein immer größerer Teil des Staatshaushalts der Zinstilgung dient, wovon die Kapitaleigner profitieren, während für soziale Aufgaben immer weniger übrig bleibt. Den Rechten gilt hingegen das Vertreten von Lobbyinteressen, u.a. die Reduktion von Steuern, ohne jedes Schamgefühl als der eigentliche Kern des Abgeordnetendaseins. Damit lassen sich zumal in den USA die Wiederwahl finanzieren bzw. nach der Abwahl ein sorgenfreies Dasein als Berater jener Firma, deren Interessen man vertreten hat. 1947 wurden 3% der Kongreßabgeordneten nach Ablauf ihres Mandates Lobbyisten; 2013 waren die Zahlen 42% für die ehemaligen Mitglieder des Repräsentantenhauses, 50% für die des Senates. Die offizielle Zahl der Lobbyisten in Washington war von 5.000 in den 1950er Jahren 2013 auf 12.000 gestiegen, wobei inoffizielle Lobbyisten, die sich unter Namen wie »Berater« verbergen, noch gar nicht mitgerechnet sind. Die Rendite für jeden Dollar, der in Lobbyismus investiert wird, ist 22.000%. Nicht nur in Zeiten niedriger Zinsen ist das ziemlich hoch: Nichts anderes kann damit konkurrieren. Für Lobbyausgaben von 3,5 Milliarden im Jahr werden die öffentlichen Kassen um 3,5 Billionen erleichtert.[77]

Luigi Zingales[78] hat drei Faktoren genannt, warum der Einfluß von Lobbyisten in den letzten Jahrzehnten noch größer geworden ist. Erstens hat eine Konzentration wirtschaftlicher Macht stattgefunden, die es entgegengesetzten Interessen viel schwerer macht, sich zu artikulieren. Zweitens ist die Regulierungsmaterie so komplex geworden, daß nur wenige Abgeordnete sie wirklich durchschauen; sie folgen daher den interessierten Eingebungen ihrer Gönner. Und drittens ist die kritische Einstellung gegenüber der Wirtschaft, die einst etwa den Sozialismus inspirierte, weitgehend zusammengebrochen. Ich würde in diesem Zusammenhang ferner den Zusammenbruch des Gemeinwohlbegriffs erwähnen. Denn warum sollte jemand, der von Unternehmen finanziert ist und über Gesetze mitentscheiden darf, die z.B. durch Steuersenkungen und Deregulierungen sein eigenes Privatvermögen vermehren, den Eigennutzen vor dem Gemeinwohl zurückstellen, wenn dieses sowieso nur als ideologische Seifenblase gilt? Die Bewegungen auf dem eigenen Konto erscheinen ungleichlich realer. Anzuführen ist auch das weitgehende Verschwinden der klassischen Einsicht, daß Märkte nur dann funktionieren, wenn die Rahmenbedingungen der Märkte von Kräften festgelegt werden, die selber nicht von Marktinteressen abhängen. Denn sonst kann der Reichere das Urteil des Richters, die Zinsfestsetzung der Notenbank, die Investitionsentscheidungen des Staates kaufen; alle Vorteile, die Märkte aufgrund des in ihnen verwirklichten Wettbewerbs haben, verpuffen damit, und das Vertrauen implodiert, ohne das die Transaktionskosten unabsehbar ansteigen und der Kapitalismus langfristig gar nicht bestehen kann. Wenn die einzige politische Idee, die Aussicht auf Erfolg hat, die ist, Steuern zu senken, statt der intelligenteren und komplexeren, die Staatsausgaben effizienter zu gestalten, dann kann eine Steuerreform, die hauptsächlich die Allerreichsten weiter entlastet, aber auch den Ärmeren einige Brosamen zukommen läßt, diesen als »phantastisch« empfohlen werden, ohne daß diese begreifen, daß sie unvergleichlich stärker von den bald unvermeidlichen weiteren Einschränkungen in den Sozialausgaben betroffen sein werden. Denn es stimmt heute für die USA nicht mehr, daß Steuersenkungen durch die Stimulierung des Wirtschaftswachstums zu gleichen staatlichen Einnahmen führen.[79] Wenn dem Ärmeren gegen alle Fakten stets wiederholt wird, der amerikanische Traum vom sozialen Aufstieg stehe auch ihm offen, dann ist er willens, in etwas voreiliger Antizipation seines eigenen Daseins als Milliardär Steuersenkungen für Milliardäre abzusegnen.

Aber mit dem Zusammenbruch der Idee des Gemeinwohls ist es noch keineswegs getan. Im 20. Jahrhundert breitet sich eine zunehmende metaethische Skepsis hinsichtlich der Frage aus, wie moralische Normen begründet oder auch nur eingesehen werden können. Der klassische Liberalismus ging von einem Glauben an die Grundrechte des Menschen aus, der so etwas wie eine Theorie der Menschenwürde voraussetzt. Zwar kann die Gefahr von Machtmißbrauch auch auf der Basis einer rein egoistischen Ethik plausibel gemacht werden; denn die meisten Menschen wollen nicht Tyrannen ausgeliefert werden. Aber einige mögen davor weniger Angst haben, weil sie sich selber aus der Zusammenarbeit mit dem Tyrannen Vorteile versprechen; und andere mögen gerne große Risiken eingehen, wenn sie dadurch die Chance erhalten,

Die Zersetzung politischer Rationalität

sich selbst in eine außerordentliche Machtposition zu katapultieren. Nichts, scheint mir, ist eine stärkere Garantie des Rechtsstaates als eine unbedingte, d. h. nicht vom Eigennutzen abhängige Achtung vor der Menschenwürde des Mitmenschen, also als ein kategorischer Imperativ. Doch hat es mit der Zersetzung des Vertrauens in die objektive Gültigkeit des Sittengesetztes und der auf es gegründeten Rechtsidee immer noch nicht sein Bewenden. Denn was wir zumal in dem letzten Jahrzehnt erlebt haben, ist die Auflösung sogar des Glaubens an Fakten und empirisch testbare Wahrheiten. Was einem nicht zusagt, wird als »fake news« verdammt; und wenn einem Evidenzen für Tatsachen vorgelegt werden, wird darauf beharrt, daß es »alternative facts« gebe. Der Terminus wurde bekanntlich von Trumps Beraterin Kellyanne Conway verwendet, als sie im Januar 2017 die durch Photos leicht widerlegbare Aussage des damaligen Pressesprechers Trumps, Sean Spicers, verteidigte, zu keiner Amtseinführung seien so viele Menschen gekommen wie zu derjenigen Trumps. Dessen Anwalt Rudy Giuliani wurde noch deutlicher mit seiner Aussage »Truth isn't truth« (»Wahrheit ist nicht Wahrheit«).[80] Man hat zu Recht an George Orwells Dystopie »1984« erinnert: Der Totalitarismus wird perfekt, wenn er den Glauben an eine objektive Moral und an eine objektive Wahrheit auszuradieren vermag. Wahrheitsfindung und Rechtsprechung brechen zusammen, die gemeinsame Suche nach der besten Lösung im demokratischen Diskurs ist von vornherein absurd, da es keine gemeinsamen Werte und selbst Fakten gibt, über die man sich einig werden kann, der Lügner braucht kein schlechtes Gewissen mehr zu haben, und man kann mit der Umweltzerstörung besten Gewissens fortfahren, weil die Prognosen der Wissenschaftler nicht ernst genommen zu werden brauchen. Die einzige Frage ist, wie man die Meinungen anderer so zu manipulieren vermag, daß sie dem eigenen Machtwillen gefügig werden. (Spätestens seit Edward Bernays' »Propaganda« von 1928 gibt es eine eigene Wissenschaft davon.) Ein naturalistisches Weltbild setzt sich durch, nach dem Geschichte nichts ist als ein Machtkampf, in dem schlauere und durchsetzungsstärkere Lebewesen gewinnen, denen es gelingt, Seifenblasen wie Wahrheit und Gerechtigkeit so einzusetzen, daß sie dadurch ihre eigene Macht steigern können. Die Exekutive, in der die physische Macht geballt ist, setzt sich zuerst über die Judikative, dann über die Legislative bedenkenlos hinweg; und Typen »with balls« übernehmen die Staatsgewalt. Man versteht angesichts dieser Entwicklungen, warum alte Kulturen wie die indische der Wahrheit (»Rita«) einen geradezu göttlichen Rang zusprachen. Nur die Anerkennung eines objektiven Maßstabes jenseits der eigenen Triebe zähmt das gefährlichste Tier und verwandelt es in etwas potentiell Segensreiches.

In der Diskussion dieser Entwicklung ist viel zu wenig darauf verwiesen worden, daß die Zersetzung der entscheidenden Grundbegriffe der theoretischen und praktischen Vernunft keineswegs nur ein intellektueller Zeitvertreib ist, sondern weitreichende Konsequenzen für das politische System hat. Da freilich nur wenige dies verstehen, läuft der Abbauprozeß fast ohne jeden Versuch der Gegenwehr ab. Er ist in den letzten Jahrzehnten zunächst von der Linken ausgegangen. Seitdem Nietzsche und seine postmodernen französischen Epigonen wie Foucault Marx als intellektuellen Leuchtturm abgelöst haben, hat die Linke einen sozialen Konstruktivismus propagiert und den Gedanken eines objektiv-theoretischen, nicht von Machtinteressen verformten Zugangs zur Wirklichkeit als Illusion weggelacht. Zwar entstammen diese Ideen ursprünglich der antiuniversalistischen Ideologie, also in einem bestimmten Sinne dieses unpräzisen Wortes der »Rechten«; aber die Linke hat sie weltweit zirkuliert, bis sie zu ihrem rechtmäßigen Eigentümer zurückgekehrt sind, der sie nun für die eigenen Zwecke einsetzt. Denn die Rechte erntet die Früchte der postmodernen Dekonstruktion, da sie sich institutionell viel geschickter zu organisieren weiß als die Linke. Auch die traditionelle, dem Marxismus noch nachtrauernde Linke ist vollkommen verwirrt, da sie anerkennen muß, sofern sie nicht ebenfalls über alternative Fakten verfügt, daß die stärkste Kraft bei dem Aufstand gegen universalistische Ideen heute gerade die existenziell bedrohte Arbeiterklasse ist. Zweifelsohne ist der Niedergang einer rationalen Religion ein wichtiger Faktor in diesem Prozeß. Die Wut der religiösen Rechten auf die Linke ist nicht nur darin begründet, daß das, was man für das Wichtigste im eigenen Leben hält, von der Linken nicht etwa kritisiert, sondern gar nicht ernstgenommen, ja, in den dominierenden Medien abschätzig kommentiert und eine sachliche Diskussion darüber geradezu tabuisiert wird. Manche der religiösen Menschen fühlen zu Recht, daß das Überlegenheitsgefühl der säkular Denkenden nicht ganz so gut begründet ist, wie sie selber meinen, denn die beiden bei ihnen dominierenden Weltanschauungen, ein von Darwin inspirierter Naturalismus, der nichts außerhalb der Natur anerkennt, und ein sozialer Konstruktivismus, der letztlich Wahrheit zu einer Funktion von Kulturen macht, halten philosophisch nicht Stich. Keine wird etwa der Natur moralischer Verpflichtungen gerecht.[81]

Auch ist der naive säkulare Optimismus, mit der endgültigen Überwindung der Religionen werde die natürliche Güte des Menschen ungehindert hervorbrechen, durch die atheistischen totalitären Systeme des 20. Jahrhunderts nicht gerade bestätigt worden. Das Engagement der säkularen Linken bei Fragen der Gerechtigkeit gegenüber Transgender-Menschen geht ferner z. B. Hand in Hand mit einer erstaunlichen Unsensibilität bei der Frage des Schutzes ungeborenen menschlichen Lebens, und das hat ihrer moralischen Glaubwürdigkeit ziemlich geschadet. Denn die besseren Argumente sind keineswegs auf Seiten derjenigen, die eine so entscheidende Frage wie das Lebensrecht von einem willkürlich gewählten Stichtag in der Entwicklung des Embryos abhängig machen wollen. Das politische Klima in den USA wurde nachhaltig beschädigt durch die berüchtigte Entscheidung Roe v. Wade des Obersten Gerichtshofs 1973, die bis zum Erreichen der Lebensfähigkeit außerhalb des Mutterleibes eine Bestrafung der Abtreibung durch die Bundesstaaten für verfassungswidrig erklärte, sofern letztere nicht die Gesundheit der Mutter gefährde. Die Entscheidung des deutschen Bundesverfassungsgerichtes 1975 dagegen verwarf die Fristenlösung als verfassungswidrig, erkannte aber an, daß der Gesetzgeber die rechtliche Mißbilligung des Schwangerschaftsabbruches auch auf andere Weise zum Ausdruck bringen kann als mit dem Mittel der Strafdrohung, die weniger wirksam sein mag als positive Hilfen; denn gegen den Willen der Mutter läßt sich der Embryo nur schwer retten. Das war eine unvergleichlich weisere Entscheidung als das amerikanische Urteil, nach dem das Leben des Embryos in den ersten sechs Monaten gar kein zu schützendes Rechtsgut ist und das nicht nur religiöse Menschen empörte. Die Unversöhnlichkeit der Parteien in den USA hat u. a. deswegen eine solche Schärfe erreicht, weil die weltanschaulichen Gegensätze, die in dem »Kulturkampf« (culture wars) der 1960er Jahre ausbrachen, in dem es u. a. um Fragen der Religion und Sexualität ging, die politischen überlagert haben. Wer aber die andere Seite für atheistisch und promisk bzw. für bigott und verklemmt hält, hat selten die Fähigkeit, mir ihr noch einen rationalen Kompromiß zu wirtschafts- oder finanzpolitischen Fragen zu finden, auch wenn die entsprechenden Themen eigentlich miteinander wenig zu tun haben. Die Dialogfähigkeit ist weitgehend kollabiert, u. a. weil die intellektuelle Zurücksetzung durch die Linke die religiöse Rechte noch stärker in eine »ethnoreligiöse« Form von Religiosität gedrängt hat. Was ist damit gemeint? Während die subtileren Formen von Religion zu höheren moralischen Leistungen anspornen, pflegt die ethnoreligiöse Variante in den USA einen nationalistischen Stolz auf die eigene amerikanische Seinsweise mit all ihren Lastern; und das steigert die Verachtung durch die Linke aus guten Gründen. Die mangelnde Konsistenz religiöser Weltanschauungen wurde etwa schlaglichtartig deutlich, als man erfuhr, Paul Ryan, 2015–2018 Sprecher des Repräsentantenhauses und 2012 Vizepräsidentschaftskandidat der Republikaner, ein bekennender Katholik, habe 2005 Ayn Rand als den bedeutendsten intellektuellen Einfluß auf sich bezeichnet (2012 distanzierte er sich allerdings von ihr) – eine atheistische Libertäre, deren Haß auf den Sozialstaat zu der katholischen Soziallehre in diametralem Widerspruch steht. Bei vielen US-amerikanischen Christen wird zudem die Komplexität der politischen Wahlentscheidung reduziert auf eine Überprüfung der Stellung der Parteien zum Abtreibungsproblem – was um so abwegiger ist, als das Abtreibungsrecht Sache der Gliedstaaten ist, ein Widerruf von Roe v. Wade aufgrund der Berufung neuer Richter an den Obersten Gerichtshof also fast nur zu Abtreibungstourismus aus einem Staat in den anderen führen würde.

In Westeuropa ist dieser Grad der Vergiftung des politischen Diskurses noch nicht erreicht, auch weil die religiöse Energie, die seit der Entstehung der USA für das Land charakteristisch ist, weitgehend erloschen ist. Nur bei der Flüchtlingsfrage ist ein Verfall der Dialogfähigkeit aufgrund beiderseitiger Selbstgerechtigkeit zu beobachten, der an die amerikanische Abtreibungsdebatte erinnert. Was auf beiden Seiten des Atlantiks das Niveau der Debatten bedeutend senkt, ist jedoch die Anheizung der Kontrahenten durch die Medien, die den Konflikt schüren, da wechselseitige Beschimpfungen die Einschaltquoten erhöhen. Das gilt zumal für diejenigen, die sich bei der Politik hauptsächlich amüsieren wollen und Debatten gleichsam als Ersatz für einen Boxkampf betrachten, also für die Gruppe derer, die man die politischen Spanner nennen kann. Sie haben keine eigene Zeugungskraft, was politische Ideen angeht, aber sie genießen es, wenn sich die Gegner gegenseitig zusammenschlagen. Daß sie der Politikerkaste mißtrauen, ist nicht ohne Grund; denn es hat sich herumgesprochen, daß Lobbyismus und auch offene Korruption (zwischen beiden gibt es eine große Grauzone) weitverbreitet sind. Ein Beispiel: Der demokratische Governor von Illinois Milorad Blagojevich ging so weit, 2008 den durch dessen Wahl zum Präsidenten freiwerdenden Senatssitz Barack Obamas an den Meistbietenden verkaufen zu wollen; er wurde deswegen 2011 zu 14 Jahren Gefängnis verurteilt.[82] 2013 kam sein unmittelbarer Amtsvorgänger, der Republikaner George Ryan, nach sechs Jahren, die er ebenfalls wegen Korruption absaß, frei. All das hebt nicht das Politikvertrauen; und das gilt auch nicht für die Weise, wie etwa der Landtagsabgeordnete aus Georgia Jason Spencer oder der ehemalige Bundessenator Trent Lott von dem Komiker Sacha Baron Cohen hereingelegt und zu dem würdelosesten Verhalten bzw. den absurdesten Aussagen über die Bewaffnung talentierter Kindergartenkinder (der sogenannten »kindergardians«) mit Feuerwaffen verführt werden konnten.[83] Vielleicht noch unheimlicher als die Theorien, die diese Politiker vertreten, ist die Tatsache, daß sie dem als Mossad-Oberst grotesk verkleideten Cohen auf den Leim gehen konnten, den wirklich ein kluges Kindergartenkind als »fake« hätte durchschauen können.

Lott war immerhin republikanischer Senatsfraktionsführer gewesen.

Und doch kann ich nur wiederholen, daß für kein politisches Amt das Volk eine stärkere Verantwortung trägt als für seine Parlamentarier. Deren niedriges Niveau, über das man sich gleichzeitig aufregt, weist darauf hin, daß das Volk diese Personen letztlich intellektuell und moralisch qualifizierteren vorzieht. Das ergibt sich sozialpsychologisch daraus, daß Demokratien, außer in Krisenzeiten, Persönlichkeiten nicht leicht ertragen, die den Durchschnitt deutlich übersteigen. Zwar spielte bei dem Übergang von der Geburtsaristokratie zur Demokratie das Argument eine wichtige Rolle, nicht die Geburt, sondern die Leistung müsse zählen; und daher sei eine meritokratische Demokratie die eigentliche Herrschaft der Besten – was die Bedeutung von »Aristokratie« ist. Doch ist die Fähigkeit, Überlegenheit anzuerkennen und Größe zu achten, dem Menschen nicht natürlich, zumal wenn er nicht religiös ist. Ja, dank des postmodernen Angriffs auf die Wahrheit verstehen immer mehr weniger, daß es eines Sachwissens und eines methodischen Trainings bedarf, um etwa volkswirtschaftliche, rechtliche und geopolitische Fragen zu beantworten. Damit ist das Tor zur Selbstüberschätzung der Ungebildeten und Dummen sperrangelweit offen. Darunter leiden Hochkultur und Politik gleichermaßen. Die alten aristokratischen Ständegesellschaften hielten die Tugend der aufrichtigen Bewunderung für überlegene Leistungen wenigstens als Ideal aufrecht, und mit dem Niedergang der Fähigkeit, Größe zu suchen und zu achten, breitet sich eine Einstellung aus, die als Politiker anfangs Menschen vorzieht, die charakterlich so sind wie der Durchschnittsmensch, allerdings etwa eine besondere Arbeitsfähigkeit haben, also auf überdurchschnittliche Weise durchschnittlich sind. Am Ende erweisen sich schillernde Scharlatane als noch anziehender, und es bildet sich eine »Kakistokratie«, eine Herrschaft der Schlechtesten, um einen Terminus zu benutzen, mit dem der ehemalige CIA-Direktor John Brennan die regierende Clique um Trump bezeichnet hat.[84] Plutarch berichtet in Kapitel 7 seines »Lebens des Aristides«, der als besonders gerecht gerühmte Politiker sei aus Athen verbannt worden; und bei der Abstimmung habe

Die Zersetzung politischer Rationalität

sich ein Analphabet, der ihn nicht erkannte, an ihn gewendet mit der Bitte, für ihn Aristides' Namen niederzuschreiben. Dieser habe das anstandslos vollzogen, den Mann allerdings dann gefragt, weshalb er denn gerade diesen Politiker verbannt wissen wolle. Was habe er ihm angetan? Er hat mir selber nicht das Mindeste angetan, war die Antwort, aber ich bin es satt, ihn überall »den Gerechten« genannt zu hören. Das mag menschlich sein, aber die notwendige Konsequenz einer solchen Einstellung ist, daß einen dann Politiker regieren, die eben nicht gerecht sind, sondern sich den Staat zur Beute machen. Und man kann schwerlich bestreiten, daß solche Völker (nicht alle Individuen in ihnen) die Regierungen haben, die sie verdienen.

In den USA haben die frühen Präsidenten von Washington bis zum zweiten Adams eine intellektuelle und moralische Aura gehabt, die dem Gründer der Demokratischen Partei und siebten Präsidenten der USA, Andrew Jackson, völlig abging. Dieser erste amerikanische Populist, auf dessen Rechnung eine genozidale Indianerpolitik, die Zerschlagung der Nationalbank (mit desaströsen Folgen für die Wirtschaft) und das spoils system gehen, also die Besetzung aller Stellen in der öffentlichen Verwaltung durch eigene Parteifreunde, war immerhin noch ein bedeutender General gewesen. Einer Populistin wie Sarah Palin, der Vizepräsidentschaftskandidatin der Republikaner 2008 und seitdem einer Ikone der Tea-Party-Bewegung, kann man hingegen nur Repräsentativität zusprechen – sie repräsentiert auf idealtypische Weise die Ignoranz, Dummheit und Vulgarität von Millionen durchschnittlicher Amerikaner. Daß ein durchaus intelligenter Politiker wie John McCain sie als »running mate« auswählte, zeigt den Druck, den eine nicht mehr meritokratische Demokratieauffassung auf das politische System ausübt: Man will Charaktere, die einen nicht im mindesten dadurch demütigen, daß sie besser sind als man selber. Glücklicherweise scheiterten die Republikaner noch im Jahre 2008. Doch wen kann es überraschen, daß nach der Wahl Trumps nun jeder im Lande, der einen Namen hat, sich für präsidiabel hält? So hat inzwischen der afroamerikanische Rapper Kanye West angekündigt, er werde 2024 sich um das Präsidentenamt der USA bewerben (2020 will er seinem Freund Trump nicht ins

Gehege kommen). Bemerkenswert ist seine Begründung, die eine originelle Abwandlung der platonischen Philosophenherrscherthese voraussetzt: »Rappers are philosophers of our now.« (»Rapper sind die Philosophen unserer Gegenwart.«)[85] Es ist bei dem heutigen Zustand der USA nicht auszuschließen, daß sich noch eine überraschende Koalition von Rechten und Freunden der Multikulturalität bilden wird, um diese Kandidatur zu unterstützen.

Derartige Importe aus dem Unterhaltungssektor in die Politik sind keineswegs auf die USA beschränkt. In Pakistan gewann die Partei des ehemaligen Kricketspielers Imran Khan 2018 die Parlamentswahlen, so daß dieser zum Premier des Landes wurde. In Kanada wurde der Geschäftsmann Kevin O'Leary 2017 fast Vorsitzender der Konservativen Partei – er war u. a. dank der Fernsehserie »Shark Tank« (»Haifischbecken«) zum Star geworden, die Trumps »The Apprentice« verwandt ist. Bei der ukrainischen Präsidentschaftswahl 2019 wurde der Schauspieler Wolodymyr Selenskyj gewählt – er hatte in einer beliebten Sendung einen fiktiven ukrainischen Präsidenten gespielt; und da die Medienwelt vielen Menschen wichtiger ist als die reale, hat ihn das in ihren Augen gleich für das reale Amt mit qualifiziert. In Taiwan wurde der Bandleader Freddy Lim 2016 nach Gründung einer neuen nationalistischen Partei Parlamentsabgeordneter mit höheren Ambitionen. Von Kukiz in Polen war schon die Rede gewesen. In Italien hat ein Komiker, Beppe Grillo (der wegen fahrlässiger Tötung dreier Menschen und mehrfach wegen Verleumdung rechtskräftig verurteilt ist), 2009 die Partei Movimento 5 Stelle mitbegründet, die seit 2018 in Rom zusammen mit der einstmals separatistischen Lega (früher Lega Nord) eine Regierungskoalition bildet. Innenminister ist Matteo Salvini, wie manche Politiker seiner Generation, etwa der junge österreichische Bundeskanzler Sebastian Kurz, ein Studienabbrecher. Man darf sich durchaus fragen, ob es sinnvoll ist, daß Minister und Regierungschefs von Qualifikationsanforderungen befreit sind, die etwa Deutschland an Beamte des höheren Dienstes stellt. Hinter dem gegenwärtigen System steht die Auffassung, Sachkompetenzen seien für einen Politiker weniger wichtig als soziale Fertigkeiten. Diese sind gewiß unabdingbar, um Koalitionen zu bilden und sich in Machtkämpfen durchzusetzen – doch reichen sie aus, um Sachfragen kompetent zu lösen? Und sosehr Verhandlungsgeschick für einen Politiker unverzichtbar ist, ist es nur dann ein Segen, wenn es innerhalb eines prinzipiengeleiteten Verhaltens erfolgt. Stehen auch die Prinzipien zum Ausverkauf an, fällt die Lebenserwartung des Rechtsstaates drastisch.

Ohne Zweifel ist in der modernen Mediendemokratie Medienanpassung ein zentrales Selektionskriterium für Politiker geworden. U. a. weil die politischen Gestaltungsmöglichkeiten sehr beschränkt sind, ist die Zahl bedeutender Persönlichkeiten, die sich dem Stress und den unvermeidlichen Demütigungen einer politischen Karriere unterwerfen wollen, gering, und sie wird weiter abnehmen, da das Interesse dieser Personen proportional zur Zunahme geltungssüchtiger Menschen im politischen System, mit denen man teils konkurrieren, teils kooperieren muß, sinkt. Ein Politiker muß heute zahllose Talkshows durchstehen können, die selten durch die Qualität der ausgetauschten Argumente bestechen, sondern in denen nichtssagende Allgemeinheiten gefragt sind, die in einer Konsensdemokratie niemandem wehtun dürfen und trotzdem irgendwie authentisch klingen sollen; er/sie sollte dabei sympathisch herüberkommen, also nicht besserwisserisch (was leichter ist, wenn er/sie wirklich wenig weiß); er/sie sollte ein geeignetes äußeres Erscheinungsbild haben, und er/sie sollte mit Journalisten geschickt umgehen können – da diese ihn/sie zu Talkshows und Interviews einladen und über ihn/sie berichten. Was wir heute allerdings erleben, ist der rasche Niedergang des traditionellen Journalismus. Sicher sind Medien als Vermittler zwischen Politiker und Volk weiterhin unabdingbar – aber die Medienlandschaft verändert sich rasant dank der Entwicklung der neuen sozialen Medien. Teils ist das Vertrauen in den glatten Politikertypus zusammengebrochen, der bisher selektiert wurde, teils das in die Journalisten, die zu seiner Selektion beitrugen, teils hat die intellektuelle Leistungsfähigkeit abgenommen, die beim Verfolgen einer konzentrierten einstündigen Debatte oder gar beim Lesen eines längeren Zeitungsartikels auf welchem Niveau auch immer noch erforderlich ist.

Obama hat die Wahl 2008 u. a. deswegen gewonnen, weil er anders als sein viel älterer Rivale McCain Facebook ausnehmend geschickt zu benutzen vermochte: Er stellte den 24jährigen Christopher Hughes, einen der Mitbegründer von Facebook, als strategischen Berater an. Obama hatte 2 Millionen Befürworter auf Facebook, McCain nur 600.000, auf YouTube war Obamas Präsenz viermal so stark wie diejenige McCains, und er beherrschte Podcasting, also das Anbieten abonnierbarer Mediendateien über das Internet, perfekt.[86] Allerdings hat seit 2016 erst im Wahlkampf, dann seit seiner Wahl ein wesentlich älterer Politiker gezeigt, daß auch er ein neues soziales Medium virtuos beherrscht: Donald Trump, der »Tweeter in Chief«. Dieser Ausdruck deutet darauf hin, daß in Friedenszeiten wichtiger noch als die Position des »Commander in Chief«, also des Oberbefehlshabers der Streitkräfte, diejenige ist, die einem erlaubt, zu jeder Tages- und Nachtzeit Mitteilungen zur Deutung der Wirklichkeit abzugeben, die von Millionen sehnsüchtig erwartet und die auch von den traditionellen Medien, mit wieviel Kritik auch immer, weitergereicht werden, wodurch diese die Deutungshoheit des Tweeter in Chief verstärken. In Italien verdankt sich der Aufstieg des Movimento 5 Stelle entscheidend dem Einsatz des Mitbegründers und Medienstrategen Gianroberto Casaleggio.

Was die sozialen Medien von den klassischen Massenmedien wie Zeitung, Radio und Fernsehen unterscheidet, ist zunächst einmal ihre viel größere Zugänglichkeit. Im Prinzip kann jeder bloggen oder tweeten, während viel Kapital und Spezialkenntnisse erforderlich sind, um eine Zeitung oder eine Fernsehsendung zu produzieren. Wer in Zeitung oder Fernsehen publiziert, braucht eine Erlaubnis durch deren Eigentümer; eben diese »Gatekeeper« (Türsteher) fallen in den sozialen Medien weitgehend weg. Ja, der Autor kann anonym bleiben und daher alles sagen, was er denkt – auch wenn Selbstkontrolle in der Regel zwar zu weniger Wahrhaftigkeit, aber zu mehr Wahrheit führt. Doch wenn man nicht mehr an Wahrheit glaubt, wird Wahrhaftigkeit zu deren Surrogat. Auch der Empfänger kann den Informationsfluß steuern, etwa neue Inhalte fordern – man spricht in diesem Fall von Pull-Medien. Informationen in multimedialer Form können ohne Zeitverzug veröffentlicht und ununterbrochen aktualisiert werden. All das erklärt die große Attraktivität der sozialen Medien, denen man zunächst auch einen wohltätigen Einfluß auf die Demokratieentwicklung zuzusprechen geneigt war – Menschen mit ähnlichen politischen Anliegen könnten sich schnell vernetzen und dadurch aktiv werden. Das Problem ist freilich, daß Techniken zunächst einmal neutral sind. Auch Feinde der Demokratie können sich dieser Medien bemächtigen, um teils explizit gegen Demokratie und Rechtsstaat gerichtete Ideen zu verbreiten, teils Fehlinformationen wie z. B. Verschwörungstheorien zu streuen, die langfristig das Vertrauen in den Rechtsstaat untergraben bzw. politische Entscheidungen in eine bestimmte Richtung drängen. Ganze Troll-Armeen arbeiten inzwischen für Staaten, die nicht demokratisch organisiert oder wenigstens keine liberalen Demokratien mehr sind.[87] Die Philippinen unter Duterte sind ein gutes Beispiel für den innenpolitischen Einsatz.[88] Im außenpolitischen Einsatz ist bekanntlich Rußland Meister. Wer den »Minority Staff Report« für das »Committee on Foreign Relations« des US Senats vom 10. Januar 2018 »Putin's Asymmetric Assault on Democracy in Russia and Europe: Implications for U.S. National Security« (»Putins asymmetrischer Angriff auf die Demokratie in Rußland und Europa: Implikationen für die nationale Sicherheit der USA«) liest,[89] findet, neben vielen anderen Informationen, Belege dafür, wie Rußland nicht nur ost- und mittelosteuropäische Staaten, sondern u. a. auch das Brexit-Referendum in England, die französische Präsidentschaftswahl 2017, die separatistischen Bestrebungen Kataloniens (die in dem vom spanischen Verfassungsgericht für illegal erklärten Unabhängigkeitsreferendum vom Oktober 2017 gipfelten) und das italienische Verfassungsreferendum vom Dezember 2016 beeinflußt hat. Sofern derartige Manipulationen offensichtlich werden, kann man sich im Prinzip dagegen wehren: Im Februar 2017 wies Macron explizit die von russischen Medien ausgehende Unterstellung zurück, er sei homosexuell, und den meisten Franzosen wurde klar, warum Rußland ein Interesse an der Verleumdung hatte.[90] Doch bleibt auch von den abwegigsten Behauptungen stets etwas hängen; die bloße Wiederholung einer Meinung trägt zu ihrer Akzeptanz bei. Ja, auch eine geringe Anzahl von Bots setzt die Schweigespirale in Gang: Da Zivilcourage selten ist, wagt man es nicht mehr, eigene abweichende Meinungen zu äußern – ja, einige glauben sogar, man könne gar nicht recht haben, wenn die Menschen, die man für die Mehrheit hält, anders denken.

Dennoch ist m. E. noch gefährlicher als die Verbreitung falscher Inhalte die Änderung der Denkweise, die durch die sozialen Medien erfolgt. Schon im 5. Jahrhundert v. Chr. hatte der Musiktheoretiker Damon den von Platon beifällig zitierten Satz ausgesprochen, nirgendwo veränderten sich die Weisen der Musik ohne Einfluß auf die wichtigsten staatlichen Gesetze. Das gilt keineswegs nur für die Musik: Spätestens seit Berlusconi wissen wir, daß Trash-TV Trash-Politik begünstigt. Der Zusammenbruch der Hochkultur hat politische Konsequenzen, wie Neil Postman schon 1985 vorhergesagt hatte.[91] Vor mehr als einem halben Jahrhundert erschien das einflußreiche Buch des kanadischen Kommunikationswissenschaftlers Marshall McLuhan »Understanding Media. The Extensions of Man«. Dessen berühmtester Satz lautete: »The medium is the message.« (»Das Medium ist die Botschaft.«)[92] Als Identitätsaussage verstanden ist der Satz absurd; denn dann wäre es gar nicht möglich, unterschiedliche Botschaften in demselben Medium zu transportieren. Aber was McLuhan trotz der ungeschickten Formulierung meint, ist folgendes und gerade heute in einer Ära raschen Medienwandels von großer Bedeutung: Das Medium ist nicht neutral gegenüber der Botschaft, die es vermittelt, sondern beeinflußt sie. Ein ausgezeichnetes Beispiel ist das Twittern. Ursprünglich auf 140, seit November 2017 auf 280 Zeichen beschränkt, zwingt das Twittern Sender wie Empfänger zu einer extremen Reduktion von Komplexität. Ohnehin Argumente, aber selbst korrekte, doch aufwendige Beschreibungen sind mit dem Medium unvereinbar; und da die Wirklichkeit von vielen Menschen primär in der Filterung durch ihr Lieblingsmedium wahrgenommen wird, wird derjenige, der mittels dieses Mediums politische Erscheinungen wahrnimmt und bewertet, bestimmte Phänomene gar nicht mehr in den Blick bekommen. Evidenterweise ist damit nicht gemeint, daß diese Phänomene dann nicht mehr existieren – das Verdrängen etwa der Umweltprobleme schafft diese nicht aus der Welt, sondern verschärft sie nur, bis sie nicht mehr lösbar sind und das Zurückschlagen der Natur, die gegenüber dem Menschen als ihrem Teil am längeren Hebel sitzt, besonders brutal sein wird. Schon Facebook förderte die Selbstvermarktung, ja, einen schrankenlosen Subjektivismus, da das Drücken des Like Button einen von jeder Mühe entlastete, Argumente für die eigenen Vorlieben zu suchen. Daß hinter dieser Förderung subjektiver Neigungen handfeste wirtschaftliche Interessen verborgen sind, ist inzwischen bekannt: Nach dem Studium von 70, 150 bzw. 300 Likes einer Person kann man mehr über sie wissen als Freunde, Familienmitglieder bzw. Partner.[93] Das ermöglicht ganz neue Formen zielgerichteter Werbung und Manipulation, auch und gerade im politischen Bereich. Dieses sogenannte Mikro-Targeting war das eigentliche Ziel des Datenanalyse-Unternehmens Cambridge Analytica, das Trumps Wahlkampf massiv unterstützte und u.a. von der Milliardärsfamilie Mercer finanziert wurde, die auch Miteigentümerin der rechtspopulistischen Nachrichtenwebsite Breitbart News Network ist. Cambridge Analytica mußte im Mai 2018 nach dem Bekanntwerden seiner skandalösen Praktiken der Informationsbeschaffung Insolvenz beantragen, doch die Geschäftsidee wird von einem neuen Unternehmen mit einer sich weitgehend überschneidenden Führung weiterverfolgt. Immerhin erlaubt Facebook noch die Mitteilung komplexer Ideen. Dies fällt, wie gesagt, bei Twitter weg, da die Ausdrucksmöglichkeit gegenüber Facebook drastisch reduziert ist. Doch wird hier noch in Worten kommuniziert. Die Zukunft wird in wortloser Mitteilung von Emotikons, Bildern, Photos und Filmausschnitten bestehen, die auf die Affekte noch stärker wirken als Worte.

Da das Internet die Fülle der Informationen, denen man ausgesetzt ist, unermeßlich vergrößert hat und dem modernen Hang zum Unendlichen verfallen ist, ist für jeden die Entwicklung von Kriterien der Informationsselektion entscheidend. Vernünftige Kriterien sind sicher Wahrheit und Wesentlichkeit. In dem Augenblick aber, in dem die Suche nach diesen Kategorien als vergeblich gilt, wird zum entscheidenden Kriterium die Bestätigung dessen, was man glauben will, zumindest die Kompatibilität mit den eigenen Ansichten. Der Wunsch wird Vater des Gedankens. Man ignoriert geflissentlich, was den eigenen Überzeugungen widerspricht, und deutet jede Wiederholung dessen, was man glaubt, auch wenn sie über Umwege aus derselben Quelle kommt, als zusätzliche Bestätigung. Es gibt keinen gemeinsamen Platz für die Volksversammlung mehr (weder physisch wie in der direkten Demokratie Athens noch übertragen wie in den allgemein zur Kenntnis genommenen traditionellen Medien des bürgerlichen Zeitalters), keinen Platz, in dem die Bürger zusammenkommen und bei allen Differenzen Ideen austauschen. Es gibt nur noch Parallelwelten, in denen dank Filterblasen und Echokammern unbeliebte Gegenargumente abgewehrt werden und dafür die eigenen Ansichten aus dem Internet zurückhallen. Die intellektuelle Beschränkung desjenigen, der nicht mehr in der Lage ist, ein längeres Buch durchzuarbeiten und ein komplexeres Argument zu durchdenken, geht einher mit dem größenwahnsinnigen Gefühl, das Universum des Wissens stehe einem zur Verfügung, wenn man im Internet surft und im Prinzip mit jedem anderen Menschen auf dem Planeten verlinkt ist. Dieses Gefühl ist am ehesten vergleichbar dem eines Menschen, der in eine kleine, überall mit Spiegeln versehene Kammer eingesperrt ist, und, weil er nur sich selbst in beliebiger Vervielfältigung sieht, zu denken beginnt, er sei Gott. Es versteht sich freilich, daß ein fruchtbares Gespräch zwischen Bewohnern verschiedener Spiegelkammern nicht mehr möglich ist, nur wechselseitige Verdächtigungen und Beschimpfungen, die sachlich niveaulos sind, aber im Online-Chat in Echtzeit im Prinzip über die ganze Welt verbreitet werden können. Politisches Stammtischgeschwätz hat es immer gegeben, aber daß jede eigene Meinung, sei sie noch so dumm und schädlich, in Sekundenschnelle über den ganzen Globus zischen kann, ist neu; und es tut der menschlichen Natur nicht gut, daß dem Primitivsten an ihr keine Schranken der Mitteilung mehr gesetzt sind. Jede Seite eines politischen Konfliktes ist durch die andere nunmehr unwiderlegbar, weil die Fakten, auf die sich die anderen berufen, von vornherein als Fake News gelten. Selbst die absurdesten Verschwörungstheorien wie die des rechtsradikalen *QAnon* (etwa Obama, Hillary Clinton und der Investor George Soros betrieben einen Kindersexring und bereiteten einen Coup vor) können einem das Gefühl vermitteln, man verstehe endlich die Welt, ja, man sei den Mitmenschen überlegen, die den eigenen originellen Schlüssel zur Wirklichkeit ignorieren oder zurückweisen.

Ohne Zweifel war die Überwindung mancher der großen Ideologien des 20. Jahrhunderts ein Segen für die Menschheit. Aber der Mensch ist ein so kompliziertes und hintergründiges Wesen, daß sich ihm unter der Hand Segen schnell in Fluch verwandelt. Dieses eigenartige Lebewesen kann ohne ein Korsett strenger moralischer Normen sehr schnell viel gefährlicher werden als selbst das gefräßigste Raubtier. Die großen Ideologien appellierten noch an Ideale, die oft falsch waren, aber doch auf eine normative Dimension Anspruch erhoben, dank deren man bei der gemeinsamen Suche nach einer gerechten Gesellschaft kommunizieren konnte. Sie garantierten eine gewisse theoretische Kohärenz. Sie machten das Verhalten der einzelnen berechenbar. Der Glaube an den Fortschritt der Geschichte gab Orientierung und motivierte zu einer Transzendierung der eigenen Interessen. Sicher war viel Heuchelei damit verbunden; aber La Rochefoucauld hat recht, wenn er in seinem berühmten Aphorismus die Anerkennung der Tugend hervorhebt, die durch die Heuchelei geschieht. Sie ist ein geringeres Übel als blanker Zynismus, weil sie den Appell an eine Norm erlaubt – sei das die Verantwortung für kommende Generationen, sei das der Stolz auf jahrhundertealte Traditionen, sei das die Schönheit der Natur, der geistige Reichtum menschlicher Kulturen oder die jedem Menschen innewohnende Würde. All dies ist mit den großen Ideologien verschwunden. Als kleinster gemeinsamer weltanschaulicher Nenner ist übriggeblieben, daß jeder machen kann, was er will, sofern er nicht die Gesetze verletzt – und das heißt für die Reichen und Mächtigen, daß sie durch Lobbyisten die Gesetze so ändern müssen, daß sie noch mehr von dem, was sie wollen, machen können. Die Epoche, die auf die Ära der Ideologien folgt, ist nicht eine solche, in der man nun ohne die Fesseln alter Vorurteile neue und befreiende Wahrheiten entdeckt. Politik in dieser schönen neuen Welt besteht nicht mehr im produktiven Streit um das, was eigentlich das Gemeinwohl ausmacht, sondern fällt auseinander in narzißtische, affektiv reagierende Objekte der Manipulation und in psychologisch gewiefte Strategen aktiver Manipulation. Es geht nur darum, daß die eigenen »Meme« im darwinistischen Kampf uns Überleben positiv selektiert werden. Auch Wissenschaft koppelt sich in dieser Perspektive von der Wahrheitssuche ab und reduziert sich auf die Formierung von Netzwerken und das Marketing eigener Produkte. Alle bekennen sich zum Egoismus, aber einige sind geschickter darin, ihre Ziele durchzusetzen. Die Manipulation der Mitmenschen geht um so leichter vonstatten, als die libertäre Ideologie jeder Entscheidung den gleichen Stellenwert einräumt – egal, ob sie auf Einsicht oder auf einer Laune beruht oder selbst das Resultat einer massiven Manipulation ist. Einerseits hat der Kult des eigenen Ichs ganz neue Möglichkeiten – jeder kann, indem er Neuigkeiten aus seinem Leben postet, den Eindruck gewinnen, die ganze Welt interessiere sich für ihn. Da Milliarden anderer freilich dasselbe tun, ist andererseits der Konkurrenzdruck um Aufmerksamkeit ziemlich groß, und es interessieren sich für einen selbst nicht wirkliche Freunde, sondern hauptsächlich – Cambridge Analytica und andere Unternehmen, und zwar nicht primär aus christlicher Nächstenliebe. Treffend schreibt Christoph Türcke, vermutlich der weitsichtigste Erbe des kritischen Potentials der alten Frankfurter Schule, in seiner Studie der schönen neuen Medienwelt: »Plattformen wie Google und Facebook knechten ihre Nutzer nicht. Sie saugen sie an. Doch damit machen sie sie abhängiger als jede politisch-militärische Gewalt.«[94]

Je mehr Zeit mit Selbstbespiegelung in den sozialen Medien verbraucht wird, desto weniger bleibt übrig für reale Mitmenschen und für die theoretische Durchdringung der Wirklichkeit; und das Gefühl von Einsamkeit und Entfremdung nimmt trotz weltweiter Vernetzung zu. Die nahezu augenblickliche Kontaktaufnahme mit wildfremden Menschen in einem ganz anderen Kontinent verschafft einerseits Allmachtsphantasien und erschwert andererseits Bedächtigkeit und den langsamen Aufbau jenes geistigen Kapitals, dessen man bedarf, um in der hochkomplexen Moderne zu navigieren. Man ersäuft im Ozean der Überinformation, bildet sich aber auch als geistige Wasserleiche noch ein, überall dabei zu sein; und da man von der Enthauptung unschuldiger Menschen durch den IS bis zu jeder Form des Sexes alles durch einen Klick in konkreten Bildern, ja, Kurzfilmen mitbekommen kann, entsteht dank digitaler Exhibitionisten, die wie in Christchurch im März 2018 sogar einen von ihnen begangenen Massenmord live übertragen, der digitale Spanner. Dieser Menschentyp glaubt heute wirklich, eine noch nie erreichte Form der Intellektualität zu repräsentieren. Nur wenige Menschen können in einer solchen Situation glücklich werden. Der Aufstieg der faschistischen Regimes in Europa wurde nicht nur durch die wirtschaftlichen Krisen und die kommunistische Bedrohung begünstigt, sondern auch durch das ideologische Vakuum, das der Zusammenbruch von vier Kaiserreichen und in manchen europäischen Ländern des monarchischen Legitimitätsgedankens zur Folge hatte. Einerseits genießt der Mensch zunächst die Befreiung von Bindungen. Andererseits braucht er eine normative Orientierung, teils um zu wissen, was er mit seinem Leben anfangen soll, das sich dank des Abbaus der Instinkte nicht so einfach dahinlebt wie dasjenige der Tiere, teils um eine Grundlage für die Kooperation mit anderen zu haben, teils auch um Anerkennung und Liebe zu erfahren. In die Lücke, die das normative Vakuum eröffnet, stoßen autoritäre und totalitäre Ideologien oft erfolgreich vor, vom Bolschewismus über den italienischen und deutschen Faschismus bis zum Islamischen Staat. Gemeinsam ist ihnen allen ein Sinnangebot durch die Erfahrung einer geschlossenen Gemeinschaft, die gegen andere Gruppen als Feinde kämpft. Eine solche Ideologie kann vitale Energien freisetzen, weil die Bereitschaft zum Kampf für die eigene Gruppe zur biologischen Grundausstattung des Menschen, zumal des Mannes, gehört und die Gemeinschaftserfahrungen, die einen aus der eigenen Isolation herausreißen, alle Mühen und Gefahren, sogar den eigenen Tod kompensieren können.

Nicht das ist an diesen Ideologien falsch, daß sie zur Transzendierung des eigenen Ichs auffordern. Falsch und zutiefst unmoralisch ist an ihnen, daß sie sich von dem Prinzip der universalistischen Ethik verabschieden und daß ihnen deswegen die Loyalität zur eigenen Gruppe als unbedingtes Gebot gilt – weil keine Normen jenseits der Gruppenmoral anerkannt werden. Antiuniversalistische Parteien brauchen geradezu einen Gegner, um die eigene Bewegung in einem dauernden Motivierungszustand zu erhalten, und oft finden sie ihn in analogen, aber anders definierten antiuniversalistischen Gruppen. Gelegentlich schließen sich aber derartige Gruppen – z. B. die antieuropäischen Nationalisten – zusammen, um gegen den gemeinsamen Feind, die Europäische Union, zu kämpfen. Der frühere Chefstratege Trumps, Stephen Bannon, der vorher für Breitbart News Network wirkte, scheint derzeit an einer globalen Front gegen die Globalisierung zu arbeiten: Nationalisten aller Welt, vereinigt euch! Freilich ist auf einen wichtigen Unterschied zwischen dem damaligen Faschismus und den heutigen politischen Erscheinungen hinzuweisen. Der Faschismus verfügte in seinen verschiedenen Varianten über eine stabile Ideologie und eine feste politische Organisation. Was wir heute erleben, ist durch die Postmoderne geprägt: Es handelt sich mehr um eine opportunistische Manipulation antiuniversalistischer Instinkte als um eine ausgearbeitete politische Ideologie. Bannon wurde schließlich von den eher globalistischen Kräften um Trump, zu denen seine Tochter Ivanka gehört, verdrängt, die jedoch keineswegs durch moralische Prinzipien, sondern durch die Profitmöglichkeiten des globalen Kapitalismus angezogen sind. Geschäfte macht man global, Wahlen gewinnt man national. Und Wahlkämpfe basieren nicht so sehr auf starren Parteistrukturen als auf der manipulativen Übertragung der Unterhaltungsindustrie auf die Politik. Das macht die faschistoide Postmoderne viel weniger vorhersehbar als den klassischen Faschismus, denn es fehlen sowohl eine Weltanschauung als auch ein klares Parteikorsett.

In einem der besten Artikel zum Wahlkampf von 2016, »Democracies end when they are too democratic« (»Demokratien enden, wenn sie zu demokratisch sind«),[95] hat der amerikanische Journalist britischer Herkunft Andrew Sullivan zur Erklärung des Aufstiegs Trumps auf Platons Theorie des Umschlags der Demokratie in die Tyrannei zurückgegriffen, die dieser am Ende des achten Buches des »Staats«, des Grundwerks der abendländischen politischen Philosophie, entwickelt.[96] Sicher ist vieles von dem, was

Platon sagt, nur im Kontext seiner eigenen Epoche verständlich und gültig; denn diese kannte keine liberale Demokratie mit Gewaltenteilung. Aber einige seiner Einsichten sind durchaus zeitlos, auch wenn sich die Moderne meist dagegen sperrt, sie ernst zu nehmen, weil, wie wir im ersten Kapitel gesehen haben, eine Geschichtsphilosophie des Fortschritts für die Moderne charakteristisch ist. Aber auch wenn es insgesamt durchaus richtig ist, daß der moralische Universalismus ein spätes Resultat der Weltgeschichte ist (deswegen war die Demokratie Athens nicht universalistisch, denn sie setzte zu ihrem Funktionieren die Sklaverei voraus), gebietet es die intellektuelle Ehrlichkeit anzuerkennen, daß es innerhalb der Fortschrittsgeschichte des Rechts seit der Amerikanischen und der Französischen Revolution auch Perioden des Rückfalls gegeben hat: Die Epoche des Totalitarismus ist das furchtbarste Beispiel dafür. Die Selbstzerstörung zahlreicher liberaler Demokratien und konstitutioneller Monarchien in den 1920er und 1930er Jahren muß zur Warnung dienen; und auch wenn es selbstredend in den letzten hundert Jahren spezifische Mitursachen gab und gibt, die in der Antike noch nicht zur Geltung kamen, ist es plausibel, daß die antiken und die modernen Umschlagsprozesse auch einige Gemeinsamkeiten aufweisen. Denn die menschliche Natur kennt Konstanten, die der radikale Historismus oft gar nicht mehr in den Blick zu bekommen vermag. Und der Fortschrittsglaube wird dann geradezu töricht, wenn er vergißt, daß Fortschritt in der ethischen Reflexion sich keineswegs automatisch niederschlägt im menschlichen Verhalten. Es gibt vermutlich heute eine Rücklaufsperre gegen eine allgemein überzeugende Theorie der Sklaverei, aber das bedeutet nicht im mindesten, daß es eine solche Sperre gegen Versklavungen, ja Genozide an den Mitmenschen gibt. Die Tendenz dazu hat anthropologisch tiefe Wurzeln, deren Bändigung eine stets zu erneuernde Aufgabe ist. Diese wird vernachlässigt, wenn man sich dem Irrglauben hingibt, diese Gefährdungen seien heute »vorbei«.

Platons Analyse basiert auf einer Theorie der Strukturverwandtschaft von Seele und Staat. Auch wenn die konkrete Artikulierung dieser Theorie einen Ständestaat voraussetzt und daher nicht verallgemeinerbar ist, läßt sich doch als Leistung Platons die Einsicht in die sozialpsychologischen Voraussetzungen einer Staatsform festhalten. Es gibt nach ihm einen demokratischen und einen tyrannischen Menschentyp, und es ist die Verwandtschaft beider Persönlichkeitsstrukturen, die den Umschlag von Demokratie in Tyrannis erklärt. Entscheidend für den demokratischen Menschentypus ist nach Platons Auffassung die Zurückweisung jeder Autorität, eine Zurückweisung, die auch von denjenigen internalisiert und akzeptiert wird, die traditionell Führungspositionen innehatten, wie Eltern, Lehrer, Staatsbürger. Aber eben dieser unbegrenzte Wunsch nach Freiheit erkennt die Freiheit der anderen zunehmend als Beschränkung der eigenen Willkür; und daher ist es nur konsequent, daß jemand versucht, die eigene Willkürfreiheit auf Kosten anderer möglichst zu erweitern; und das gelingt am vollkommen, wenn er selber die Tyrannis erringt. Dazu braucht er Gefolgsleute, die er mit sozialen Wohltaten an sich bindet, und zwar sowohl Leibwächter, die ihn physisch schützen, als auch Intellektuelle, die die neue Herrschaftsform legitimieren. Gegner werden als Feinde des Volkes zur Flucht gezwungen, oder sie sind dem Tod verfallen. Unabhängige Geister werden systematisch aufgespürt und unschädlich gemacht. Um Gedanken an einen Widerstand zu erschweren, zettelt der Tyrann regelmäßig Kriege an – er macht sich dadurch unabdingbar, seine Untertanen sind mit dem Überleben beschäftigt, und seine Gegner können dem Schwert der Feinde ausgeliefert werden.

Was, denke ich, an Platons idealtypisch vereinfachter Theorie immer noch plausibel bleibt, ist die These, daß derjenige, für den Freiheit ausschließlich in der Befriedigung der eigenen Launen besteht, nach jeder Chance greifen wird, die sich bietet, um die Macht am besten bei sich zu konzentrieren. Zur Errichtung der Monokratie braucht er anfangs die Unterstützung vieler, die er nur dadurch gewinnen kann, daß er ihnen erstens Dinge verspricht, die sie sich selber nicht zu erwerben wissen, und zweitens die Gegner seiner Verfassungsänderungen als Volksfeinde ausgibt und verfolgt. Die Widerstandskraft der politischen Systeme gegen einen solchen Willen, der sich fast naturgesetzlich formt, ist sehr unterschiedlich; und ich kann nur mein Lob der US-amerikanischen Verfassung wiederholen, die, neben dem damals noch intakten amerikanischen Volksgeist, dazu beigetragen hat, daß sich die totalitären Versuchungen des 20. Jahrhunderts nicht auf die USA haben erstrecken können. Der amerikanische Volksgeist hat sich freilich in den letzten Jahrzehnten gewandelt, und die Unterhöhlung allgemein anerkannter Autoritäten kann auch in den USA zu einer Unregierbarkeit führen, die, wenn sie außenpolitisches Versagen verursacht, einen allgemeinen Wunsch nach Machtkonzentration erzeugt, der massive Verfassungsbrüche hinzunehmen bereit ist.

Der zweite Autor, der einiges Licht wirft auf die gegenwärtige Situation, ist der italienische Geschichtsphilosoph Giambattista Vico. In seinen »Principi di scienza nuova d'intorno alla comune natura delle nazioni« (»Prinzipien einer neuen Wissenschaft von der gemeinsamen Natur der Völker«), deren letzte von ihm selbst noch betreute Auflage 1744 herauskam, finden wir ein faszinierendes Modell von Fortschritt und Verfall einer Kultur. Auf der einen Seite ist Vico tief in der Aufklärung verwurzelt und sieht in der langsamen Entwicklung aus ursprünglicher Barbarei zu einem universalistischen moralischen Bewußtsein und zu egalitären Rechtsinstitutionen das Wesen jedes einzelnen Kulturzyklus. Das unterscheidet ihn scharf von Platon, der eine voruniversalistische Ethik vertritt. Sowohl Platon wie Vico sehen eine Entwicklung von der Aristokratie zur Demokratie. Aber in Platons »Staat« ist dies eine Verfallsbewegung, die nach ihm die Geschichte als ganze bestimmt – auf die ideale Aristokratie folgen zuerst Timokratie und Oligarchie, in denen Ehre bzw. Reichtum die entscheidenden politischen Ungleichheiten fundieren, dann die egalitäre Demokratie, die schließlich, wie wir gesehen haben, in die Tyrannis umschlägt. Bei Vico hingegen gibt es eine Entwicklung von der ursprünglichen Monarchie der Familienväter zu einem aristokratischen System, das einen grundsätzlichen Unterschied zwischen den heroischen Adligen, die allein politische Rechte haben, und dem Rest des Volkes anerkennt. Mit der Auflösung dieses Unterschieds aufgrund des Fortschritts im Gerechtigkeitssinn entwickeln sich einerseits Demokratien, andererseits Monarchien, die nun freilich die Rechtsgleichheit aller Untertanen (mit Ausnahme des Monarchen) schützen. Doch sosehr Vico insgesamt einen Fortschritt (innerhalb der einzelnen Zyklen, in die er die Geschichte einteilt) vertritt, sosehr geht er auf der anderen Seite, inspiriert u. a. durch den Niedergang und Fall des Römischen Reiches, davon aus, daß nach Erreichen des kulturellen Höhepunktes in den auf Rechtsgleichheit gegründeten politischen Systemen ein Verfall einsetzt, der schließlich zum Kollaps einer Kultur führen kann. Im »Schluß des Werkes« verwendet Vico den faszinierenden Terminus »Barbarei der Reflexion«, um einen Zustand zu charakterisieren, in dem jeder nur an sich denkt, die Reflexion primär dazu benutzt wird, sich von der Geltung moralischer Normen zu dispensieren, und somit gegenseitiges Vertrauen nicht mehr möglich ist. In einem solchen Zustand sieht Vico drei noch verbleibende Möglichkeiten: die Errichtung einer Monokratie, die Unterwerfung durch weniger »zivilisierte« Völker und den Rückfall in die erste Barbarei, wie er im frühen Mittelalter erfolgte. Es lohnt, Vicos Schilderung des Übergangs in letztere zu zitieren: »Auf diese Weise sollten, im Verlaufe langer Jahrhunderte der Barbarei, die boshaften Spitzfindigkeiten bösartiger Geister allmählich verrosten, die sie mit der Barbarei der Reflexion zu schrecklicheren Tieren gemacht hatten, als sie es während der ersten Barbarei der Sinne gewesen waren. Denn jene brachte eine großzügige Wildheit zutage, vor der ein anderer sich verteidigen oder flüchten oder vorsehen konnte; diese jedoch stellt, mit einer feigen Wildheit, inmitten von Schmeicheleien und Umarmungen dem Leben und dem Vermögen der eigenen Vertrauten und Freunde nach. Deshalb sollten Völker von einer solchen reflektierten Bosheit mit diesem letzten Heilmittel, das die Vorsehung zur Anwendung bringt, auf derartige Weise abgestumpft und verblödet, kein Gefühl mehr haben für Annehmlichkeiten, ausgesuchte Genüsse, Freuden und Prunk, sondern nur noch für die notwendigen Bedürfnisse des Lebens ... Und so sollten unter ihnen wiederkehren die Frömmigkeit, die Treue, die Wahrheit, welche die natürlichen Grundlagen der Gerechtigkeit bilden ...«[97]

Im 20. Jahrhundert findet sich in Oswald Spenglers Hauptwerk »Der Untergang des Abendlandes« eine Platon und Vico wesensverwandte Theorie zur Entstehung monokratischer Staatsformen. Zwar enthält Spenglers Zyklentheorie der Geschichte viele fehlerhafte Aussagen, sie ist methodologisch sehr schlecht begründet (sie wurzelt in einer biologistischen Lebensphilosophie), sie wird dem Fortschritt über die einzelnen Kulturen hinweg – etwa von der Antike zum Abendland – nicht gerecht, ja, sie lehnt unter Nietzsches Einfluß den Universalismus in der Ethik ab. Die Unterscheidung von bloß neun Hochkulturen ist bei dem heutigen Forschungsstand abwegig, das Zuschreiben einer Lebensdauer von etwa tausend Jahren an eine jede Hochkultur absurd. Die große Krise des Römischen Reiches im zweiten Drittel des dritten Jahrhunderts hätte zu dessen Auflösung führen können, aber eine Fülle administrativer und politischer Reformen sowie die geistige Öffnung des Reiches zum Christentum verschoben das Ende des weströmischen Reiches um mehr als zweihundert Jahre, das des oströmischen um mehr als ein Jahrtausend. Und dennoch sind einzelne Parallelen, die Spengler in der Entwicklung der Hochkulturen aufdeckt, durchaus verblüffend; und seine Analyse der allgemeinen Züge der Verfallsepochen von Kulturen ist dann überzeugend, wenn man sie abkoppelt von der These der unausweichlichen Notwendigkeit dieses Verfalls. Dem bedeutenden Brüsseler Althistoriker David Engels verdanken wir etwa einen von Spengler inspirierten, sehr detaillierten Vergleich der Spätphase der römischen Republik mit der gegenwärtigen Lage der EU.[98] Ja, selbst ein Spengler insgesamt sehr kritisch gegenüberstehender, der Linken zugehöriger Intellektueller wie Theodor W. Adorno schreibt zu Recht, daß »der Gang der Weltgeschichte selber seinen unmittelbaren Prognosen in einem Maße recht gab, das erstaunen müßte, wenn man sich an die Prognosen noch erinnerte. Der vergessene Spengler rächt sich, indem er droht, recht zu behalten. Sein Vergessensein inmitten der Bestätigung leiht der Drohung blinder Fatalität, die von seiner Konzeption ausgeht, ein objektives Moment. ... Spengler hat kaum einen Gegner gefunden, der sich ihm gewachsen gezeigt hätte: das Vergessen wirkt als Ausflucht.«[99]

Insbesondere Spenglers Theorie des Aufstiegs des sogenannten »Cäsarismus« in den zwei letzten Abschnitten des vierten Kapitels des zweiten Bandes von 1922 (auf die sich auch Adorno konzentriert) darf – leider! – durchaus beanspruchen, mehr von dem vorweggenommen zu haben, was sich damals gerade in Europa vorbereitete, als die zeitgenössischen Herolde des Fortschritts. Und es lohnt unbedingt, sie auch heute wiederzulesen – sofern dies nicht zu einem Aufgeben des Kantischen Postulats, für den Fortschritt zu arbeiten, führt, sondern dazu dient, gegen die Gefahren anzugehen, die Zivilisationen immer wieder bedrohen. Denn der Fortschrittsglaube wird geradezu kontraproduktiv, wenn er vergißt, daß Phänomene wie Hochkultur und Rechtsstaat sich nicht von selbst verstehen, sondern einer ununterbrochenen bewußten Anstrengung und Arbeit bedürfen. Der Mensch bleibt aufgrund seiner biologischen Natur, zumal seiner Instinktreduktion, ein hochgefährliches und gefährdetes Tier, und alle Zivilisation ist ein aufgesetzter Lack, der viel schneller abblättern kann, als der behagliche Bildungsbürger denkt. Insofern allgemeiner Wohlstand dies leicht in Vergessenheit geraten läßt, trägt er den Keim des kulturellen Verfalls und damit der eigenen Unterhöhlung in sich.

Spengler unterscheidet drei aufeinander folgende Grundformen von Politik – Politik als Ausgleich der Interessen der Stände, Parteipolitik und Privatpolitik. Parteipolitik entwickelt sich nach ihm im Abendland erst seit der Französischen Revolution, wobei in einem Lande wie dem Vereinigten Königreich, anders als in Frankreich, die alten ständischen Eliten zunächst an der Macht blieben, indem sie sich als zwei Parteien konstituierten, die beide die Grundprinzipien des Liberalismus anerkannten und sich voneinander durch ein Mehr oder Weniger statt durch ein Entweder-Oder unterschieden. Aber spätestens seit dem Ersten Weltkrieg sei die Parteiherrschaft zu Ende; die Theorie werde ersetzt durch den Willen zur Macht einzelner, die eine Gefolgschaft um sich versammeln. Die abstrakten Ideale, die den Parteiprogrammen zugrunde liegen, deren Schlagworte einst sakramentale Weihe genossen, »werden zuletzt nicht etwa widerlegt, sondern langweilig. Rousseau ist es längst und Marx wird es in kurzem sein.«[100] Zwar wird eine Weile von den Führern einer Partei das Programm, an das sie selber nicht mehr glauben, um der Anhängerschaft willen noch aufrechterhalten, aber sie lassen es fallen, wenn es dem

Die Zersetzung politischer Rationalität

Kampf um die Staatsgewalt nur noch im Wege steht. Anfangs steht der Geist in hoher Geltung, der die programmatischen Ideen, wie etwa die des allgemeinen Wahlrechts, entwickelt hat; bald aber stellt sich heraus, daß das Wahlvolk manipulierbar ist und daß Geld und Medien darüber entscheiden, wer die eigentliche Macht in einer Demokratie gewinnt. Schon vor fast 100 Jahren, als die Einflußmöglichkeiten des Internets nicht einmal als Möglichkeit vorweggenommen werden konnten, sah Spengler durch die moderne Presse »ein Kraftfeld« geschaffen »von geistigen und Geldspannungen über die ganze Erde hin, in das jeder einzelne eingeordnet ist, ohne daß es ihm zum Bewußtsein kommt, so daß er denken, wollen und handeln muß, wie es irgendwo in der Ferne eine herrschende Persönlichkeit für zweckmäßig hält« (577). Die Zeitung habe das Buch vollkommen verdrängt – wir haben schon gesehen, daß wir in der Zwischenzeit weiter fortgeschritten sind und daß heute auch die Zeitung nicht mehr ein dominierendes Medium ist. Die Artillerie der Presse bestimme, was als Wahrheit anerkannt werde: »Ihre Gründe sind so lange unwiderleglich, als Geld vorhanden ist, um sie ununterbrochen zu wiederholen.« (579) Mit dem Wirklichkeitsverlust breche aber die Kultur ein, und die Unterwerfung der Wirtschaft mit gewalttätigen Mitteln durch cäsaristische Politiker, die ohne Rechtsform verfahren, bilde die letzte Phase (634f.). »Durch das Geld vernichtet die Demokratie sich selbst, nachdem das Geld den Geist vernichtet hat.« (582)

Sicher unterschätzt Spengler die Abhängigkeit der Medien vom Publikum – wird es durch sie gelangweilt oder angewidert, wechselt es eben das Medium. Auch die »Zensur des Schweigens«, von der er redet, mittels deren bestimmte Wahrheiten totgeschwiegen werden, ist im Zeitalter des Wegfalls der »Gatekeepers« schwerer aufrechtzuerhalten als früher. Und Spengler, der den Verfall als irreversibel ansieht, begreift nicht, daß Menschen sich aufraffen und ändern können: Die Katastrophe des Zweiten Weltkrieges hat Individuen und Nationen so erschüttert, daß für viele Jahrzehnte bedeutsame neue politische Ideale die Politik inspiriert haben – ich nenne nur die Europäische Union. Richtig aber ist, daß das unentwegte Bombardieren des Publikums mit Banalitäten der Art, ob der Präsident eines Landes mit einem Pornostar eine Affäre gehabt habe oder nicht, die Aufmerksamkeitsspanne, die zum Durchdenken wahrhaft gefährlicher und komplexer Probleme wie des Abbaus des Rechtsstaats und der drohenden Umweltkatastrophe erforderlich ist, zerstört und den Willen zur Veränderung lähmt. Und richtig ist auch, daß die Ablösung des Geistes durch Medien, die nicht mehr an Gerechtigkeit und Wahrheit glauben, und durch das Geld nicht von Dauer sein kann. Die brutale Gewalt hat zumindest auf kurze Sicht die größere Macht, und sie wird sich kaum bändigen lassen, wenn der Glaube an moralische Normen und die Würde des Rechtsstaates hinweggefegt worden ist.

Es kann nicht Aufgabe dieser zeitkritischen Schrift sein, eine ausgearbeitete Geschichtsphilosophie vorzulegen. Aber andeuten will ich doch, wie der m. E. einzig plausible Mittelweg zwischen Fortschrittstheoretikern und Zyklentheoretikern angesichts der gegenwärtigen Verfallsphänomene konzipiert werden muß. Es waltet hier eine eigentümliche Dialektik zwischen Theoriebildung und realer Geschichte, weil letztere nicht unabhängig davon verläuft, wie Menschen ihre eigenen Handlungen in den Lauf der Geschichte einordnen. Das ist der sogenannte Ödipus-Effekt der Sozialwissenschaften, der zumal aus den Wirtschaftswissenschaften bekannt ist – denn Wirtschaftsakteure antizipieren das Handeln ihrer Konkurrenten, aber auch staatlicher Wirtschaftspolitiker u. a. aufgrund der gerade gängigen wirtschaftswissenschaftlichen Theorien. Gerade der Erfolg der letzteren kann dazu führen, daß die ihnen zugrundeliegenden Prinzipien allgemein begriffen werden und nun die Akteure sich anders verhalten, als die Theorie angenommen hatte – und zwar gerade aufgrund der Aneignung der Theorie. Dies war z. B. einer der Gründe für den Niedergang des Keynesianismus: Da die Gewerkschaften begriffen hatten, daß die antizyklische, Arbeitsplätze schaffende Staatsverschuldung später durch Inflation abgebaut wurde, verlangten sie höhere Löhne, die nun allerdings den Beschäftigungseffekt vernichteten.

Im Fall der Geschichtsphilosophie des Fortschritts besteht kein Zweifel daran, daß sie anfangs den realen Fortschritt beflügelt hat:

Die Zersetzung politischer Rationalität

Wer sich als Instrument eines allgemeinen Prinzips empfindet, das die Welt beherrscht, ist motivierter als derjenige, der an dem eigenen Erfolg zweifelt. Allerdings hat es die klassische Geschichtsphilosophie des 18. und 19. Jahrhunderts geschafft, auch die früheren Epochen der Menschheitsgeschichte in das Fortschrittsmodell zu integrieren, selbst wenn sie noch nicht von der Idee des Fortschritts inspiriert waren.[101] Mit den Termini Hegels könnte man sagen: Der weltgeschichtliche Fortschritt an sich wird im 18. und 19. Jahrhundert zum Fortschritt für sich, und dies hat zu jenen positiven Veränderungen beigetragen, die im ersten Kapitel thematisch waren. In der Tat leiden alle Zyklentheorien von Vico bis Spengler darunter, daß sie Schwierigkeiten haben, einen die Zyklen übergreifenden Fortschritt zu konzipieren. (Im Falle Spenglers gibt es das zusätzliche Problem, wie die Verstehbarkeit der anderen Kulturen überhaupt möglich ist.) Doch nicht nur gibt es offenkundig einen solchen Fortschritt, wie am deutlichsten im wissenschaftlichen und technischen Bereich ersichtlich ist; ja, auch im moralischen Bewußtsein läßt sich eine Evolution zu einer universalistischen Ethik feststellen, die sich institutionell etwa im Regime der allgemeinen Menschenrechte niedergeschlagen hat. Darüber hinaus scheint sich in der globalisierten Welt der Fortschrittstypus, der im Westen begann, auf den ganzen Planeten auszubreiten.

Doch gerade in dieser Ausbreitung liegt eine Gefahr. Warum? Nun, in Hegels einflußreicher Geschichtsphilosophie ist der Fortschritt dessen, was er »Weltgeist« nennt, gekoppelt an die Ablösung eines Volksgeistes durch einen anderen, etwa des griechischen durch den römischen. Bei dieser Ablösung spielen keineswegs nur exogene Faktoren wie Niederlagen gegen einen Feind eine Rolle. Entscheidend ist die innere Erschöpfung, manchmal auch die explizite innere Zersetzung einer Kultur durch sich selbst. Insofern kennt auch Hegels Theorie Momente des Kulturverfalls, wie er in allen Zyklentheorien eine entscheidende Rolle spielt. Was aber ist zu hoffen, wenn die Verfallsbewegung sich in einer einheitlichen Weltkultur durchsetzt und es keine frischen Kulturen außerhalb mehr gibt, die belebend wirken können? Allerdings kann man sagen, daß es bisher noch nicht wirklich eine solche Weltkultur gibt, weil die Globalisierung zwar einen Weltmarkt geschaffen hat, aber eben keine einheitliche Kultur. In die durch den Niedergang des Westens gerissene Lücke könnten heute noch andere Kulturen eintreten, darunter asiatische, die schon früher einen wichtigen Platz in der Weltgeschichte eingenommen hatten, aber nun durch ihre Modernisierung und ihre gegenüber dem Westen größere Vitalität eine Spitzenstellung erringen könnten.

Unbehagen, ja, Verzweiflung an der Gegenwart darf nicht dazu führen, daß man etwa im Gefolge des späten Martin Heidegger den Gedanken des Fortschritts verabschiedet und gar von einem kontinuierlichen Verfall, einer zunehmenden Entfernung vom eigentlichen Sein, redet. Das kann nur zur sich selbst erfüllenden Erwartung werden. Doch an der moralischen Verpflichtung, am Fortschritt zu arbeiten, ist nicht zu rütteln, und man kann nicht bestreiten, daß im großen und ganzen ein intellektueller, moralischer und rechtlicher Fortschritt die Menschheitsgeschichte seit den Griechen kennzeichnet. (Der wissenschaftliche Rückschritt im frühen Mittelalter wurde durch bedeutende moralische Neuerungen kompensiert.) Dennoch wird der Fortschrittsglaube absurd, wenn er zwei Dinge übersieht. Erstens ist der technische Fortschritt, wie schon gesagt, neutral – man kann ihn zu guten wie zu schlechten Zwecken einsetzen. Ja, selbst die These von der Neutralität der Technik ist insofern eine Verharmlosung, als die Technik durch den Kapitalismus zu einem Selbstläufer geworden ist, dem man sich gar nicht richtig entziehen kann: Das akkumulierte Kapital verlangt nach Investitionen in neue Techniken. Und – darin hat Heidegger recht – die technische forma mentis hat auf subtile Weise unsere ganzen Denkformen transformiert. Aber selbst wenn die Technik nur neutral wäre, gibt es eine Sphäre, in der diese Neutralität besonders beängstigend ist – ich meine die Waffentechnik, deren Notwendigkeit sich aus der aggressiven Natur des Menschen ergibt. Zahlreiche Waffen dienen der Abwehr ebenso wie dem Angriff, und es ist das Privileg einer hochtechnisierten Zivilisation, daß sie der ganzen Menschheit den Garaus machen kann – etwas, was früheren Kulturen versagt war. Insofern hat der technische Fortschritt in der

Tat das Potential zur Vernichtung der menschlichen Zivilisation als ganzer.

Ja, die Erleichterung des menschlichen Lebens durch den wissenschaftlich-technischen Fortschritt führt zwar nicht begriffsnotwendig, aber aufgrund der menschlichen Natur mit hoher Wahrscheinlichkeit zu einer Korrosion jener Tugenden, deren ein Gemeinwesen bedarf. Denn die Mutter vieler vormoderner Tugenden ist die Not gewesen. Wo diese überwunden wird, werden jene nicht mehr automatisch weitergeführt. Kargheit erzwang Selbstkontrolle und Fähigkeit zum Verzicht, die fast nie unterbrochene Drohung des Krieges hielt die Tapferkeit aufrecht und das Gefühl, in bestimmten Situationen sei das eigene Leben zu opfern. Die geringere Fülle an Wissen erlaubte die Entwicklung der Weisheit, die Einzelerkenntnisse in jenen größeren Zusammenhang einzuordnen vermag, in dem allein sie ihren Sinn haben. Aber sosehr die Moderne eine Zeitlang auch ohne diese Tugenden zu funktionieren scheint, sowenig darf man davon ausgehen, daß Kulturen Zombies sind. Sie müssen beseelt sein, und zwar von Menschen, die an ihre Werte glauben und sich für sie einsetzen. In der geschichtlichen Krise zumal, auf die wir uns zubewegen, wird das Weggebrochensein dieser Tugenden das Finden von Auswegen außerordentlich erschweren.

Zweitens mag der Fortschrittsglaube im Sog der Innovationshysterie dazu tendieren, die letzten Produkte der menschlichen Kultur für die besten zu halten. Doch diese sind derzeit oft Produkte einer kulturellen Verfallsperiode, und da sie sich weitgehend von den Ideen des Fortschritts ebenso wie der moralischen Verpflichtung verabschiedet haben, wird derjenige, der aus Achtung für den Fortschritt an ihnen festhält, sich in eine selbstwidersprüchliche Position hineinmanövrieren. Nichts ist absurder als Überblicke über die Geistesgeschichte »Von Platon bis Derrida«, die einen impliziten Fortschritt voraussetzen, weil man sich damit am Ende nur der Möglichkeit beraubt, eine intelligente, ja, auch nur konsistente Gesamtdeutung der Vergangenheit vorzulegen. Selbst das Vertrauen darauf, der moralische Fortschritt setze sich gleichsam von selbst fort, ist unverantwortlich, da schon die dauernde Bewahrung vernünftiger Institutionen einer stets zu wiederholenden persönlichen Aneignung bedarf. Wer diese für überflüssig hält, beschleunigt den Verfallsprozeß.

Was sind die den offenkundigen derzeitigen Niedergang des Westens vorantreibenden Faktoren? Entscheidend ist, wie gesagt, der Verlust an sozialer Kohäsion, der sich aus dem Schwinden gemeinsamer Werte, ja, sogar des Glaubens an eine objektive Wahrheit ergibt. Skeptische Phasen dominieren die Philosophiegeschichte periodisch, und sie gehen häufig mit einer Lähmung der Selbstsicherheit der entsprechenden Kultur Hand in Hand: Die griechische Sophistik ist das erste, keineswegs das letzte Beispiel. Sehr vereinfachend hat es schon Goethe auf den Begriff gebracht: »Alle im Rückschreiten und in der Auflösung begriffenen Epochen sind subjektiv, dagegen aber haben alle vorschreitenden Epochen eine objektive Richtung.«[102] Die Krise des auf die Griechen zurückgehenden Vernunftbegriffes, die mit Schopenhauer und Nietzsche einsetzt und in der stark durch Heidegger beeinflußten Postmoderne die meisten Hauptströmungen der westlichen Kultur ergreift, ist die besondere Variante, die die subjektivistische Krise in der Gegenwart angenommen hat. Auch wenn Nietzsche gewiß kein Demokrat war, hat der gegenwärtige Subjektivismus demokratische Wurzeln, wie dies Platon schon analog für die attische Demokratie behauptete. Denn die richtige Idee, daß alle Bürger Grundrechte haben, kann leicht zu der Ansicht verführen, daß alle Meinungen auch gleichberechtigt und der Wahrheit gleich nahe seien. War das Hauptlaster der Aristokratie der Hochmut des Adels, ist das Hauptproblem der Demokratie der Neid gegenüber bedeutenden Leistungen, verknüpft mit der Weigerung, intellektuelle und moralische Rangunterschiede anzuerkennen. Einerseits führt das unweigerlich zu Chaos und dem Zusammenbruch einer objektiven und verpflichtenden Idee von Gemeinwohl, ja, zu jener großen Gereiztheit, die Thomas Mann im vorletzten Abschnitt des letzten Kapitels des »Zauberbergs« am Vorabend des Ersten Weltkrieges ansetzt. Andererseits ist die gereizte Langeweile, der alles gleich gültig und damit gleichgültig ist, durchaus empfänglich für die Meinung, die ganz anders ist als das, was sie selbst lehrt, zumal sie Differenz und Alterität vergöttert. Statt sich gegen die Feinde des Rechtsstaates zu wehren, ist

Die Zersetzung politischer Rationalität

sie, wie die Motte vom Licht, angezogen von denjenigen, die den Rechtsstaat in Frage stellen, z. B. weil er nur ein Resultat der Herrschaft weißer Männer, also phallokratischer Herkunft sei. Das Unterhaltungsbedürfnis ist derart groß, daß in einem dialektischen Umschlag das ganz Andere in der politischen Arena fesselt – auch wenn sein letztes Resultat nur eine Situation sein wird, die den Unterhaltungsimperativ dem brutalen Überlebensimperativ massiv unterordnen wird.

Wer den gegenwärtigen Augenblick der westlichen Kultur auf den Begriff bringen will, muß auf den Widerspruch hinweisen, der zwischen den meisten ihrer Institutionen und dem Geist, der heute mit ihnen verbunden ist, besteht. Die Institutionen verdanken sich zu großem Teil dem Rationalismus der Aufklärung; dieser aber lebte und webte im oft naiven, aber eben deswegen unhinterfragten Vertrauen auf die Fähigkeit der Vernunft, im gemeinsamen Diskurs die Wahrheit aufzudecken und ein Kollektiv, im Idealfall die ganze Menschheit, zu gerechtem Handeln zu motivieren. Eben diese Institutionen sind zwar noch nach dem Trägheitsgesetz da, das für soziale Gebilde besteht, bei denen der Kultus die Dogmatik stets überlebt. Aber der belebende Geist ist aus ihnen gewichen, und deshalb fällt es nicht schwer, sie zu stürzen. Schon in der ersten großen Krise des modernen Liberalismus, in den 1920er und 1930er Jahren, haben die faschistischen Herausforderer deswegen gesiegt, weil sie in ganz anderer Weise an ihre Sendung glaubten als die angekränkelten Liberalen, deren politische Ideale durch die Katastrophe des Ersten Weltkrieges an Glaubwürdigkeit verloren hatten (auch wenn deren Beseitigung nur den Zweiten Weltkrieg vorbereitete). Der irische Literaturnobelpreisträger William Butler Yeats hat in den letzten Versen der ersten Strophe seines berühmten Gedichtes von 1919 »The Second Coming« (»Das zweite Kommen«) die damalige, und vorwegnehmend auch die heutige Situation, auf den Begriff gebracht: »The best lack all conviction, while the worst / are full of passionate intensity« (»Die Besten sind des Zweifels voll, die Ärgsten / sind von der Kraft der Leidenschaft erfüllt«, in der Übersetzung Walter Aues). Carl Zuckmayer hat sehr eindrucksvoll die unterschiedlichen Physiognomien der Linken und Rechten am Ende der

Weimarer Republik geschildert: »Bei den Linksradikalen war dieser Ausdruck mehr ein permanent ironischer Zug um die Mundwinkel ... Die Rechtsradikalen jedoch zeigten duch fest zusammengekniffene Lippen, ein entschlossen vorgestemmtes Kinn und senkrechte Stirnfalten, daß ihr Wille zur Vernichtung ihrer Feinde unerbittlich sei, auch wenn sie sich diese Feinde erst mit Gewalt schaffen müßten.«[103]

Die Anziehungskraft von Figuren wie Duterte, Trump und Bolsonaro hat entscheidend damit zu tun, daß ihre Brutalität eine Vitalität atmet oder besser vortäuscht, die dem feinsinnigen Intellektuellen offenkundig abgeht, der ausdrücklich bekennt, an 1003 Dinge zum Teil und an nichts ganz zu glauben. Es sind teils der Mangel an Vitalität, der Spätkulturen eigentümlich ist, teils der Wegfall persönlicher Glaubwürdigkeit, die alleine durch Opfer errungen werden kann, die die Tradition der Aufklärung und damit deren edelste Kreatur, den westlichen Rechtsstaat, unterhöhlt haben. In der Krise der Aufklärung hat aber die Gegenaufklärung – »Dark Enlightenment«, wie man sie in den USA nennt – die eigentliche Chance ihrer erneuten Wiederkehr (ich sage: erneuten, da die Gegenaufklärung sich im 19. Jahrhundert anbahnt und im Faschismus ihren bisherigen, aber offenbar nicht letzten Höhepunkt erreicht hat). Nach der Gegenaufklärung ist der ethische Universalismus eine Illusion, die vielleicht geschichtlich notwendig war, aber abgestreift gehört von den Siegern der Geschichte: Natur- wie menschliche Geschichte zeigen, daß sich die Stärkeren auf Kosten der Schwächeren durchsetzen; so war es immer, so wird es stets sein, und so soll es sein. Diese Ideologie kann sich teils auf eine bestimmte Interpretation des Darwinismus stützen, teils auf eine Legitimation des Kapitalismus, die nicht auf dessen Nutzen für die menschliche Entwicklung abhebt, sondern vielmehr in ihm die Entfesselung der Habgier der Durchsetzungsstarken feiert, teils auf einen sozialen Konstruktivismus, der alle Ideale als Reflexe von Machtverhältnissen lächerlich macht. Der ethische Universalismus ist genetisch ein Resultat der Universalreligionen, und auch wenn die Aufklärung dachte, durch die Überwindung des Partikularismus aller geschichtlich gewordenen Religionen einer noch nobleren Ethik vorzuarbeiten,

Die Zersetzung politischer Rationalität

ist die gegenaufklärerische Revolte gegen den Universalismus leider das viel wahrscheinlichere Resultat der Krise der Hochreligionen – zumal nachdem die postmoderne Philosophie jeden Glauben an allgemeine Normen im Namen der Differenz zersetzt hat. Denn der Universalismus ist, wie gesagt, dem Menschen nicht natürlich, und wenn die Menschen nur noch den Grundtext homo natura (»Der Mensch ist nichts als ein Teil einer darwinistisch verstandenen Natur«) lesen können, wird er aus dem menschlichen Bewußtsein verdrängt, das einer langen kulturellen Entwicklung bedurfte, um sich zu seinen höheren Idealen zu erheben. Anders als der Sozialdarwinismus versteht sich etwa die Pflicht zur internationalen Solidarität nicht von selbst, sondern bedarf komplexer ethischer und metaphysischer Begründung. Zwar lehrt die Erfahrung, daß eine machtpositivistische Ideologie keine Gemeinschaft zusammenzuhalten vermag, und von dem Umgang der Athener mit den Meliern, den Thukydides in seiner Geschichte des Peloponnesischen Krieges so meisterhaft geschildert hat,[104] bis zu demjenigen der Nationalsozialisten mit ihren Nachbarstaaten wissen wir, daß ein derartiges Gebaren Staaten keine loyalen Alliierten, sondern statt dessen meist den raschen Niedergang beschert. Aber wer sich einmal auf den Nihilismus der Gegenaufklärung eingelassen hat, ist durch Argumente schwer davon zu befreien – geschichtliche Erfahrungen oft schrecklicher Art sind dazu erforderlich, wie etwa die des Zweiten Weltkrieges, auf den der großartige universalistische Aufschwung folgte, der die Vereinten Nationen, die Bretton Woods Institutionen Weltbank und Internationalen Währungsfonds und die Europäischen Gemeinschaften hervorbrachte. Sie allein ermöglichten jenen Frieden und jenen Wohlstand, die paradoxerweise leicht dazu führen, daß man geistig erschlafft und die Bedingungen vergißt, denen allein sie sich verdanken.

Der Friede hängt vom außenpolitischen Umfeld ab. Demjenigen des Westens wollen wir uns nun zuwenden.

5. Was unterscheidet die USA von der Europäischen Union?

Das Stagnieren des europäischen Einigungsprozesses und das Versagen der EU angesichts von Euro- und Flüchtlingskrise

Zum Westen gehören neben den USA und den Mitgliedstaaten der EU sicher auch noch andere westeuropäische Länder wie Norwegen und die Schweiz, Kanada, Australien und Neuseeland. Wenn man den Begriff nicht kulturell, sondern durch die Übernahme der liberalen Demokratie definiert, kann man auch Japan, Südkorea und einige andere asiatische und lateinamerikanische Staaten dazu rechnen. Doch ist es auf jeden Fall sehr wichtig, die geschriebene Verfassung von der Verfassungswirklichkeit zu unterscheiden. So ist Indien, auch wenn seine Verfassung eine Variante des britischen Westminster-Systems darstellt, aufgrund der horrenden sozialen Ungleichheiten und des in seinem Wesen nicht-universalistischen Hinduismus schwerlich als liberale Demokratie zu bezeichnen. Auf jeden Fall sind die wichtigsten politischen Gebilde des Westens die USA und die EU. (Nach dem Austritt des Vereinigten Königreichs werden zumal die wichtigsten der sechzehn Mitgliedstaaten des Commonwealth of Nations, die mit der britischen Krone in Personalunion verbunden sind, als eine dritte bedeutende Gruppe des Westens erscheinen.) Wie unterscheiden sich beide Gebilde? Und ist es angesichts der ausführlich beschriebenen Probleme der USA denkbar, daß die EU zu einer Führungsrolle innerhalb des Westens aufsteigt? Es geht mir in diesem Kapitel nicht um problematische Entwicklungen innerhalb einzelner EU-Staaten; von Ungarn und Polen war schon ausführlich, von Italien knapp die Rede. Es geht mir jetzt um die Schwierigkeiten der EU als ganzer, zu entscheiden und zu handeln.

Zunächst einmal ist die Vorstellung einer steigenden Bedeutung der Europäischen Union innerhalb der westlichen Staatenfamilie durchaus reizvoll. Europas große kulturelle Vielfalt, der enorme Schatz an geistigen Traditionen, von denen einige älter sind als 2500 Jahre, der höhere durchschnittliches Bildungsstand der westeuropäischen Bevölkerung, die stärkere Ausbildung des Sozialstaates, das weiter entwickelte Umweltbewußtsein, die größere Zurückhaltung bei dem Einsatz von Gewalt in den internationalen Beziehungen und die ausschließlich friedliche Ausdehnung der Grenzen der EU durch Einladung anderer Staaten zum Beitritt sind einerseits Vorzüge gegenüber den USA.[105] Unter ästhetischen Gesichtspunkten ist es jedem Vorurteilsfreien offenkundig, daß Europa als vielsprachige Kulturlandschaft, aber auch in der Subtilität der Umgangsformen der Menschen miteinander den USA überlegen ist. Jahrhunderte aristokratischer Geschmacksbildung sind zwar inzwischen an ihr Ende gekommen, aber ihre residuale Kraft hallt in Europa unterschwellig noch nach, während sie die USA nie geprägt hat: Es gab hier kein Bürgertum, das mit einer Aristokratie wetteifern mußte, die von Jahrhunderte alten Traditionen der Selbstvervollkommnung inspiriert war. Die Unkenntnis dieser Traditionen macht es einesteils für die Amerikaner schwerer, mit vormodernen Kulturen zu verkehren, und anderenteils liegt sie dem naiven Überzeugtsein von der eigenen Größe zugrunde, das desto leichter fällt, je weniger man etwa mit der Antike vertraut ist. Immerhin muß man zugeben, daß einer der Gründe für die geringere künstlerische Leistung der USA im geschichtlichen Zufall besteht, daß die beschleunigte Entwicklung der USA erst zu einem Zeitpunkt einsetzte, als bestimmte Künste, zumal die klassische Musik, schon ihre Vollendung erzielt hatten. In der Filmkunst dagegen ist die US-amerikanische Leistung durchaus eindrucksvoll.

Doch sind andererseits die Vorteile der USA nicht minder offenkundig. So kann man erstens nicht bestreiten, daß das Fehlen einer überwältigend bedeutenden Vergangenheit in den USA die Zukunftsorientierung begünstigt. Manche europäische Länder, vielleicht in besonderem Maße Italien dank des einzigartigen künstlerischen Erbes, sind dagegen wie manche Personen in ungesundem Maße mehr mit ihrer Vergangenheit als mit ihrer Zukunft befaßt. Die tiefere Religiosität der USA ist zweitens, wie wir gesehen haben, mit Stumpfsinn, Bigotterie und Verkehrung zu politischen Zwecken sehr wohl kompatibel, aber sie ist auch eine Quelle von Vitalität, die Europa immer mehr abgeht. Der amerikanische Exzeptionalismus, der Glaube, durch die politische Verwirklichung eines neuen Gerechtigkeitsideals der ganzen Welt den Weg zu weisen, etwa was die Menschenrechte betrifft, hat religiöse Wurzeln, die den Enthusiasmus und die Selbsttäuschungen (ja, die gelegentliche Hybris) gleichermaßen erklären. Scheitert das amerikanische Projekt etwa dank der Selbstvernichtung der Demokratie und der durch den extremen Individualismus bedingten Unfähigkeit, das Umweltproblem in den Griff zu bekommen, wird das geistige Vakuum des Landes schwer zu füllen sein, weil die religiöse Energie großenteils in das eigene politische Projekt gesteckt wurde. Darüber hinausgehende spirituelle Ressourcen sind kaum sichtbar. Es kann sehr wohl sein, daß auf den raschen Aufstieg der USA ein ebenso schneller Abstieg in die kulturelle Bedeutungslosigkeit folgen wird.[106] Aber selbst wem drittens die US-amerikanische Hemdsärmeligkeit und Selbstüberschätzung zuwider ist, sollte eines nicht vergessen: Scheitern die USA, wird auch das globale Projekt einer friedlich zusammenlebenden Weltgesellschaft scheitern, die jenseits aller kulturellen Unterschiede durch Vernunft und Recht verbunden ist.

Die schwächere Entwicklung des Sozialstaats hat wenigstens fünf Ursachen, von denen einige auch der wirtschaftlichen Dynamik des Landes zugrunde liegen.[107] Erstens flohen die Einwanderer aus Staaten, die sie als repressiv erfahren hatten; sie setzten daher nicht auf den Staat und versuchten ihre Problem selber zu lösen. Sie verließen zweitens paternalistische Gesellschaftssysteme oft feudaler Natur, die bei allen Asymmetrien eine Fürsorge für die Schwächeren anerkannten; dieser Geist wurde nicht mit nach Amerika ausgeführt. Drittens war anfangs die Emigration in die USA sehr riskant; sie selektierte daher besonders risikofreudige Menschen. Viertens fehlte den Menschen, die aus ganz unterschiedlichen Kulturen und Erdteilen in den USA zusammenkamen, eine natürliche Solidarität füreinander, die sich eher bei größerer Homogenität entwickelt. Und fünftens konnte in den USA des 19. Jahrhunderts die soziale Frage mit der Aufforderung »Go west«, also westwärts weiterzuschreiten, gelöst werden. Dem dicht besiedelten Europa stand etwas Analoges nicht mehr offen; und daher mußte der Staat eingreifen, um die schlimmsten Formen der Armut zu überwinden. Erst im 20. Jahrhundert, zumal mit dem New Deal Franklin Delano Roosevelts, entwickelte sich auch in den USA ein umfassender Sozialstaat auf Bundesebene. Die Verfassungen der Gliedstaaten wiesen diesen oft schon soziale Aufgaben zu, aber es bedurfte eines Wechsels in der Rechtsprechung des Obersten Gerichtshofs 1937, um auch die Bundesverfassung so zu lesen, daß sie soziale Aufgaben des Bundes nicht ausschließe (sie schreibt ihm sicher keine vor). Aber die weiterhin stärkere Skepsis der Bevölkerung, auch und gerade der ärmeren, gegenüber einem bevormundenden Sozialstaat ist wohl einer der Gründe für die enorme Innovationskraft der amerikanischen Wirtschaft, die viel weniger als die europäische durch zunftähnliche Mentalitäten beschränkt wird.

Auch ist die bewußte Förderung der Einwanderung begabter und integrationsfähiger Personen ohne Zweifel eine der Kraftquellen des Landes. Die Natur der USA als Einwandererland erklärt sowohl viele ihrer Tugenden als auch viele ihrer Laster. Das Land hat von Anfang an jede Staatsreligion abgelehnt, wie sie damals in Europa die absolute Regel war; Juden genossen in den USA von Anfang an die gleichen Rechte wie Christen. Das steht nicht im mindesten in Widerspruch zu der Religiosität der USA. Da die Einwanderer sich aus unterschiedlichen religiösen Traditionen rekrutierten, mußte man sich auf einen religionsneutralen Rahmen einigen, der nur die allgemeine Religionsfreiheit garantierte. Ein abstrakter Universalismus, der vom ethnischen und religiösen Hintergrund absieht, und eine meritokratische Gesellschaftskonzeption, nach der Stellen nach Verdienst besetzt werden sollen, bilden das ideologische Selbstverständnis der USA. Ich sage »ideologisch«, weil selbstredend die Realität stets anders war – von der Sklaverei war schon die Rede. Aber das ändert nichts daran, daß die Präsenz des Ideals segensreich wirkte und durchaus beanspruchen kann, auch für eine globalisierte Welt vorbildhaft zu sein – denn auch diese kann nicht auf die Normen einer konkreten Religion oder Kultur zurückgreifen, sondern bedarf allgemeiner Regeln. Eine Konsequenz dieses Ideals ist jedoch, daß die US-amerikanischen Bürger weniger verbindet als die der klassischen Nationalstaaten; denn die kulturelle Homogenität ist viel geringer. In einem solchen System sind die wichtigsten Kriterien im Umgang der Bürger miteinander die Achtung vor dem Gesetz, das für den Mangel an gemeinsamen Sitten einspringen muß, und die Anerkennung formaler Arbeitsleistung, die, da andere Kriterien fehlen, in Geld bemessen wird. In einer kulturell dichten Gemeinschaft kann man sich schnell darüber einig werden, eine Komposition oder ein Roman seien bedeutend, auch wenn deren Autor damit nicht viel Geld verdient hat. Wo es an geteilter materialer Kultur gebricht, können dagegen nur quantifizierbare Kriterien einen intersubjektiven Maßstab bilden, wie sie etwa im Guinness Book der Rekorde vorkommen. Daraus erklärt sich zum Teil auch die Sportbegeisterung der Amerikaner, denn sportliche Leistungen sind viel leichter quantifizierbar als geistige. Die quantitative Größe, mit der man am meisten erreichen kann, ist aber das Geld. Es ist dieser Ersatz aller traditionellen Werte durch den Reichtum, der notwendig die abstraktuniversalistischen Gemeinwesen kennzeichnet (auch den Weltmarkt) und der dasjenige erzeugt, was man als vulgär an ihnen empfindet und was mit subtilen Kulturleistungen in der Tat inkompatibel ist. Denn der wirklich Kreative denkt nicht an den Markterfolg, sondern an das, was inneren Gehalt hat – im Vertrauen darauf, daß dieser ggf. erst nach seinem Tode als solcher anerkannt wird. Diese Denkweise ist aber demjenigen gar nicht mehr zugänglich, der seine Ideen nach dem richtet, was seiner Ansicht nach der Markt gerade erwartet. Störend an der amerikanischen Vulgarität ist dabei insbesondere das welthistorische Selbstbewußtsein, mit dem sie auftritt – der Mangel an historischer Bildung, das Desinteresse an anderen Kulturen, die politischen und militärischen Erfolge im 20. Jahrhundert und der Pragmatismus als Hintergrundphilosophie lassen die meisten Amerikaner wirklich glauben, ihre Kultur sei die bedeutendste der Menschheitsgeschichte. Und in der Tat verdankt sich dem enormen Reichtum die Tatsache, daß die USA, ein eigentlich antiintellektuelles Land, die erfolgreichste Universitätslandschaft aufzubauen vermocht haben, wie allein die Zahl der an US-amerikanischen Universitäten lehrenden Nobelpreisträger beweist. Ein nicht unbeträchtlicher Teil von ihnen stammt aus dem Ausland, aber eben die Fähigkeit, diese Leute anzuziehen, gereicht den USA zum Ruhme. Allerdings ist es wahr, daß auch die besten US-amerikanischen Universitäten nur Inseln der Bildung umgeben von einem Meere der Unwissenheit und der Pop-Kultur sind. In Europa dagegen ist das Wissen breiter gestreut, wenn auch kulturelle Spitzenleistungen heute selten geworden sind.

Ein weiterer wesentlicher Unterschied zwischen den USA und der EU besteht in der unterschiedlichen Einstellung zum Krieg. Auch das ist historisch leicht zu erklären. Die USA haben zwar in ihrer Außenpolitik zahlreiche Verbrechen begangen und verschiedene unkluge und manchen ungerechten Krieg geführt, aber verglichen mit den europäischen Staaten haben sie, sofern man die Expansion nach Westen nicht als Kolonialisierung betrachtet, nur recht kurz als Kolonialmacht agiert (in ihrer Selbstdeutung haben sie 1898 die spanischen Kolonien befreit und nur für eine Übergangszeit übernommen, Hawaii wurde innerhalb einiger Jahrzehnte zu einem gleichberechtigten Bundesstaat), und sie tragen keine Verantwortung für den Ausbruch eines so dummen Krieges wie des Ersten und eines so verbrecherischen wie des Zweiten Weltkrieges. Sie haben während des letzteren wie während des Kalten Krieges die zwei großen totalitären Bedrohungen niedergeschlagen bzw. abgewehrt, sie haben Deutschland und Japan demokratisiert und die Freiheit Südkoreas verteidigt. Das alles sind Leistungen, auf die das Land zu Recht stolz ist. Ferner haben die USA wegen ihrer geopolitischen Lage, die ein Glück, kein Verdienst ist, wesentlich weniger unter den Kriegen gelitten als die europäischen Staaten: Das Heimatland war nie betroffen. Man kann den Schock vom 11. September 2001 gar nicht richtig verstehen, wenn man nicht bedenkt, daß es das erste Mal seit dem Krieg mit Großbritannien 1812–1815 war, daß das US-amerikanische Festland angegriffen wurde. Nach dem Vietnamkrieg, der zumindest unverantwortlich war (auch wenn er damals als Nothilfekrieg nach Art des Koreakrieges ausgegeben wurde), haben die USA die allgemeine Wehrpflicht durch eine Berufsarmee ersetzt, die viel leichter ohne öffentliche Proteste eingesetzt werden kann, auch wenn dies die negative Konsequenz hat, daß besonders die Ärmeren, die auf der Suche nach einem Job bei der Armee landen, dem Risiko des Krieges ausgesetzt werden. Das Argument, Demokratien seien friedfertiger als autokratische Systeme, weil die Bevölkerung unverantwortliche Kriege eher fürchte als ein König, der selber sein Leben nicht riskiere, fällt freilich dahin, wenn die Wehrpflicht nicht mehr gilt und es nicht die Kinder der Parlamentarier sind, die ihr Leben aufs Spiel setzen. Dies ebenso wie die weitere Tatsache, daß das Pathos tapferer Selbstverteidigung gegen das Böse in einem staatsfreien Raum viel von der amerikanischen Geschichte des 19. Jahrhunderts und, dank des Westerns, der amerikanischen Imagination des 20. Jahrhunderts charakterisiert, erklären, warum die USA sowohl zu gerechtfertigten als auch zu ungerechten Kriegen eher neigen als die meisten heutigen europäischen Staaten.

Die ungerechten Kriege der USA verführen leicht zu dem Wunsch, die USA möchten sich doch endlich aus ihrer Weltmachtrolle zurückziehen. Doch die isolationistische Politik der USA in den 1920er Jahren schuf ein Machtvakuum, in dem sich der Zweite Weltkrieg vorbereiten konnte. Ganz allgemein gilt: Machtvakuen sind nicht von Dauer. Wenn die EU nicht in der Lage ist, diese Lücke auszufüllen, werden China und Rußland es tun. Man darf füglich zweifeln, ob die Welt dann sicherer sein wird. Das ist ein Argument für eine weltweite Präsenz der USA, nicht gegen sie. *Auf keinen Fall kann man den USA je nach Stimmung vorwerfen, sie seien militärisch sowohl zu sehr als auch zu wenig präsent.* Eine solche Kritik ist inkonsistent und hat mit dazu beigetragen, daß unter Trump isolationistische Ideen wieder eine große Rolle spielen – angesichts eines so flatterhaften Präsidenten allerdings keineswegs durchgehend. Die Kosten einer weltweiten Präsenz der USA sind sehr hoch, und angesichts der enormen privaten und öffentlichen Verschuldung der USA sowie des Handelsbilanzdefizits ist eine Reduktion dieser Präsenz gerade für jene naheliegend, die primär an die USA und nicht an die Welt als ganze denken. Das gilt um so eher, wenn der Beitrag der Bundesgenossen zu den Verteidigungskosten als unfair wahrgenommen wird. Auch liberale Mitglieder der Demokratischen Partei fragen sich, wieso man auf den Aufbau eines großzügigeren Sozialstaates nach Art des europäischen verzichten sollte, um die europäischen Mitgliedstaaten zu schützen, von denen die große Mehrzahl einen wesentlich geringeren Prozentsatz des eigenen Bruttoinlandsprodukts für die Verteidigung ausgibt (Belgien zahlte 2017 0,9 %, Deutschland 1,2 % und die USA 3,1 %[108]). Zwar wird dabei manchmal vergessen, daß auch die USA davon profitiert haben, daß bis auf zwei Ausnahmen die Staaten der EU z. B. auf Atomwaffen Verzicht geleistet haben. Der Atomwaffensperrvertrag wird freilich nur dann weiter als legitim akzeptiert werden, wenn erstens die Nuklearmächte ihre Verpflichtungen nach Art. 6, ernsthafte Verhandlungen zur allgemeinen und vollständigen Abrüstung zu führen, erfüllen und wenn zweitens die Nuklearmächte Staaten ohne Atomwaffen einen glaubwürdigen Schutz vor einem Angriff durch eine andere Nuklearmacht bieten. Sollte den NATO-Mitgliedstaaten die amerikanische Sicherheitsgarantie entzogen werden, ist es nicht realistisch zu erwarten, daß sie lange auf eine atomare Bewaffnung verzichten werden. Aber die Tatsache, daß ein Sich-Verlassen der EU auf den Schutz durch die USA nahelag, ändert nichts daran, daß es ein schwerer Fehler seitens der Europäer war, bis zur Präsidentschaft Trumps zu warten, bevor sie sich auf ihre eigene Pflicht zur Verteidigung ernsthafter zu besinnen willens waren. Inzwischen begreifen sie das, und man kann nur hoffen, daß es nicht zu spät ist.

Sicher ist die EU von anderen Staatenbünden der Vergangenheit dadurch unterschieden, daß sie primär für wirtschaftspolitische und nicht für Verteidigungszwecke gegründet wurde (wobei die Wirtschaftsunion einem neuen Krieg zwischen den europäischen Staaten vorbeugen sollte). Die EU war eine Antwort auf die Selbstzerstörung Europas in den beiden Weltkriegen, und da in der bipolaren Welt seit 1945 nur eine Supermacht vor der anderen schützen konnte, wurde der militärische Schutz Europas im wesentlichen der NATO und ihrer Führungsmacht, den USA, anvertraut. Das Projekt der Europäischen Verteidigungsgemeinschaft von 1952 scheiterte 1954 endgültig; und auch der als Ersatz 1954 von acht Staaten gegründete innereuropäische kollektive Beistandspakt, die Westeuropäische Union, gewann nie an Bedeutung und wurde 2011 aufgelöst. Seit dem Vertrag von Maastricht von 1993 gibt es die Gemeinsame Außen- und Sicherheitspolitik, seit dem Vertrag von Nizza von 2001 als deren Teil die Europäische (seit 2007: Gemeinsame) Sicherheits- und Verteidigungspolitik, seit dem Vertrag von Lissabon von 2007 sogar einen eigenen Hohen Vertreter der EU für Außen- und Sicherheitspolitik. Aber all das ändert nichts daran, daß die EU keine eigenen Soldaten besitzt und daß die Gemeinsame Außen- und Sicherheitspolitik zur zweiten Säule der EU gehört, also nicht supranational, sondern intergouvernemental funktioniert, d. h. dank der Zusammenarbeit der einzelnen Regierungen – nur bei Einstimmigkeit und ohne Mitspracherechte des Parlaments. Das erleichtert keineswegs schnelle Entscheidungen. Die einzelnen Regierungen der EU-Staaten haben sehr unterschiedliche militärische Fähigkeiten und Traditionen – die ehemaligen Großmächte Großbritannien und Frankreich verfügen als einzige über Atomwaffen, das wirtschaftlich stärkste Land, Deutschland, ist aufgrund seiner Geschichte militärisch besonders zurückhaltend. Die außenpolitischen Präferenzen der einzelnen EU-Staaten weichen ebenfalls markant voneinander ab. Nicht alle sind NATO-Mitlieder (Österreich etwa ist sogar verfassungsrechtlich auf Neutralität festgelegt), und umgekehrt sind nicht alle europäischen NATO-Mitglieder, wie etwa Norwegen, EU-Staaten. All das erklärt, warum die EU wenigstens bisher zu keiner einheitlichen und schlagkräftigen Außen- und Verteidigungspolitik in der Lage ist.

Ja, selbst in der Außenhandelspolitik zeigte sich die mangelnde Einheitlichkeit der EU im Oktober 2016 in besonders krasser Weise. Auch wenn Handelsverträge in die Kompetenz der EU fallen, gilt das nur für reine, nicht für gemischte Abkommen, die auch Themen betreffen, für die die Mitgliedstaaten zuständig bleiben. Trotz gegenteiliger Rechtsgutachten entschied die EU-Kommission im Juni 2016, das Umfassende Wirtschafts- und Handelsabkommen zwischen der EU und Kanada (CETA), über das von 2009 bis 2014 verhandelt worden war, sei gemischt, bedürfe also der Zustimmung aller Mitgliedstaaten. Erst im Oktober 2016, im Monat, in dem die Unterzeichnung vorgesehen war, teilte freilich

Was unterscheidet die USA von der Europäischen Union?

die belgische Regierung mit, trotz ihres Einverständnisses könne sie nicht zustimmen, da sie aufgrund der belgischen Verfassung auch das Einverständnis der Regierungen aller Regionen und Gemeinschaften brauche. (Der belgische Bundesstaat ist besonders kompliziert, da er auf doppelte Weise aus je drei Gliedstaaten besteht, wobei die beiden Dreiergruppen der Regionen bzw. der Gemeinschaften sich sowohl durch die territoriale Abgrenzung als auch die jeweiligen Kompetenzen unterscheiden.) Die Region Wallonien war gegen das Abkommen, die Deutschsprachige Gemeinschaft hatte Vorbehalte. Man einigte sich nur in letzter Minute; die Unterzeichnungszeremonie mußte daher um einige Tage verschoben werden. Es geht hier gar nicht um die Frage, ob die Bedenken gegen CETA sachlich begründet waren – die Einwände gegen die Schaffung einer Paralleljustiz durch die Investitionsschiedsverfahren sind durchaus ernst zu nehmen; diese geben in korrupten Entwicklungsländern viel eher Sinn als in einer Institution wie der EU. Aber die Tatsache, daß ein Vertrag zwischen der EU, zu der 2016 mehr als 500 Millionen Menschen gehörten, von einer Region wie der Deutschsprachigen Gemeinschaft mit etwa 76.000 Einwohnern, also 1.5 Promille der EU-Bevölkerung, hätte blockiert werden können, gab Anlaß zur Frage, ob die EU überhaupt funktionsfähig sei. »Die Gemeinschaft erwies sich in ihrem ureigensten Tätigkeitsbereich, der Handelspolitik, als handlungsunfähig – und das gegenüber einem Partner wie Kanada, *dem* Land des transatlantischen Westens, das stolz darauf war, in viel höherem Maße europäisch geprägt zu sein als sein mächtiger Nachbar im Süden, die USA.«[109]

Der entscheidende Unterschied zwischen den USA und der EU ist in all dem Gesagten schon impliziert: Die USA sind ein Staat, und das wiegt alle ästhetischen Vorzüge der EU reichlich auf. Was ist die EU? Sie ist eine supranationale Institution, die 1992 erstmals als »Staatenverbund« bezeichnet wurde. Der Terminus erscheint dann schon in der grundlegenden Maastricht-Entscheidung des Bundesverfassungsgerichts vom 12. Oktober 1993. Damit ist eine enge, auf Dauer angelegte Verbindung von Staaten gemeint, die jedoch, anders als in einem Bundesstaat, souverän bleiben. Diese

Verbindung übt auf vertraglicher Grundlage hoheitliche Gewalt aus, deren entscheidende Prinzipien jedoch allein der Verfügung der Mitgliedstaaten unterliegen und in der die Bürger der Mitgliedstaaten die letzte Legitimationsinstanz darstellen. Trotz des vielversprechend klingenden originellen Terminus, der etwas grundsätzlich Neues anzukündigen scheint, ist mit der Definition eigentlich schon gesagt, daß der Staatenverbund nicht etwa ein Drittes zwischen Staatenbund und Bundesstaat, sondern nur ein – eigens hervorzuhebender – Sonderfall des Staatenbundes ist. Denn die Unterscheidung zwischen Bundesstaat und Staatenbund ist trennscharf: Im Bundesstaat liegt die Kompetenzkompetenz, also die alles entscheidende Fähigkeit, die Verfassung zu ändern, bei den Zentralorganen und den Gliedstaaten zusammen; und daher kann im Normalfall (die seltene Ausnahme, daß die Bundesverfassung dies ausdrücklich zubilligt, sei hier ignoriert) kein Gliedstaat sich ohne Zustimmung des Bundes für unabhängig erklären. Wir haben aber schon gesehen, daß dies in der EU anders ist, rechtlich wie faktisch. Immerhin kann man zugeben, daß die EU ein besonders enger Staatenbund ist. Nicht nur verfügt sie – wie viele andere, aber nicht alle Staatenbünde – über eine Dachorganisation, sie genießt seit dem Vertrag von Lissabon auch Völkerrechtssubjektivität. Aber das macht sie noch lange nicht zu einem Bundesstaat.

Die Geschichte lehrt, daß Staatenbünde nicht stabil sind – denn jedes Mitglied behält das Recht, sich zurückzuziehen. Sie zerfallen – oder aber sie werden zu Bundesstaaten umgestaltet. Die Geschichte lehrt auch, daß letzteres nur selten auf friedlichem Wege passiert. Die alte Republik der Sieben Vereinigten Provinzen der Niederlande – ein Staatenbund – wurde durch die französische Invasion 1795 zu einem Einheitsstaat; die Schweiz wurde erst 1848 nach dem – recht unblutigen – Sonderbundkrieg unter Verletzung des geltenden Bundesvertrags zu einem Bundesstaat, in Deutschland bedurfte es dazu des Deutschen Krieges von 1866, der zur Annexion mehrerer Staaten durch Preußen führte. Das berühmteste Beispiel für einen friedlichen Übergang sind die USA, die 1787 durch eine neue Verfassung aus einem Staatenbund zu einem Bundesstaat wurden. Es gehört zum Repertoire des US-amerikanischen Selbstlobs, daß nur die USA zu diesem großartigen Schritt in der Lage gewesen seien. Leider ist das nicht völlig falsch. Denn der friedliche Übergang ist in der Tat sehr selten. Warum? Nun, weil Völker ungern Souveränität und Politiker ungern Macht abgeben. Dieser psychologische Grund ist mindestens ebensowichtig wie die objektiven Schwierigkeiten bei der Transformation – Schwierigkeiten, die bei ausreichender kultureller Homogenität gemeistert werden können, wenn man nur will, wie die Beispiele des gewaltsamen Übergangs belegen. Aber man will eben nicht. Der Ausnahmefall der USA ergab sich aus folgenden Faktoren: Die Zeit der Unabhängigkeit war sehr kurz gewesen, Sprache und Rechtssystem waren nahezu identisch, eine Bedrohung durch Großbritannien, Frankreich und Spanien war wenigstens gefühlt da, und man glaubte, nur durch eine Bundesverfassung die Schwierigkeiten bei der wirtschaftlichen Zusammenarbeit überwinden zu können. Insbesondere aber war seit dem Unabhängigkeitskrieg ein amerikanisches Sendungsbewußtsein da, das sich u.a. in der intellektuell hochqualifizierten Diskussion der neuen Verfassung manifestierte.

Die Eltern des europäischen Einigungsprozesses hatten am Anfang sicher ein vergleichbares, moralisch inspiriertes Bewußtsein der Aufgabe, die endlose Serie innereuropäischer Kriege zu beenden. Es gab zwar nie einen großen strategischen Plan, doch man schritt zielstrebig von einem Erfolg bei der Vereinheitlichung der europäischen Politiken zu dem nächsten. Die heute bestehende Struktur der EU ist ein Kompromiß zwischen Supranationalität, wie sie die EU-Kommission und das Europäische Parlament charakterisiert, und Intergouvernementalität, wie sie im Rat der Europäischen Union (der informell »Ministerrat« genannt wird) z.B. bei der Gemeinsamen Außen- und Sicherheitspolitik praktiziert wird, wo also, wie schon gesagt, alle einzelnen Regierungen der Mitgliedstaaten zustimmen müssen. Im Prinzip wäre es möglich, diese Struktur behutsam zu einem Bundesstaat weiterzuentwickeln, indem in allen Fragen auf das Einstimmigkeitsprinzip verzichtet wird. Als Endziel einer solchen Entwicklung wären das Europäische Parlament und der Ministerrat als zweite Kammer, also als eine dem deutschen Bundesrat entsprechende

Staatenkammer, die beiden legislatorischen Organe der EU; die Kommission würde eine vom Parlament zu wählende Regierung. In letzterer Hinsicht hat es 2014 einen gewissen Fortschritt gegeben. Zwar ist der Europäische Rat rechtlich nicht verpflichtet, den Spitzenkandidaten der erfolgreichsten Partei dem Parlament als Kommissionspräsidenten vorzuschlagen. Aber der Rat ist nach Art. 17 Abs. 7 des EU-Vertrags gehalten, die Ergebnisse der Wahl zum Europaparlament zu »berücksichtigen« – was auch immer das heißen mag. Man vergesse nicht: Das Europarecht ist nicht aus einem Guß, sondern das Resultat ständiger Kompromisse zwischen vielen Staaten; daher hat es mehr schwammige Bestimmungen als ein rein nationales Rechtssystem und als einer politischen Ordnung gut tut. 2014 einigte sich der Europäische Rat tatsächlich auf den Sieger der Parlamentswahlen – was sich in Zukunft wieder ändern mag. Von einer vollen Parlamentarisierung der Regierung der EU ist man auf jeden Fall weit entfernt, weil es der Rat ist, der dem Parlament einen Kandidaten vorschlagen muß, den dieser nur wählen oder ablehnen kann.

Bis vor zwanzig Jahren konnte man noch die Ansicht haben, die EU bewege sich langsam, aber sicher auf einen zukünftigen Bundesstaat zu. Zumal die Einführung der gemeinsamen Währung, des Euro, inzwischen in 19 Staaten, sollte diese Entwicklung wohl beschleunigen. Doch leider ist die Konzeption der Vereinigten Staaten von Europa heute nicht mehr von Leben erfüllt. Warum? Erstens fehlt eine europaweite Diskussion über die Weiterentwicklung der EU – es gibt nichts, was den amerikanischen Verfassungsdiskussionen der 1780er Jahre auch nur annähernd vergleichbar wäre. Der Vertrag über eine Verfassung für Europa scheiterte 2005 u.a. daran, daß die vorgesehene Verfassung, ganz anders als die US-amerikanische, ein Konvolut war, das zahllose Kompromisse widerspiegelte und nicht aus einem Guß konzipiert war. Dennoch war das Scheitern jenes Vertrags nicht notwendig – es ergab sich aus den Entscheidungen der französischen bzw. niederländischen Regierung, Referenden abzuhalten. Wie beim Brexit bestand dafür nicht die geringste rechtliche Notwendigkeit; die Übertragung an das Volk war auch hier eine Flucht vor der Verantwortung. Zwar wurde im Vertrag von Lissabon, der 2009 in

Was unterscheidet die USA von der Europäischen Union?

Kraft trat, das meiste des Verfassungsvertrages verspätet verwirklicht, aber der Schwung, der mit der Idee des 2001 einberufenen Europäischen Konventes anfangs verbunden war, verpuffte vollständig. *Niemand weiß heute, wie die EU in zwanzig Jahren aussehen soll, und nur wenige interessiert das.* Das »Weißbuch zur Zukunft Europas« der Europäischen Kommission von 2017 nennt zwar fünf Szenarien für die EU im Jahre 2025: Weiter wie bisher; Schwerpunkt Binnenmarkt; Wer mehr will, tut mehr; Weniger, aber effizienter; Viel mehr gemeinsames Handeln.[110] Aber es entscheidet sich für keines der Szenarien und sagt nicht deutlich, daß das erste zum Niedergang des Erreichten führen muß und das fünfte wenigstens derzeit keine realistische Alternative ist. Die EU-Politik wird von Verwaltern des Status quo gestaltet; innovative Konzepte fehlen, obwohl nur Innovation das bisher Erreichte bewahren wird. Ohne sie wird es auseinanderfallen.

Auch wenn die meisten Bürger von der EU profitieren, sind sich zweitens immer weniger von ihnen der Gründe bewußt, die zu diesem Projekt geführt haben. Diejenigen, die die Schrecknisse des Zweiten Weltkrieges noch erlebt haben, wissen, daß mehr als siebzig Jahre Frieden in Europa sich nicht von selbst verstehen. Aber gerade diejenigen, die diesen ihr ganzes Leben genossen haben, können sich einen Kriegsausbruch gar nicht mehr vorstellen und wissen nicht, welche Institutionen sie davor schützen. Es ist fair zu sagen, daß nur eine kleine Minderheit von Europäern die Funktionsweise der EU wirklich versteht. Es fehlt bis heute eine wirklich funktionierende europäische öffentliche Meinung – u. a. natürlich, weil es keine gemeinsame europäische Sprache gibt, doch zeigt etwa die Schweiz, daß mehrsprachige Staaten problemlos funktionieren können –, es gibt in den europäischen Schulcurricula kaum einen Unterricht zu den Zielsetzungen, der Entwicklung und den Hauptinstitutionen der EU, es fehlt an einer Gruppe leidenschaftlicher Intellektueller, die so wie die italienischen und deutschen des 19. Jahrhunderts das politische Ideal der Einigung vertreten, und es mangelt an Politikern, die nicht einfach als Bürokraten den Status quo verwalten, sondern Konzeptionen für die Zukunft entwickeln. Den Paaren Valéry Giscard d'Estaing und Helmut Schmidt bzw. François Mitterrand und

Was unterscheidet die USA von der Europäischen Union?

Helmut Kohl, die trotz unterschiedlicher Parteizugehörigkeit eine gemeinsame Hingabe an die europäische Idee hatten, ist bisher kein vergleichbares gefolgt, auch wenn jeder Fortschritt der EU an einer engen Zusammenarbeit von Deutschland und Frankreich hängt.

Drittens hat sich die EU-Erweiterung um die mittelost-, nordost- und südosteuropäischen Staaten von 2004 bis 2013 nicht als der Vertiefung der EU förderlich erwiesen. Zwar war es einerseits richtig, diese Staaten, die nach dem Zusammenbruch Jugoslawiens, der Sowjetunion und des Warschauer Paktes einen Anschluß an die Welt der Demokratien und des Marktes erstrebten, nicht zurückzustoßen. Andererseits wurde die Heterogenität der EU-Mitgliedstaaten dadurch bedeutend erhöht. Das betraf anfangs nicht so sehr das Verfassungsrecht (obwohl das inzwischen der Fall ist, wie bei der Analyse der Entwicklung von Ungarn und Polen deutlich wurde) als die Sitten, die allein einer Verfassung Leben geben. Die weitgehende Korruption etwa in Rumänien ist mindestens ebensosehr ein Mentalitäts- wie ein Rechtsproblem. Allerdings wurde und wird dagegen nicht zu Unrecht eingewendet, die Einbindung in die EU sei das fruchtbarste Mittel, um diese Staaten auf eine höhere Rechtskultur zu heben; und man kann z. B. nicht bestreiten, daß die Pazifizierung des Balkans nach dem Jugoslawienkrieg auch eine Folge der Perspektive eines möglichen Beitritts zur EU bei gutem Verhalten war. Angesichts der Argumente für und gegen die Erweiterung der EU hätte es nur eine vernünftige Lösung gegeben – ein Europa verschiedener Geschwindigkeiten. Dieses wird durch das Europarecht nicht ausgeschlossen, sofern keinem Mitglied der Beitritt verwehrt wird. In der Tat ist die gemeinsame Währung nur von der Euro-Zone übernommen worden. Die Schengener Abkommen zur weitgehenden Abschaffung der Grenzkontrollen an den Binnengrenzen der teilnehmenden Staaten – ursprünglich auf völkerrechtlicher Basis vereinbart und später in Europarecht überführt – gelten nicht in Großbritannien und Irland, dafür in europäischen Staaten, die nicht zur EU gehören. Wer eine Vertiefung der EU wünscht, kann nicht anders als die Option einer stärkeren Zusammenarbeit der Willigen befürworten. Bei dem jetzigen Zustand der EU ist sonst an Fortschritte in der Kooperation nicht zu denken – zu viele Staaten müssen mitentscheiden. Erweist sich die Kooperation als eine Erfolgsgeschichte, werden andere Staaten beitreten wollen und dürfen; aber sie können nicht das Recht haben, Fortschritte anderer zu behindern. Wie gesagt, muß der Motor dazu von Deutschland und Frankreich ausgehen; und die Präsidentschaft Macrons eröffnet eine Chance, die bald wieder verschwinden kann und die nicht ungenutzt verstreichen sollte.

Der vierte Grund für das Nachlassen der Europabegeisterung ist vielleicht noch mächtiger als das Scheitern der Verfassungspläne, das Fehlen einer europäischen öffentlichen Meinung sowie überzeugter und überzeugender Europapolitiker und das Anschwellen der EU zu einer Größe, die eine Weiterentwicklung nicht leicht macht. Es handelt sich darum, daß im letzten Jahrzehnt die EU zunehmend als zur Lösung dringender materialer Fragen kaum fähig wahrgenommen worden ist. Das entspricht sicher nur zum Teil den Tatsachen – da die Medien sich vorzugsweise auf die schlechten Nachrichten konzentrieren, treten die enormen Leistungen der EU bei der Aufrechterhaltung der innereuropäischen Ordnung viel weniger ins Bewußtsein als ihr Versagen. Die beiden Probleme, die die EU seit 2010 in Trab halten, sind erstens die Euro- und zweitens die Flüchtlingskrise, also ein innereuropäisches und eines, das zur Außenpolitik der EU gehört, und zwar weder das Verhältnis zum transatlantischen Westen noch das zu den aufsteigenden neuen Weltmächten, sondern das zu den Entwicklungsländern betrifft. Das beiden Problemen Gemeinsame ist, daß die supranationale Organisation der EU von den meisten Mitgliedstaaten Aufgaben übernommen hat, die zu den klassischen Aufgaben der Nationalstaaten gehören – nämlich die Erhaltung einer Währung und den Schutz der Außengrenzen –, für die sie allerdings weniger gut ausgestattet zu sein scheint, als es die Nationalstaaten in der Regel waren.

Zur genaueren Analyse der ersten Krise ist nur ein Wirtschaftswissenschaftler kompetent; daher muß ich mich knapp fassen. Offenbar wirkten bei ihr zusammen eine Staatsschulden-, eine Banken- und eine Wirtschaftskrise, die einander wechselseitig verstärkten. Die hohe Staatsverschuldung zumal in den südeuropäischen Ländern (und heute in den Schwellenländern), für die die Banken, die zu sehr niedrigen Zinsen Kredite vergaben, ebenfalls eine große Mitverantwortung tragen, auch wenn anfangs nach dem Prinzip »Too big to fail« ihre Verluste von EU-Staaten übernommen wurden, war wirtschaftlich unvertretbar. Denn sie diente kaum Investitionen, deretwegen man sich durchaus verschulden darf und soll, sondern primär der Versorgung der eigenen Klientel. Dies war besonders in Griechenland der Fall, dessen aufgeblähte Verwaltung zu den ineffizientesten Europas gehört (etwa bei der Steuereintreibung) und dessen Wirtschaft wettbewerbsunfähig war, weil die Löhne viel stärker als die Produktivität gewachsen waren. Das Land wäre daher besser dem Euro nie beigetreten. Besonders irritierend war, daß in Griechenland das staatliche Budgetdefizit von 2000 bis 2008 im Durchschnitt jährlich das Doppelte der 3 % betrug, die 1997 im Stabilitäts- und Wachstumspakt vor der Einführung des Euro festgelegt worden waren. Hier wie in zahlreichen anderen Fällen erfolgten dagegen keine der eigentlich vorgesehenen, wenn auch nicht zwingend vorgeschriebenen Sanktionen, nicht nur, aber sicher auch weil Griechenland durch Buchungstricks, bei denen es von amerikanischen Banken wie Goldman Sachs unterstützt wurde, die EU massiv täuschte. Durch das Ausbleiben der Sanktionen wurde die Glaubwürdigkeit jenes Paktes nachhaltig beschädigt; die Auffassung verbreitete sich, entscheidende Prinzipien der EU seien eher wohlmeinende Empfehlungen als durch ernste Sanktionen bewehrtes Recht. Immerhin hat der Europäische Fiskalpakt von 2012 versucht, die Neuverschuldung der Mitgliedstaaten zu begrenzen, u.a. durch einen stärkeren Automatismus bei den Sanktionen; da aber der Vertrag von Großbritannien und der Tschechischen Republik abgelehnt wurde, genießt er nur völkerrechtliche, nicht europarechtliche Geltung.

Die Einführung des Euro, die die niedrigen Zinsen erst möglich gemacht hatte, erschwerte die Anpassung der einzelnen Volkswirtschaften, da eine eigenständige Geldpolitik nicht mehr möglich ist. Weder ist eine expansive Geldpolitik, also die bei Rezessionen beliebte Ausdehnung der Geldmenge, noch eine Abwertung der Währung möglich, um die Wettbewerbsfähigkeit der eigenen

Produkte zu erhöhen. Doch auch ein Ausstieg aus dem Euro ist bei einem stark verschuldeten Staat kaum eine Lösung, weil die Schulden in Euro zurückgezahlt werden müssen und die Zinslast sonst unerträglich stiege. Ein Insolvenzverfahren für Staaten besteht bekanntlich noch nicht. Zwar wurde die Griechenlandkrise durch die »Troika« von Europäischer Zentralbank, Internationalem Währungsfonds und Europäischer Kommission in einem mühsamen Prozeß, der viele politische Energien band, die anderen, eher zukunftsorientierten Aufgaben dann nicht mehr zur Verfügung standen, einigermaßen unter Kontrolle gehalten; aber das verdankt sich der Tatsache, daß die griechische Volkswirtschaft nicht zu den großen der EU zählt. Das griechische Parlament wurde weitgehend seiner Entscheidungsfähigkeit beraubt; es hatte de facto keine andere Möglichkeit, als den aufgenötigten Reformen zuzustimmen. Da diese sachlich erforderlich waren, war der Prozeß inhaltlich zu begrüßen, doch er verstärkte das Gefühl, die EU untergrabe die nationalen Demokratien (auch der Gläubigerstaaten, da die Eurogruppe wichtige Entscheidungen ohne Einbeziehung der Parlamente traf), ohne doch selbst ein demokratisch legitimierter Bundesstaat zu sein. Besonders lehrreich war das Schicksal des griechischen Referendums vom Juli 2015, das die Regierung Tsipras zur Annahme oder Ablehnung der Vorschläge der »Troika« ausrief – das erste seit 1974, das die Monarchie abgeschafft hatte. Zwar stimmte der griechische Staatsrat, das oberste Verwaltungs- und Verfassungsgericht, der Ansicht nicht zu, das Referendum sei verfassungswidrig, obwohl fiskalische Maßnahmen nach Art. 44 Abs. 2 der Verfassung ausdrücklich von Referenden ausgenommen sind; denn, so wurde argumentiert, es gehe um Fragen der Souveränität. Aber die Tatsache, daß zwischen Ankündigung des Referendums und Wahltag weniger als zwei Wochen lagen, widersprach den Richtlinien des Europarats. Das Referendum hatte demagogischen Charakter (das »Nein« z.B. war vor dem »Ja« angebracht) und erbrachte ein deutliches Nein zu den Vorschlägen der Troika. Doch nur vier Tage nach dem Referendum mußte die Regierung der ältesten Demokratie der Welt der Eurogruppe einen Vorschlag unterbreiten, der weitestgehend den Vorschlägen der Troika folgte. Selten ist die Institution des Referendums so ad absurdum geführt, der Wille des Souveräns, noch dazu zu einer Frage der Souveränität, so offenkundig mißachtet worden. Was im Fall einer analogen Krise der unvergleichlich größeren Volkswirtschaft Italiens passieren würde, wagt man sich nicht auszudenken, zumal die geldpolitischen Möglichkeiten der Europäischen Zentralbank inzwischen weitgehend erschöpft sind – weiter können die Zinsen kaum fallen. Ihr niedriges Niveau hat ohnehin viele Sparer enteignet und die Kosten für Immobilien nach oben getrieben.

Der Euro, so wurde vielen EU-Bürgern deutlich, war zwar eine große politische Leistung, die den Wirtschaftsaustausch innerhalb Europas beflügelt und von der gerade Deutschland als Exportnation sehr profitiert hat. Vermutlich wurde er seinerzeit als Motor auf dem Weg zu einer politischen Union konzipiert. Da es aber dazu bisher nicht gekommen ist, hat er eine Fülle neuer Probleme geschaffen. Insbesondere stellt er Europa mittelfristig vor eine Wahl: Entweder wird die gemeinsame Währungspolitik um eine gemeinsame Fiskal- und Wirtschaftspolitik ergänzt, oder die Währungsunion, und damit vermutlich auch die EU, fällt der nächsten Finanzkrise zum Opfer. Der jetzige Zustand ist mittelfristig nicht haltbar. Halbheiten rächen sich – nicht nur in der Politik – fast immer.

Noch viel bedrohlicher als die Eurokrise ist für die EU die Flüchtlingskrise, die sich ebensowenig in nationalen Alleingängen lösen läßt wie die Folgen der Eurokrise.[111] Doch erzeugt diese ziemlich naheliegende Einsicht alleine leider noch nicht die Fähigkeit zur Zusammenarbeit – die Geschichte ist voller Beispiele von Bündnissen, die sich trotz sehr ernster Bedrohungen von außen nicht zu intensiveren Formen der Kooperation motivieren ließen. Die Flüchtlingskrise, die Europa mit bisher größter Wucht in der zweiten Jahreshälfte 2015 traf, also kurz vor dem Schicksalsjahr 2016, ist nicht nur politisch für die EU gefährlich, zumal das Problem mittelfristig weiter zunehmen wird; auch theoretisch ist sie für den Moralphilosophen das wohl komplexeste moralische Problem unserer Zeit. Denn an dieser Frage kollidieren *das universalistische Prinzip, das allen Menschen bestimmte Grundrechte zubilligt*, und die grundlegende Einsicht der politischen Philosophie, *daß Rechte nur dann mehr sind als Wünschbarkeiten, wenn es ein politisches System gibt, das sie durchsetzt, und daß dieses System selber bestimmte Funktionsbedingungen hat.* Das theoretische Problem ist so komplex, daß es bei seiner Behandlung in der sozialen Wirklichkeit sehr leicht zu Polarisierungen zwischen Universalisten und Nationalisten kommt. Diese Spaltung kann man in den meisten westlichen Demokratien beobachten, aber sie ist besonders ausgeprägt in Deutschland, wo ein abstrakter Universalismus als Kompensation der nationalsozialistischen Verbrechen verbreiteter ist als anderswo. Das ehrt die Deutschen, macht allerdings die Lösungsfindung im eigenen Land und erst recht innerhalb der EU nicht einfacher.

Es mag überraschen, daß ich von »abstraktem Universalismus« spreche, obwohl ich selber eine universalistische Ethik vertrete. Aber sosehr die Bestreitung einer grundsätzlichen Pflicht, das Wohl aller Menschen, auch der Ärmsten dieser Erde, ernst zu nehmen, viel schlimmer ist als der abstrakte Universalismus, sowenig kann dieser als die beste Form der Moral gelten. Das Wort »Gutmenschentum« ist unangemessen; denn es gibt nichts Wichtigeres, als gut zu sein, und sofern dies durch jenen Terminus herabgesetzt wird, ist er aus dem eigenen Wortschatz besser zu streichen. Aber das ändert nichts daran, daß der Begriff ein Problem erfaßt, das durchaus existiert und das vielleicht am besten mit dem Ausdruck »Moralismus« bezeichnet wird. Es gibt eine Form der moralischen Erregung, die der Lösung moralischer Probleme nicht dienlich ist, auch wenn sie subjektiv ehrlich eben dies erstrebt. Inwiefern? Nun, der Moralist handelt meist aufgrund von Emotionen, teils positiver wie Mitleid, teils negativer wie Entrüstung. Natürlich ist gegen derartige moralische Gefühle nichts Grundsätzliches zu sagen. Auch wer den letzten Grund der Moral nicht in ihnen ansetzt, muß anerkennen, daß sie menschliches Verhalten viel stärker motivieren als rein intellektuelle Einsichten. Aber gerade weil es sich um Emotionen und Affekte handelt, reagieren die nur durch sie Bestimmten oft, ohne ethisch klar zu kategorisieren oder die Konsequenzen der eigenen Handlung zu bedenken. Affektkontrolle ist aber stets notwendig, auch wenn es sich um moralisch getönte Affekte handelt.

Was das Kategorienproblem angeht, so ist nicht jedem Moralisten klar, was eine elementare Einsicht der Ethik ist, daß nämlich moralisch zwischen Handlungen und Unterlassungen massive Unterschiede bestehen. Die Pflicht, keine Person zu töten, gilt allgemein (außer in Notwehr- und Nothilfesituationen, zu denen der Tyrannenmord gehören kann); die Pflicht, anderen zu helfen, kann aber nicht allgemein gelten, weil man nicht allen helfen kann und Sollen Können voraussetzt. Zwei Beispiele mögen näher veranschaulichen, was ich unter Vernachlässigung der Konsequenzen meine. Einen mörderischen Diktator stürzen zu wollen ist auf den ersten Blick eine noble Tat. Aber wenn das nicht gleich gelingt, sondern ein furchtbarer, Jahre währender Bürgerkrieg folgt, wie in Syrien, oder der Diktator zwar gestürzt wird, aber im Lande Anarchie ausbricht, wie in Libyen, oder einzelne Landesteile sich unter einem noch schrecklicheren Regime selbständig machen, wie im Irak unter dem Islamischen Staat, dann hat derjenige, der diese Prozesse initiiert hat, unklug gehandelt, und von der Schuld an diesen schrecklichen Konsequenzen kann ihn die Reinheit der eigenen Absichten nicht freisprechen, sofern diese Konsequenzen voraussehbar waren. Konsequenzen der eigenen Handlung ergeben sich u. a. auch daraus, daß eine Handlung unweigerlich als Muster für andere gedeutet wird; denn Menschen denken in allgemeinen Begriffen. Im Einzelfall kann es etwa moralisch richtig erscheinen, bei einer Gerichtsverhandlung etwas zu sagen, was nicht der Wahrheit entspricht, wenn dies den Angeklagten entlastet, von dessen Unschuld man aus guten Gründen überzeugt ist. Aber ein kurzes Nachdenken zeigt, daß sich, gerade auf universalistischer Grundlage, jeder dieses Recht nehmen kann, wenn ein einzelner es tut, und daß dies über kurz oder lang zum Zusammenbruch einer gerechten Justiz und des Vertrauens in sie führen muß. Also darf man vor Gericht auch dann nicht lügen, wenn dies die Wahrscheinlichkeit des Freispruchs eines Unschuldigen erhöht. Gerade politische Entscheidungen, die sich in einem öffentlichen Raum abspielen, müssen rechtsförmig, also nach allgemeinen Prinzipien, verlaufen und die voraussehbaren Konsequenzen der Entscheidungen mitbedenken.

Moralische Gefühle sind zudem nicht dauerhaft. Es ist daher von äußerster Bedeutung, daß Institutionen bestehen, die gleichsam mechanisch – also ohne in jedem Fall auf Gefühle zu rekurrieren – das tun, was moralisch richtig ist. Das Recht ist ein solcher Mechanismus, der dauerhaft ist, weil er die wechselseitigen Verhaltenserwartungen hinsichtlich dessen, was gerecht ist, stabilisiert. In die Annalen der Geschichte tragen sich nur diejenigen Politiker ein, denen es gelingt, bleibende Institutionen wie eine Verfassungs- oder grundlegende Gesetzesänderung, eine internationale Organisation, einen auf Dauer gestellten Bewußtseinswandel mitzugestalten, auch wenn sie bei ihrer Arbeit in ihrem Leben vielleicht weniger Aufmerksamkeit genießen als diejenigen, die medienwirksam Emotionen erregen. Natürlich gibt es auch ungerechtes Recht; aber dann ist die Aufgabe im allgemeinen eben die, es in gerechtes Recht zu transformieren, nicht die Sphäre des Rechtes als solche hinter sich zu lassen. Ein verantwortlicher Bürger muß ferner sich der Voraussetzungen bewußt sein, die die soziale Ordnung tragen, innerhalb deren viel moralisch Bewundernswertes stattfindet. Eine solche Voraussetzung ist, daß insgesamt – keineswegs in jedem Einzelfall – ein Einsatz für die soziale Ordnung auch im eigenen Interesse ist. Denn da reiner Altruismus nicht allzu weit verbreitet ist, sind staatliche Institutionen, die zuviel Altruismus voraussetzen, selten stabil. Ich habe die Einschränkung »staatlich« verwendet, weil selbstredend private Institutionen höchst sinnvoll sind, deren Mitglieder sämtlich hohe moralische Anforderungen an sich stellen. Doch der Moralist, der im Überschwang eines altruistischen Gefühls handelt, hat oft keine realistische Einschätzung der Mitmenschen. Er tendiert zu Umverteilungen, ohne zu bedenken, daß sich viele dagegen wehren werden, ggf. durch Verringerung ihres Arbeitseinsatzes, und er ignoriert oft die Notwendigkeit der Landesverteidigung, weil er sich weigert, mit aggressiven Absichten anderer Staaten zu rechnen. Besonders unerfreulich ist es, wenn er diejenigen moralisch diffamiert, die aufgrund der Berücksichtigung der Konsequenzen einer Handlung Optionen favorisieren, die durchaus auf ähnlichen Werten basieren wie die seinen, aber aufgrund einer umfassenderen Berücksichtigung der Konsequenzen seinem spontanen moralischen Gefühl widersprechen. Ein massiver performativer Widerspruch entsteht, wenn jede moralische Verurteilung etwa bestimmter Bräuche fremder Kulturen wie der Beschneidung von Frauen abgelehnt wird, doch dafür sich die eigene moralische Aggressivität gegen diejenigen »Eurozentriker« entlädt, die klarer zwischen Recht und Unrecht unterscheiden.

Das moralische Problem des Status von Flüchtlingen, von Menschen also, die nicht mehr den Schutz der eigenen Rechtsordnung genießen, ja, manchmal von ihr verfolgt werden und sich deswegen an andere Staaten wenden, ist uralt. Mehrere griechische Tragödien handeln davon, zwei sogar mit dem gleichen Titel: »Die Schutzflehenden« von Aischylos bzw. Euripides. Aber auch die »Herakliden« des Euripides und Sophokles' »Ödipus auf Kolonos« gelten dem Problem, von dem früh empfunden wurde, daß es ein tragisches Potential hat, weil es auf dem Konflikt zwischen dem Hilferuf unschuldiger Menschen und den Rechten der eigenen Bürger basiert. Aber das Problem hat sich in der Moderne verschärft, weil deren Ethik explizit universalistisch ist. Auf der einen Seite basiert der außerordentliche Erfolg der Moderne, wie im ersten Kapitel gezeigt, auf der Durchsetzung einer egalitären Ethik gegenüber den hierarchischen Normen der traditionellen ständischen Gesellschaften. Es liegt in der Natur dieser Ethik, daß sie weltweite Durchsetzung erstrebt; und derjenige ist kein wahrer Universalist, der sich mit den internationalen Ungleichheiten zufriedengibt, die seit dem 19. Jahrhundert sich gerade wegen der Erfolge des Projektes der Moderne zunächst einmal vergrößert haben. Auf der anderen Seite ist die Ethik der Moderne individualistischer als die vormoderne. Formen vertikaler Fürsorge wurden anfangs weitgehend ersetzt durch einen Appell, für sich selbst zu sorgen. Teilweise beruhte dieser Appell auf einer egoistischen Verabsolutierung des eigenen Nutzens, teilweise war er jedoch ein Resultat der Überzeugung, daß im Normalfall Autonomie besser ist als Abhängigkeit, teils an sich, teils weil nur sie dauerhaft zur Überwindung von Elend führe. Allerdings hat sich, nachdem ein bestimmtes Wohlstandsniveau erreicht wurde, in den meisten westlichen Staaten ein Sozialstaat entwickelt, wenn auch in sehr unterschiedlichen Graden, der durch Umverteilungen im Inneren absolute Armut verhindert. Dies mindert die innere Ungleichheit, vergrößert aber die Ungleichbehandlung nach außen, weil die sozialen Wohltaten nur eigenen Staatsbürgern zuteil werden. Das kann auch schwerlich anders sein, weil kein Staat es sich leisten könnte, allen Menschen die gleichen Wohltaten zukommen zu lassen. Die gerade bei den ärmeren Schichten häufig besonders ausgeprägte Abneigung gegen Migranten ist unschön, aber schwerlich überraschend; denn jene vermuten, oft nicht zu Unrecht, daß sie einen überproportionalen Anteil der Kosten der Aufnahme von Flüchtlingen tragen werden – sei es durch die Einschränkung sozialer Wohltaten an die Einheimischen, sei es durch mehr Konkurrenz auf dem Wohnungs- und Arbeitsmarkt.

Erst recht könnte kein Staat es sich leisten, seine Grenzen ganz zu öffnen und alle, die kommen wollen, willkommen zu heißen. Zwar darf kein gerechter Staat einen Bürger an der Emigration hindern, aber das impliziert keineswegs, daß er jeden hereinlassen soll – auch hier waltet die Asymmetrie von Handeln und Unterlassen. Einige kleinere Staaten hätten dafür nicht einmal den nötigen Platz, keiner hätte die nötigen Mittel (um so weniger, je großzügiger das Sozialsystem ist). Ja, was noch wichtiger ist: Selbst das bisher Erreichte könnte zusammenbrechen, weil die mentalitätsmäßigen Voraussetzungen nicht mehr vorhanden wären, die den Rechts- und Sozialstaat tragen. Denn viele, die ankämen, flöhen aus Kulturen, die deswegen keine Rechtsstaaten sind und keine funktionierenden Volkswirtschaften haben, weil die dafür erforderlichen kulturellen Bedingungen noch fehlen. Kulturelle Eigentümlichkeiten sind nicht ewig, sondern dem Wandel unterworfen, aber sie sind zäher, als man denkt, weil dem Menschen ein Nachahmungstrieb angeboren ist, der in der Kindheit und Jugend teils unbewußt, teils bewußt den eigenen Charakter mitbestimmt. Ja, selbst wer die eigene Kultur nicht schätzt, paßt sich, um in ihr zu überleben und erfolgreich zu sein, meist an sie an. Die Integration aus einer Kultur in eine andere ist daher, sofern sie nicht früh erfolgt, bei größeren Unterschieden nicht einfach. Neben dem Niedergang der Wirtschaftskraft, die u. a. von dem kulturellen Kapital eines Landes abhängt, und der Korrosion des Rechtsstaates durch die Bildung von Parallelgesellschaften, die sich zu rechtsfreien Räumen entwickeln, in die die Polizei des Gastlandes nicht mehr eingreifen kann, ist schlimmstenfalls sogar ein Bürgerkrieg zu befürchten, wenn Menschen aus sehr unterschiedlichen Kulturen ohne Integration zusammengewürfelt werden. Dabei ist allerdings zu beachten, daß der Grad der genetischen, sprachlichen oder religiösen Verwandtschaft nur wenig mit Integrierbarkeit zu tun hat. Ostasiaten lassen sich in Westeuropa oft leichter integrieren als Menschen aus viel näheren Regionen.

Wie läßt sich das Dilemma zwischen dem universalistischen Gebot, möglichst vielen zu helfen, und der Unmöglichkeit, wenigstens bis auf weiteres staatliche Grenzen abzuschaffen, lösen? Die Strategie kann nur dreigliedrig sein. Im ersten Kapitel wurden Freihandel und Unterstützung bei der Übernahme eines erfolgreichen Entwicklungsmodells genannt, und es wurde darauf hingewiesen, daß sich die bisherigen Erfolge durchaus sehen lassen können. Ohne Zweifel ist jedoch in beiderlei Hinsicht noch sehr viel zu tun. Afrika muß endlich eine Chance erhalten, seine Agrarprodukte und Textilien in die reichen Industrieländer zu exportieren, und man muß in die Umwelttechnologien und die Bildungsinstitutionen der ärmsten Länder viel mehr investieren, um weitere Fortschritte bei den Millenniumszielsetzungen zu erreichen. Dabei sind wirtschaftliche und politische Konditionalitäten völlig legitim: Man hilft bevorzugt jenen Staaten, die wirtschaftliche und politische Reformen einleiten, etwa ihre Gouvernanz verbessern; denn unter diesen Bedingungen erreicht die eigene Hilfe viel mehr Menschen. Die afrikanischen Länder müssen im Durchschnitt wegen der großen Anzahl junger Menschen (die einen weiteren Bevölkerungsanstieg verursachen werden) etwa 10 % des jährlichen Pro-Kopf-Nationaleinkommens für die Finanzierung eines Schuljahres pro Kind investieren.[112] Daher können nicht viele Kinder die Sekundarschule besuchen, was sie meist zu einem Leben in Armut verdammt; und mit der vierten industriellen Revolution wird ihr Schicksal nicht leichter werden. Jeder Dollar, der in ein zusätzliches Jahr Erziehung für Kinder aus einkommensschwachen Familien investiert wird, generiert etwa zehn Dollar an späterem Einkommen und Gesundheitsgewinn.[113] Die Konzentration auf Entwicklungshilfe und innerhalb ihrer auf Erziehung heißt allerdings auch, daß Mittel für andere Zwecke zurückgefahren werden müssen. Da die Unterstützung eines armen Menschen in einem reichen Gastland sehr viel mehr kostet als in seinem Ursprungsland, ist es, gerade wenn man möglichst vielen Menschen helfen will, durchaus legitim, ihm die Einreise nicht zu erlauben, sofern er nur aus wirtschaftlichen Gründen seine Heimat verläßt. Mein Argument setzt voraus, daß die Mittel begrenzt sind, was trivialerweise wahr ist (auch Altruismus ist eine knappe Ressource); dann aber ist es zwingend, die effizienteste Lösung zu suchen. Diese kann nicht darin bestehen, soviele Menschen wie gerade noch möglich aufzunehmen, sondern viel mehr Menschen vor Ort zu helfen. Es ist daher keine nachhaltige moralische Entscheidung, wie Schweden und die Niederlande 2015 die Entwicklungshilfe zu senken, um mehr Mittel für die Flüchtlingskrise zur Verfügung zu haben (wobei hervorgehoben sei, daß diese beiden Länder zwei von nur fünf waren, die 0.7 % ihres Bruttoinlandsproduktes in die Entwicklungshilfe steckten – eine Zahl, die seit 1970 eine unverbindliche Zielmarke ist). Allerdings muß man zugeben, daß die massive Fluchtbewegung der letzten Jahre das Bewußtsein von der Notwendigkeit neuer Formen der Zusammenarbeit zwischen der EU und Afrika, insbesondere der Öffnung der europäischen Agrarmärkte, erhöht hat. Ehrlicherweise wird man zwar davon ausgehen, daß kurzfristig die Verbesserung der Wirtschaftssituation die Zahl von Wirtschaftsflüchtlingen erhöhen wird, da sich mehr Menschen Schleuser werden leisten können. Mittelfristig aber wird das die gewünschten Konsequenzen haben – so wie auch die Senkung der Kindersterblichkeit zuerst einmal die Kinderzahl erhöht, dann aber zu einer stärkeren Planung und damit einer Senkung der Kinderzahl führt.

Neben Hilfe vor Ort ist zweitens eine kluge, auf Eigennutzen basierte Einwanderungspolitik erforderlich. Dies gilt um so mehr, als die Bevölkerung der EU in einem Schrumpfungsprozeß begriffen ist, den der Staat nur sehr begrenzt beeinflussen kann. Die Entscheidung, Kinder in die Welt zu setzen, hat derart einschneidende Folgen für die eigene Lebensführung und das eigene Einkommen, daß finanzielle Transferzahlungen des Staates nur in den ärmeren Schichten wirken und sonst eher den Zeitpunkt der Geburt sowieso schon gewollter Kinder als die Kinderzahl beeinflussen. Die sozialen Sicherungssysteme werden aber durch die Schrumpfung der Bevölkerung und die Zunahme der Lebenserwartung immer mehr strapaziert. Daher ist es extrem wichtig, daß die EU-Staaten zumal junge Menschen aus Entwicklungsländern anwerben, deren Arbeitskraft gebraucht wird und die in die Gesellschaft leicht integrierbar sind. Dem Argument, daß dieser Braindrain den Entwicklungsländern schade, kann entgegnet werden, daß die Transferzahlungen der Auswanderer an zurückgebliebene Angehörige oft beträchtlich sind und daß die Chance auf einen besserbezahlten Beruf im Ausland Anreize für Bildungsinvestitionen im Ursprungsland schafft. Insbesondere aber läßt sich die einheimische Bevölkerung für diese Form der Einwanderung schneller gewinnen, da sie wechselseitig vorteilhaft ist. Man mag zwar einwenden, daß sie subjektiv-moralisch weniger vornehm ist als rein altruistische Hilfe, aber wenn sie zu beiderseits positiven Resultaten führt, muß man mit dieser Kritik leben. Der Erfolg von Einwanderungsstaaten wie den USA, Kanada und Australien zeigt, daß eine intelligente und d.h. unweigerlich selektive Einwanderungspolitik dem Einwanderungsland außerordentlich nützlich sein kann. Selektion bedeutet freilich auch, daß man jene nicht ins Land läßt, die weder vor Verfolgung fliehen noch den Aufnahmekriterien für Migranten, die keine Flüchtlinge sind, genügen. Die Bekanntmachung der Aufnahmekriterien und ihre reale Durchsetzung sind entscheidend, weil nur so Menschen von einer Reise abgeschreckt werden, die oft lebensgefährlich ist und auf jeden Fall finanzielle Mittel in Anspruch nimmt, die viel eher in die Entwicklung des eigenen Landes investiert werden sollten. Vage Hoffnungen auf Aufnahme zu erzeugen ist unverantwortlicher als ein deutliches Nein, das nur dann von einem Einwanderungsversuch abschreckt, wenn es glaubhaft ist. Was im Einzelfall hart ist, ist langfristig moralischer.

Drittens ist es eine zentrale Aufgabe, jenen Menschen zu helfen, die nicht etwa vor Armut, sondern vor Lebensgefahr fliehen. Dies ist glücklicherweise keineswegs nur ein moralisches Gebot, sondern hat seine – allerdings nur sehr partielle – Verwirklichung im positiven Völkerrecht erhalten. Wichtiger als die »Allgemeine Erklärung der Menschenrechte« von 1948, die nur von der Generalversammlung der Vereinten Nationen erlassen wurde und daher Staaten nicht als völkerrechtlich verbindlicher Vertrag bindet, sind die zwei internationalen Pakte »über bürgerliche und politische Rechte« sowie »über wirtschaftliche, soziale und kulturelle Rechte« von 1966 und das »Abkommen über die Rechtsstellung von Flüchtlingen« von 1952; hinzukommt das Protokoll von 1967, das die zeitlichen und räumlichen Begrenzungen der Genfer Flüchtlingskonvention von 1952 überwand. Wichtig ist, daß der Flüchtlingsstatus im juristischen Sinne nur Menschen zuerkannt wird, die begründet befürchten müssen, wegen ihrer Rasse, Religion, Nationalität, Zugehörigkeit zu einer bestimmten sozialen Gruppe oder politischen Überzeugung verfolgt zu werden. Das deckt offenkundig nicht jeden ab, der von lebensbedrohlicher Gewalt betroffen ist. Deshalb gewährt die Richtline 2011/95/EU des Europäischen Parlamentes und des Rates – die sogenannte Qualifikations- oder Anerkennungsrichtlinie – u.a. denjenigen subsidiären Schutz, die »eine ernsthafte individuelle Bedrohung des Lebens oder der Unversehrtheit einer Zivilperson infolge willkürlicher Gewalt im Rahmen eines internationalen oder innerstaatlichen bewaffneten Konflikts« fürchten müssen (Art. 15 c). Die Rechte, die Flüchtlingen zustehen, sind nach der Flüchtlingskonvention differenziert, je nachdem es sich um eine illegale Einreise, eine legale Einreise oder um ein schon gewährtes Aufenthaltsrecht handelt. In allen Fällen geht es nicht nur um Abwehr-, sondern auch um Leistungsrechte: Das Recht auf Leben impliziert die Gewährung eines Subsistenzminimums. Von Wichtigkeit ist allerdings, daß die Konvention keinen Staat verpflichtet, Flüchtlinge aufzunehmen – die Rechte ergeben sich erst bei Grenzübertritt. Es handelt sich also nicht um ein Recht auf Asyl, sondern ein

Recht im Asyl. Dagegen garantierte der alte Art. 16 Abs. 2 des Grundgesetzes ein individuelles Asylrecht für politisch Verfolgte. Seit der Verfassungsänderung von 1993 können sich allerdings Ausländer, die aus einem EU-Staat oder einem sonstigen sicheren Drittstaat einreisen, nicht mehr auf dieses Asylrecht berufen; auch wird bei sogenannten sicheren Herkunftsstaaten, die durch Gesetz festgelegt werden, vermutet, daß dort keine politische Verfolgung stattfindet (Art 16 a Abs. 2 und 3). Die Folge ist, daß von den Asylbewerbern sehr viel weniger nach Art. 16a Grundgesetz anerkannt werden als nach der Flüchtlingskonvention.[114]

Die Mängel des gegenwärtigen Flüchtlingsregimes sind offenkundig.[115] Die Konvention schützt nur die Mobilen, also diejenigen, die es schaffen, in ein sicheres Land zu gelangen, und das sind selten diejenigen, die am meisten gefährdet sind. Ja, sie verpflichtet nicht einmal die Herkunftsstaaten, keine Bürger zu vertreiben. Insbesondere aber sieht die Konvention keinen Ausgleichmechanismus zwischen den Staaten vor, die für Flüchtlinge aufkommen müssen, und berücksichtigt nicht deren Aufnahme- und Integrationsfähigkeit. Dies ist deswegen besonders ungerecht, weil die Staaten, die den Hauptteil dieser Bürde tragen, mehrheitlich zu den ärmeren gehören, da deren Nachbarn am ehesten Flüchtlinge hervorbringen. Die zehn Staaten, die Ende 2017 am meisten Flüchtlinge beherbergten, waren in dieser Reihenfolge die Türkei, Pakistan, Uganda, Libanon, Iran, Deutschland, Bangladesch, Sudan, Äthiopien und Jordanien. Nur zwei davon sind OECD-Länder. 85 % der Flüchtlinge leben in Entwicklungs-, ein Drittel sogar in den am wenigsten entwickelten Ländern.[116] Gleichzeitig sind einige Regeln, die den Status quo begünstigen, durchaus verständlich: Daß Asylbewerber im ersten Ankunftsland den Asylantrag stellen sollen, hat den Zweck zu verhindern, daß sich alle auf den Weg dorthin machen, wo sie am besten behandelt werden. Auch das sogenannte »Asyl-Shopping« – also der wiederholte Antrag auf Asyl in verschiedenen Ländern – ist problematisch; denn es bindet sehr viele Ressourcen, die dem Hohen Flüchtlingskommissar der Vereinten Nationen (UNHCR) besser direkt zuflössen. Man bedenke: 1990 haben nach den Angaben Adrienne Millbanks die europäischen OECD-Staaten und Kanada

Was unterscheidet die USA von der Europäischen Union?

zusammen nur für die *Prüfung* der Asylanträge zehnmal soviel ausgegeben, wie dem UNHCR zur Verfügung stand, dessen Budget damals etwa eine Milliarde Dollar war. Man kann den Terminus »Asyl-Shopping« aus guten Gründen mißbilligen, denn Asyl ist oft eine Überlebensnotwendigkeit, anders als das meiste Shopping. Aber das sachliche Problem, daß hier keine sinnvolle Allokation vorliegt, verschwindet dadurch nicht. Ohne Zweifel muß die Erhöhung des Budgets des UNHCR mindestens ebenso energisch betrieben werden wie die Übernahme von Flüchtlingen aus humanitären Gründen. Wer Flüchtlinge nicht aufnehmen kann oder will, muß wenigstens zu ihrer menschenwürdigen Unterbringung und der Erziehung der Kinder in den Flüchtlingslagern beitragen.

Langfristig kann nur ein System gerecht sein, das die Flüchtlinge nach Kriterien wie Größe des Landes, Bevölkerungszahl, Wirtschaftskraft und kultureller Nähe verteilt, bei letzterem Kriterium allerdings Ausgleichszahlungen seitens der anderen Staaten vorsieht. Denkbar wäre vielleicht auch, daß der UNHCR ein Territorium zugeteilt bekommt, in dem Flüchtlinge für eine Übergangszeit untergebracht werden. Selbstredend können solche Regelungen nur durch völkerrechtliche Verträge zustande kommen. Ein Anreiz dafür, sich an solchen Verträgen zu beteiligen, könnte eine Art wechselseitiger Versicherung sein: Nur der Staat, der selber Flüchtlinge aufzunehmen bereit ist, sollte darauf rechnen können, daß seine Bürger im Notfall Flüchtlingsschutz genießen. Die Gerechtigkeit gebietet auch, daß diejenigen Staaten, die eine besondere Verantwortung für die Erzeugung bestimmter Flüchtlinge haben, eine entsprechend starke Pflicht bei ihrer Übernahme haben. Ich denke einerseits an ungerechte kriegerische Interventionen wie der USA im Irak, andererseits an den Beitrag der Industriestaaten zur Zerstörung der Lebensgrundlagen in Entwicklungsländern durch den Klimawandel, der schon jetzt viele Menschen zu Umweltflüchtlingen macht und in Zukunft noch mehr dazu machen wird.

Zurück zur EU. Leider gelten innerhalb ihrer dieselben Mängel, die gerade für das globale Flüchtlingsregime aufgezeigt wurden. Das sogenannte Dublin-System – seit 2013 gilt die Verordnung (EU) Nr. 604/2013, eine Modifikation zweier früherer Verordnungen (deswegen »Dublin III« genannt) – weist die Verantwortung für die Bearbeitung eines Asylantrages im wesentlichen demjenigen Mitgliedstaat der EU zu, in das der Antragsteller zuerst eingereist ist (Art. 13–15). Das bürdet den südlichen Staaten Griechenland, Italien, Malta und Spanien, vor der Sperrung der Balkanroute auch Ungarn, die größte Last auf, denn dort treffen die Flüchtlinge ein. Das kann nicht gerecht sein, wenn denn die ganze EU zu Recht stolz darauf ist, etwa durch subsidiären Schutz mehr für die Unterstützung von Menschen zu tun, die an Leib und Leben verfolgt werden. Ja, mit den Schengener Abkommen und der Abschaffung der Binnengrenzen hätte logischerweise der Schutz der Außengrenzen zu einer gemeinsamen Aufgabe werden müssen (er ist trotz der Gemeinschaftsagentur Frontex weiterhin für Land- und Seegrenzen Zuständigkeit des jeweiligen Staates). Das gilt dann aber auch für den Umgang mit jenen, die diese Grenze legal oder illegal überschreiten. Deutschland, das geographisch günstiger gelegen ist, hat jedoch noch 2013 jede Revision der Zuständigkeitsregeln des Dublin-Systems ausgeschlossen.[117] Auch hier lag eine jener Halbheiten vor, die sich geschichtlich rächen.

2015 überraschte Deutschland freilich die Welt mit einer für westliche Staaten nahezu beispiellosen Großzügigkeit gegenüber Flüchtlingen. In der Nacht vom 4. bis zum 5. September entschieden die deutsche Bundeskanzlerin Angela Merkel und der österreichische Bundeskanzler Werner Faymann, ohne Kontrollen und Registrierungen aus Ungarn einströmende Flüchtlinge passieren zu lassen. Merkel hatte sich darüber mit dem einen Koalitionspartner, dem Sozialdemokraten Sigmar Gabriel, nicht jedoch mit dem anderen, dem CSU-Vorsitzenden Horst Seehofer, verständigt, den sie kurzfristig nicht erreichen konnte. Was waren die Motive für ihre Entscheidung? Es liegt in der menschlichen Natur, daß meist eine komplexe Gemengelage besteht. Wahrscheinlich war das Hauptmotiv humanitär-christlicher Natur, wie das der Tochter eines Pastors wohl ansteht, deren Intelligenz, Disziplin und Unbestechlichkeit den Durchschnitt der westlichen Politiker weit überragt: Merkel ist durchaus ein Anti-Trump. Vermutlich wollte sie auch den Deutschen eine Chance geben, mit einer großen symbolischen Handlung zu zeigen, wie sehr sie sich von dem antiuniversalistischen Geist ihrer schlimmsten Epoche entfernt hatten. Dies gelang in der Tat: Die Willkommenskultur, die die Deutschen anfangs an den Tag legten, hat ihr Ansehen in der Welt höchst positiv beeinflußt. Daneben mag schließlich eine Rolle gespielt haben, daß sie das Bild widerlegen wollte, das nach den im November 2010 von Wikileaks veröffentlichen Depeschen der US-amerikanische Botschafter in Berlin, Philip Murphy, von ihr als »risikoscheu und selten kreativ« gezeichnet hatte[118] – in modernen Demokratien meist eine Voraussetzung für politische Karriere. Aber in die Geschichte geht man nur ein, wenn man sich für etwas einsetzt, das nicht populär ist, und den Weg des geringsten Widerstandes zu gehen sich weigert. Man denke an Helmut Schmidts Unterstützung des NATO-Doppelbeschlusses und an Gerhard Schröders Durchsetzung der Agenda 2010: Beides waren richtige Entscheidungen, und beide Male kosteten sie ihre Urheber die Kanzlerschaft. Darin liegt das Tragische der Politik, aber eben auch die Chance, in Erinnerung zu bleiben.

Allerdings läßt sich bei nüchterner Betrachtung kaum bestreiten, daß Merkels Entscheidung zwar nobel, aber in vielerlei Hinsicht nicht ausreichend durchdacht war. Ich bin mir dessen bewußt, daß die Kritik seitens eines Theoretikers, der die Dinge nachträglich beurteilt und nicht unter Zeitdruck Entscheidungen treffen muß, billig ist. Aber das Problem ist, daß sich die EU selbst in Zeitdruck gebracht hatte, weil sie die Dinge auf sich zukommen ließ und nur reagierte, statt gegenzusteuern. Seit Monaten bereitete sich der Aufbruch der Syrer aus den schrecklich unterfinanzierten Flüchtlingslagern in den Anrainerstaaten des bürgerkriegsgeschüttelten Landes vor. Statt dem UNHCR unter die Arme zu greifen, dessen weltweites Budget noch 2017 nur 7.7 Milliarden Dollar war, wartete man ab und wurde schließlich zu einer Politik geführt, die bei einer Million Flüchtlingen in Deutschland – das ist etwa die Zahl Ende 2017 – Bund, Ländern und Gemeinden ca. 30 Milliarden Euro jährlich kostet.[119] Es war davon auszugehen, daß dies von der Bevölkerung nicht lange hingenommen werden und rechtspopulistischen Parteien europaweit enormen Auftrieb geben würde – selbst das Brexit-Votum mag dadurch mitbestimmt worden sein. Eine umfassende Gesetzgebung, die eine Einwanderung nach den Bedürfnissen Deutschlands bzw. der EU mit einer großzügigen Aufnahme von Flüchtlingen im Sinne der Genfer Konvention verbunden hätte, wäre viel eher in der Lage gewesen, einen dauernden gesellschaftlichen Konsens herzustellen, weil die Migranten nicht primär als Bürde wahrgenommen worden wären.

Zweitens fand nicht wirklich eine moralisch-politische Diskussion über die verschiedenen sinnvollen Alternativen statt. Gewiß gab es zahllose Talkshows, aber die entscheidenden rechtlichen und moralischen Kategorien wurden kaum erklärt. Manchmal wurde so getan, als ob Deutschland die Flüchtlinge aufzunehmen im September 2015 rechtlich verpflichtet gewesen wäre, was einfach nicht stimmt. Die Kanzlerin hätte sich in einer großen Rede an die Nation wenden müssen, um die moralischen Gründe und die Konsequenzen ihrer Entscheidung und besonders ihre Pläne für die Zukunft deutlich auseinanderzusetzen. Aber vermutlich reichten weder ihre rhetorischen Fähigkeiten noch die Aufmerksamkeitsspanne des deutschen Publikums für eine Fortführung der großen Tradition politischer Reden aus, die von Perikles bis Churchill die abendländische Politik so bereichert hat. Die unselige Diskussion um die Obergrenze, die immer mehr zu Szenen einer kaputten Ehe zwischen den beiden Unionsparteien degenerierte, war sachlich überflüssig wie ein Kropf, weil das deutsche Asylrecht zwar in der Tat keine Obergrenze kennt, darauf aber ohnehin nur wenige Menschen ihren Aufenthalt gründen können, die Flüchtlingskonvention dagegen keinen Staat zwingt, Flüchtlinge ins Land zu lassen. Statt dessen erzeugte die Ablehnung der Obergrenze bei vielen ein Gefühl, nun könne bald jeder kommen. Die Debatte führte somit zu einer Polarisierung zwischen Menschen, die Politik ausschließlich als Vertretung der Interessen der eigenen Nation bei voller Gleichgültigkeit für den Rest der Welt konzipieren, und Moralisten, die nicht willens waren, jene oben vorgeschlagene Mischung aus drei Strategien auch nur zu diskutieren, weil der Verweis auf Effizienzkriterien die Reinheit der Moral trübe.

Bedenklich war drittens, daß eine so wesentliche und mit so vielen Folgekosten beschwerte Entscheidung nicht vom Bundestag getroffen wurde (und vielleicht noch bedenklicher, daß der Bundestag nicht selber dagegen protestierte). Wie auch immer man die verfassungsrechtliche Frage entscheidet (das Urteil des Bundesverfassungsgericht im Herbst 2018 betraf nur das Klagerecht der Alternative für Deutschland), auch politisch war es unklug, nicht das Parlament entscheiden zu lassen. Damit hätte die Aufnahme der Flüchtlinge eine größere Legitimität erhalten, und bei der damaligen Stimmung im Land wäre an einer Mehrheit kaum zu zweifeln gewesen. Es ist erwähnenswerten, daß in den beiden Tragödien von Aischylos und Euripides mit dem Titel »Die Schutzflehenden« der Herrscher sich ausdrücklich weigert, eine Schutzzusage zu geben, bevor er das Volk um Zustimmung gebeten hat.[120]

Viertens schließlich konnte es nicht überraschen, daß die anderen EU-Staaten nicht mitzogen (ja, auch Österreich bald seine Politik änderte). Denn die anderen Staaten waren nicht gefragt worden; sie konnten sich daher nicht zu einer Großzügigkeit verpflichtet fühlen, die Deutschland und Österreich alleine beschlossen hatten. Verhandlungstaktisch war Merkels Vorgehen schwerlich klug. Hätte sie dem Druck der Migranten in Ungarn noch einige Zeit standgehalten (denen es nicht gut ging, deren Leben aber nicht in Gefahr war), hätte sie vielleicht von den anderen EU-Staaten erreichen können, daß sie sich an der Verteilung der Flüchtlinge beteiligten, sofern Deutschland den Löwenanteil übernommen hätte. Aber nach vollzogener Aufnahme war die deutsche Verhandlungsposition schwach. Zwar beschlossen die Minister der EU im September 2015 mit qualifizierter Mehrheit, etwa 120.000 Flüchtlinge innerhalb der EU umzuverteilen. Doch auch wenn diese Entscheidung vom Europäischen Gerichtshof zwei Jahre später gegen die Klage Ungarns und der Slowakei bestätigt wurde, wurden am Ende nur 33.000 umverteilt,[121] weil die Mitgliedstaaten nicht mitmachten. Selbst gegen Ungarns explizite Mißachtung des Gerichtsurteils sind die rechtlichen Möglichkeiten sehr begrenzt – im Prinzip gäbe es die Zwangsvollstreckung, die allerdings bisher noch nie zur Anwendung kam, aber keineswegs die Option, die EU-Subventionen an Ungarn zu kürzen.[122] Die Ohnmacht der europäischen Institutionen wurde erneut deutlich.

Die Schwierigkeiten der EU, sich in dieser entscheidenden Frage einig zu werden, haben sicher mit unterschiedlichen finanziellen Möglichkeiten, aber auch mit unterschiedlichen Traditionen zu tun: Die mittelosteuropäischen Staaten haben wenig Erfahrung mit Migranten zumal anderer Religion, und sie holen oft einen Nationalismus nach, der in der Zeit des Warschauer Paktes gewaltsam unterdrückt worden war. Umgekehrt gibt es einen westeuropäischen Moralismus, der verlernt hat, nein zu sagen. Da die Mittel begrenzt sind, kann man mehr Schutzbedürftige aufnehmen, wenn man diejenigen ausweist und abschiebt, die es nicht sind, ganz besonders wenn sie straffällig geworden sind. Schleuser müssen streng bestraft werden. Die EU muß zudem ihre Grenzen selber schützen. Bei dem Schutz der Seegrenzen ist allerdings eine Kooperation mit den Staaten auf der anderen Seite des Meeres unvermeidbar, auch wenn einige Länder wie Libyen keine richtige Regierung mehr haben und selbst das EU-Türkei-Abkommen vom März 2016 eine Abhängigkeit von einem Staate erzeugt, der inzwischen eher eine Autokratie als eine Demokratie ist. Die moralische und rechtliche Pflicht, Personen aus Seenot zu retten, darf selbstredend durch die schwierigen migrationspolitischen Probleme nicht in Frage gestellt werden.

Das Migrationsproblem wird in den nächsten Jahrzehnten noch viele Staaten massiv beschäftigen, denn es ist verständlich, daß sich Menschen auf den Weg machen, nicht nur um ihr Leben zu retten, sondern auch um Armut hinter sich zu lassen. Und es ist eine moralische Pflicht, die Ungleichheiten in der Welt zu mindern, und gleichzeitig unvermeidlich, daß Staaten ihre Grenzen kontrollieren. Worauf es mir besonders ankam, ist, daß die EU für diese Aufgabe schlechter gewappnet ist als normale Staaten, und zwar wegen des Fehlens eines europäischen Außengrenzen-Regimes nach Abschaffung der Binnengrenzen und der sehr unterschiedlichen Ansichten der Mitgliedstaaten zur Migrationspolitik. Das bedeutet keineswegs eine Bestreitung der wahrhaft geschichtlichen Leistung, die die EU darstellt. Am ehesten ist sie dem Heiligen Römischen Reich vergleichbar, dieser erhabenen

Institution aus dem Mittelalter, die zweifelsohne jahrhundertelang innerhalb Deutschlands die Gewalt verringerte. Aber im Zusammenhang der großen geschichtlichen Krise der Französischen Revolution und der Koalitions- und Napoleonischen Kriege brach das Reich zusammen wie ein Kartenhaus und wurde 1806 aufgelöst, nachdem es sich als völlig unfähig erwiesen hatte, eine einheitliche Politik gegenüber Frankreich zu verfolgen. Man fragt sich mit Bangen, was wohl die EU täte, wenn einer ihrer sechs Mitgliedstaaten, die nicht zugleich NATO-Mitglieder sind, also insbesondere Finnland oder Schweden, angegriffen würde (den wesentlich dramatischeren Fall eines Zusammenbruchs der NATO wollen wir einmal ausblenden).[123] Art. 42 Abs. 7 des EU-Vertrags enthält zwar eine wechselseitige Beistandsklausel, die erstmals durch den Vertrag von Lissabon eingefügt wurde. Aber nicht nur hat die EU keine eigene Armee, auch wenn man die einzelnen Nationalarmeen zusammenaddiert, ist, zumal nach dem Austritt Großbritanniens, die EU militärisch nicht sehr schlagkräftig. Das gilt nicht so sehr für die Militärausgaben, die im Falle Frankreichs und Deutschlands durchaus hoch sind, wohl aber für die Kompatibilität der Waffensysteme der einzelnen Staaten, die Logistik, die Einheitlichkeit der Außenpolitik und den Wehrwillen. Denn viele Europäer können sich gar nicht vorstellen, daß der lange Frieden, den sie seit gut siebzig Jahren genießen, kein Naturgesetz ist, sondern das Resultat stets zu erneuernder Anstrengungen. Zwar mag die Abschaffung oder Aussetzung der Wehrpflicht in zahlreichen europäischen Ländern in den ersten Jahren des 21. Jahrhunderts angesichts der Schwäche Rußlands noch halbwegs verständlich gewesen sein, aber daß sie in Deutschland 2011 in Kraft trat, nachdem die großen und sehr erfolgreichen Reformen des russischen Militärs unter dem Verteidigungsminister Anatoli Serdjukow, der das Amt von 2007–2012 bekleidete, in Gang gesetzt worden waren, war wahrlich kein politisches Glanzstück. Denn der Mangel an Vorstellungskraft, was die Aggressionsbereitschaft anderer Staaten betrifft, senkt leider nicht, sondern erhöht das Kriegsrisiko, weil er den Willen zur Abschreckung lähmt. Die EU würde endgültig jeden Respekt in der internationalen Arena verlieren, wenn sie auf den Angriff auf ein Mitgliedstaat, das nicht der NATO beigetreten ist, ähnlich kopflos und zerstritten reagieren würde, wie sie das auf die Migrationskrise getan hat.

6. Das Ende der amerikanischen Hegemonie, der Aufstieg Chinas und das neue Rußland

Die Wiederkehr des Risikos eines nuklearen Krieges

Die Krise der westlichen Demokratien und ihrer geistigen Grundlagen, der transatlantischen Beziehungen und der Europäischen Union sind deswegen besonders beunruhigend, weil der »Westen« seinen Platz innerhalb eines komplexen und sich rasch verändernden Kraftfeldes hat. Der Traum, die USA könnten als milder Hegemon einer unipolaren Welt die Ordnung garantieren, deren eine erfolgreiche, alle Menschen begünstigende Globalisierung bedarf, hat sich spätestens mit Trump zerschlagen. Nach einigen Berechnungen werden 2050 nur drei der zehn größten Volkswirtschaften westlich im engeren Sinne sein – die USA an dritter, Deutschland an neunter, Großbritannien an zehnter Stelle, mit China und Indien an erster bzw. zweiter sowie Indonesien, Brasilien, Rußland, Mexiko und Japan an vierter bis achter Stelle.[124] Es mag zudem sehr wohl sein, daß in einigen Jahrzehnten auch Indien und Brasilien den Status nicht nur regionaler, sondern sogar globaler Großmächte einnehmen werden. Doch kurzfristig wird das nicht der Fall sein. Die enormen sozialen Ungleichheiten Indiens, durch das jahrtausendealte Kastensystem verstärkt, und die religiösen Gegensätze machen einen Anschluß an die Moderne wesentlich schwieriger als im Fall Chinas, auch wenn seit 1992 eine vernünftige Wirtschaftspolitik ein eindrucksvolles Wirtschaftswachstum beflügelt hat. Und die fast alle politischen Parteien umfassende Korruption stimmt kurzfristig nicht optimistisch hinsichtlich Brasiliens, das derzeit eher manche der beachtlichen Fortschritte der zwei letzten Jahrzehnte zu verspielen droht. Es bleiben somit für die nächste Zeit nur China und Rußland als globale Mächte neben den USA. Ich sage »neben den USA« und nicht »neben den USA und der EU«, weil die EU, wie wir gesehen haben, als supranationale Organisation keine Chance hat, eine Großmacht zu werden. Das wäre nur

Ende der amerikanischen Hegemonie, Aufstieg Chinas und neues Rußland

möglich, wenn eine Transformation in einen Bundesstaat gelänge. Diese müßte ganz aus eigener Kraft geschehen, denn in einem sind sich trotz aller Interessengegensätze die USA, China und Rußland einig: Keiner von ihnen will die Rolle der globalen Macht mit einer vierten teilen. Die EU muß den Aufstieg zur Weltmacht schon selber wollen, und danach sieht es nicht aus. Derzeit gibt es ein Dreieck globaler Mächte, und ihre Beziehungen sind kompliziert.

Um zu verstehen, was in den letzten Jahren passiert ist, muß man von folgendem ausgehen. Jeder, der sich mit internationalen Beziehungen befaßt hat, weiß, daß ein gefährlicher Moment in der internationalen Arena dann auftritt, wenn sich das Machtgleichgewicht verschiebt. Entweder die aufsteigende Macht oder der bisherige Hegemon können zu dem Ergebnis kommen, ein Krieg sei unausweichlich, sei es um die einem zustehende Stellung zu erringen, sei es um die bisherige Hegemonie zu bewahren. In Anschluß an Thukydides' Schilderung des Peloponnesischen Krieges zwischen Athen und Sparta und besonders die Passage I 23 sprechen einige von Thukydides-Falle. Der Politikwissenschaftler Graham Allison aus Harvard etwa veröffentlichte kürzlich ein Buch mit dem Titel »Destined for War: Can America and China Escape Thucydides's Trap?«.[125] In ihm analysiert er sechzehn Fälle seit dem 16. Jahrhundert, in denen eine aufsteigende Macht die Hegemonie einer anderen herausgefordert habe; nur in vier konnte ein Krieg vermieden werden. Doch sind derartige Analysen deswegen nur begrenzt hilfreich für eine Beurteilung der Zukunft, weil sich die Welt in der Zwischenzeit verändert hat. So sind erstens die globale Verflechtung der Weltwirtschaft, zweitens die inzwischen erfolgte Weiterentwicklung der Moral sowie des Völkerrechts (seit dem Briand-Kellogg-Pakt von 1928 und dem Gewaltverbot in der Charta der Vereinten Nationen) sowie drittens die Angst vor den alle menschliche Vorstellungskraft übersteigenden Konsequenzen eines Atomkrieges Faktoren, die es früher nicht gab. Und schließlich sollte man nicht ausschließen, daß Menschen aus der Geschichte lernen, Fehler zu vermeiden, selbst wenn sie der menschlichen Natur naheliegen. In der Tat bezog sich Präsident Xi bei seinem Staatsbesuch im September

2015 ausdrücklich auf die Thukydides-Falle und forderte China und die USA auf, sie zu vermeiden.[126]

Man darf es sicher als eine der wichtigsten Maximen der Außenpolitik Obamas ansehen, daß er sich konsistent um stabile und möglichst kooperative Beziehungen mit China bemühte.[127] Er war der erste Präsident der USA, der in seinem ersten Amtsjahr China besuchte, und das obgleich die Finanzkrise ihn an innenpolitische Aufgaben fesselte und er vorher nie China betreten hatte. Aber er erklärte bald, die wichtigste bilaterale Beziehung des 21. Jahrhunderts sei die zwischen USA und China, und begrüßte mehrfach öffentlich den Aufstieg Chinas. Zwar hat der amerikanische Ökonom Fred Bergsten schon 2005 von einer »G 2« (»Gruppe aus zwei Staaten«, nämlich USA und China) gesprochen, aber der Terminus wurde erst 2009 allgemeiner bekannt, als bei der Feier des 30. Jahrestags der Herstellung diplomatischer Beziehungen zwischen den USA und China der ehemalige Sicherheitsberater des US-Präsidenten Jimmy Carter, Zbigniew Brzezinski, den Begriff positiv verwendete – wie etwa auch der damalige Weltbankpräsident Robert Zoellick. Xi wurde 2012 Generalsekretär der Kommunistischen Partei Chinas, 2013 Staatspräsident – bis zum Ende seiner Amtszeit traf ihn Obama nicht weniger als elf Mal.

Die Bereitschaft der USA, mit China auf Augenhöhe zu verhandeln, ergab sich aus einer nüchternen Einschätzung der Macht Chinas. Nicht nur ist das Land das bevölkerungsreichste der Welt, sein Territorium das viertgrößte der Welt; 2016 wurde China das Land mit dem höchsten kaufkraftbereinigten Bruttoinlandsprodukt. Dieses hat sich von 1980 bis 2016 mehr als verachtfacht, und die jährlichen Wachstumsraten sind immer noch über 6 %.[128] (Pro Kopf freilich war das kaufkraftbereinigte Bruttoinlandsprodukt 2017 nach Berechnungen des Internationalen Währungsfonds weniger eindrucksvoll – etwa ein Drittel des deutschen.[129]) Seit 2013 ist China die größte Handelsnation.[130] China ist insbesondere der größte Gläubiger der USA und hat die größten Währungsreserven. Auch hat China den größten Energieverbrauch und die größten Kohlendioxidemissionen.[131] 2017 waren allerdings auch die Investitionen in erneuerbare Energien mehr als doppelt so hoch wie in den USA bzw. in der EU.[132] Die Militärausgaben sind die zweiten der Welt nach denen der USA. 2017 wurden zum ersten Mal mehr naturwissenschaftlich-technische Studien von Chinesen als von US-Amerikanern publiziert. Bei den meistzitierten Publikationen folgt China jedoch auf die USA und die EU, immerhin in unmittelbarem Anschluß. Auch waren die Ausgaben für Forschung und Entwicklung in den USA 2015 um ein Viertel höher als in China, doch China holt auf.[133]

Die Außenpolitik Chinas ist kompliziert, da das Land Nachbarn hat, zu denen traditionell Spannungen bestehen, wie Japan, Südkorea, die Philippinen und Vietnam, von denen die drei ersten Alliierte der USA sind. Zumal Chinas Weigerung, das Urteil des Ständigen Schiedshofs vom Juli 2016 zugunsten der Philippinen anzuerkennen, hat die Lage im Südchinesischen Meer verschärft. Auch Chinas Beziehungen zu Indien, das China 1962 in einem Grenzkrieg besiegte, bleiben angespannt, anders als die zu Pakistan, bis hin zu dem Grenzkonflikt um Doklam von 2017. Allerdings ist das Projekt »One Belt, One Road« (seit kurzem »Belt and Road«) – populär »Neue Seidenstraße« benannt – ein eindrucksvoller Versuch, durch Aus- und Aufbau von Handelswegen zu Land wie zur See den wirtschaftlichen und unvermeidlich auch den politischen Einfluß Chinas in ganz Eurasien und Afrika auszudehnen. (Aufgrund von Finanzierungsschwierigkeiten ist das Projekt 2018 allerdings ins Stocken geraten.) Nicht nur in Zentralasien und Afrika hat China viel an Entwicklung finanziert und zweifelsohne zu dem Wirtschaftswachstum mancher afrikanischer Staaten in den letzten zehn Jahren beigetragen, auch wenn China aus Afrika hauptsächlich Ressourcen importiert und statt dessen Fertigprodukte wie Textilien liefert, die der heimischen Industrie oft schaden. Auch in Südosteuropa sind die chinesischen Investitionen beträchtlich. Die Kehrseite ist nicht nur, daß etwa der Athener Hafen Piräus inzwischen mehrheitlich in chinesischer Hand ist, sondern daß, neben vielen afrikanischen Staaten, inzwischen auch die Mongolei, Laos, Kirgisistan, Tadschikistan, Pakistan, die Malediven, Dschibuti, wo China eine Militärbasis unterhält, und Montenegro stark bei China verschuldet und daher von ihm abhängig sind.[134] Daher hat schon Obama mit seiner Neuausrichtung amerikanischer Außenpolitik in den viel bevölkerungsreicheren pazifischen statt in den atlantischen Raum auch eine Eindämmung Chinas beabsichtigt – das war eine der Ideen hinter der sogenannten »Pivot«-Politik.[135] Allerdings war die Eindämmung verbunden mit einer multilateralen Zusammenarbeit etwa im Rahmen der Transpazifischen Partnerschaft, zu der China ursprünglich 2012 eingeladen wurde, allerdings wohl in der Erwartung, es würde, wenn überhaupt, erst später beitreten, nachdem ein Freihandelsabkommen nach den Vorstellungen der USA ausgearbeitet worden sei.[136] Mit dem Ausscheiden der USA aus der Partnerschaft unmittelbar nach Trumps Amtsantritt ist freilich dieses Projekt einer stärkeren wirtschaftlichen Präsenz der USA in Asien gescheitert. Man darf davon ausgehen, daß China dies als Chance zu weiterer Expansion nutzen wird.

All diese unstrittigen Erfolge dürfen nicht über die Mängel Chinas hinwegtäuschen. Die Situation der Menschenrechte ist bekanntermaßen schlecht, ganz besonders in den nicht von Han-Chinesen bewohnten Gebieten wie Xinjiang und Tibet. 2016 war die Lebenserwartung bei der Geburt für China noch an 102. Stelle (von 224 Staaten und Territorien).[137] Das Wirtschaftswachstum beruhte zu gutem Teil auf Kohleenergie; die Energieeffizienz war lange Zeit niedrig; und die Qualität von Luft und Wasser ist oft sehr schlecht. Man rechnet damit, daß jährlich mehr als eine Million Menschen wegen der Umweltbedingungen frühzeitig sterben; und das chinesische Umweltschutzministerium veranschlagte 2010 selbst die Kosten der Umweltzerstörung auf 3.5 % des Bruttoinlandsprodukts, auch wenn sie wohl wesentlich höher sind. Die Umweltprobleme sind eine der Hauptursachen für Proteste der Bevölkerung.[138] Die Überalterung der Gesellschaft aufgrund der erzwungenen Ein-Kind-Politik wird noch massive soziale Folgelasten nach sich ziehen, auch weil sie eine demographische Gewohnheit erzeugt hat, die selbst nach Abschaffung jener Politik 2015 wenigstens bisher schwer zu ändern scheint. Auffallend bleibt auch, wieviele Chinesen ihre Heimat verlassen und wie gerne gerade die chinesischen Eliten ihre Kinder im Ausland studieren lassen.[139]

Dennoch ist der rasche Aufstieg Chinas eine der großen politischen Leistungen der letzten vier Jahrzehnte. Nach den nationalen Demütigungen von der Mitte des 19. bis zur Mitte des 20. Jahrhunderts durch Europäer und Japaner und den Wirrnissen unter der Herrschaft Mao Zedongs, zumal während des Großen Sprungs nach vorn (mit der größten Hungerkatastrophe der Menschheit 1959–1961) und der Kulturrevolution, hat sich das Land wirtschaftlich und wissenschaftlich kontinuierlich und rasant entwickelt. Ein Aspekt ist dabei vielleicht noch eindrucksvoller als die bloßen Daten. Wer mit Chinesen kommuniziert, gewinnt den Eindruck einer Kultur mit einem vitalen Selbstvertrauen, das den Europäern heute meist abgeht, und mit einem Traditionsbewußtsein, das den US-Amerikanern fehlen muß. Denn ihre Geschichte ist weniger als 250 Jahre alt, diejenige Chinas dagegen mindestens dreitausend Jahre und die Idee (nicht immer die Wirklichkeit) eines einheitlichen chinesischen Reiches mehr als zweitausend. Wer der geschichtsphilosophischen These Hegels etwas abgewinnen mag, daß eine kontinuierliche Westbewegung der jeweils geistig führenden Nation erfolgt ist, von China bis zum Abendland, kann darauf verweisen, daß nach der Hegemonie der USA eine Rückkehr zum Land des Anfangs, China, nur angemessen ist – denn die Erde ist rund.

Sicher ist China keine Demokratie, sondern eine Oligarchie mit zunehmend monokratischen Zügen (wie sie sich ganz analog in Rußland unter der Herrschaft Putins ausgebildet haben). Seit Mao Zedong hat keine solche Machtkonzentration stattgefunden wie nun unter Xi, der viele Gegner dadurch beseitigen konnte, daß er mit dem Vorwurf der Korruption gegen sie vorging, zweifelsohne eines volkswirtschaftlichen Übels, das die Legitimität der Herrschaft der Kommunistischen Partei gefährdet, das sich aber für den innerparteilichen Machtkampf einsetzen ließ. Die Partei feiert weiterhin kommunistische Ideale, aber in Wahrheit leitet sie eine »sozialistische Marktwirtschaft«, deren beachtliche Erfolge sie radikal von dem Sozialismus etwa Venezuelas unterscheiden. Diese Erfolge werden keineswegs automatisch zu einer Demokratisierung führen. Denn sosehr die Demokratie prozeduralen Gerechtigkeitskriterien eher entspricht als nicht-demokratische Staatsformen, sowenig lassen sich die Legitimitätskriterien eines politischen Systems auf die politische Teilhabe reduzieren. Ein politisches System muß materiale Aufgaben lösen; und wer unter dem Schleier der Unwissenheit, also ohne zu wissen, in welche soziale Schicht er hineingeboren würde, wählen müßte, ob er lieber in Indien oder in China zur Welt kommen solle, würde vermutlich China wählen, wo Lebenserwartung und Pro-Kopf-Inlandsprodukt beträchtlich höher sind und viel weniger Menschen in absoluter Armut leben. Ja, selbst mit westlichen Demokratien verglichen erkennen manche Chinesen einige Vorteile ihres gegenwärtigen Systems an (wobei sie oft verdrängen, daß Desaster, wie sie das Land unter Mao Zedong erdulden mußte, eine natürliche Folge einer Einparteiendiktatur sind). Verglichen mit der EU seien die chinesischen Entscheidungen rasch und die strategischen Pläne kontinuierlich, langfristig und nicht bloß reaktiv; und verglichen mit den USA sei der Aufstieg völlig inkompetenter Personen in Spitzenämter schwieriger. Wenigstens war letzteres ein Argument, das im Zusammenhang mit dem US-amerikanischen Wahlkampf von 2016 eine wichtige Rolle spielte.[140] Auch westlich orientierte Chinesen erklärten nach der Wahl, sie seien stolz darauf, daß ihr Land von einem offenkundig kompetenteren Präsidenten regiert werde. Als ich 2015 an der Fudan Universität in Shanghai fünf Vorträge über Moral und Politik hielt und dabei u. a. die Demokratie zu empfehlen suchte, fragte mich ein brillanter chinesischer Kollege, der an einer amerikanischen Eliteuniversität promoviert und mehrere Jahre in den USA unterrichtet hatte, dann aber als chinesischer Patriot in seine Heimat zurückgekehrt war, ironisch, ob ich die Demokratie auch dann empfehlen würde, wenn Sarah Palin Vizepräsidentin der USA geworden wäre. Damals konnte ich entgegnen, sie sei eben nicht gewählt worden. Aber was könnte man heute erwidern? Eines ist auf jeden Fall klar: Es gibt keinen Automatismus, der von wirtschaftlich erfolgreicher Entwicklung zur Demokratie führt. Japan wurde die Demokratie nach der Niederlage im Zweiten Weltkrieg von den USA oktroyiert, in Südkorea ist der Beitrag der starken christlichen Kirchen bei der Demokratisierung wichtig gewesen. Es ist eine Illusion zu glauben, in China werde sich eine Demokratie mehr oder weniger von selbst mit weiteren wirtschaftlichen Triumphen einstellen, zumal wenn die Schwächen der westlichen Demokratien immer sichtbarer werden.

Im Wettbewerb der politischen Systeme wird der Westen nur siegen, wenn er neben der prozeduralen Überlegenheit auch materiall sich als wenigstens annähernd gleichrangig erweist. Sonst wird sich die Demokatie schwerlich als evolutionär stabil erweisen. Auf jeden Fall gibt es keine Alternative zu einer bei allen Interessengegensätzen kontinuierlichen Zusammenarbeit von USA und China – ohne sie lassen sich die globalen Probleme nicht lösen. Im November 2014 erklärten etwa Obama und Xi zusammen ihre Absicht, die CO_2-Emissionen ihrer Länder jetzt schon bzw. spätestens ab 2030 zu senken – der gemeinsame Auftritt hatte eine hohe symbolische Wirkung.[141] Allerdings hatte die Idee der G 2 einen Pferdefuß. Es hatte ja schon einmal eine Ära zweier Supermächte gegeben – damals waren es freilich die USA und die Sowjetunion gewesen. Deren Nachfolgestaat, Rußland, war aus begreiflichen Gründen nicht entzückt über die neue Dyarchie. Über die innenpolitischen Kräfte, die Trump an die Macht gespült haben, haben wir schon gesprochen. Aber man hat dessen Wahl nicht verstanden, wenn man nicht die außenpolitischen Ideen begreift, die ihn treiben, und das enorme Interesse, das Rußland an seinem Einzug ins Weiße Haus hatte. Zu den wenigen Gedanken, die Trump festzuhalten vermag, gehörte von Anfang an die Idee, die Dyarchie von USA und China durch eine solche von USA und Rußland zu ersetzen. Was ihn genau motivierte, ist schwer zu sagen, da Rußland wirtschaftlich und wissenschaftlich China weit unterlegen ist. Doch vielleicht ist es gerade das Gefühl gewesen, daß Rußland der wirtschaftlichen Stellung der USA nicht gefährlich werden könne. Daneben mögen rassistische Vorurteile eine Rolle gespielt haben; die Russen seien den US-Amerikanern kulturell und religiös näher. Schließlich mag der Wunsch mitgewirkt haben, auch in der Außenpolitik Obamas Erbe zu zerstören.

Was auch immer die Motive waren, klar ist jetzt schon, daß Trump von Anfang an eine Revision der außenpolitischen Kooperation plante, daß dies den Russen sehr wohl bekannt war, die seit Jahren Kontakte zu ihm und seiner Umgebung hatten, und daß sie das Ihrige dazu beitrugen, damit er statt der verhaßten Clinton ins Weiße Haus einziehen konnte. Ob Trump von den Russen erpreßbar ist, sei es wegen beschämender Videos, wie der ehemalige britische Geheimdienstagent Christopher Steele behauptet hat,[142] sei es wegen russischer Kredite, die ihn vor dem Bankrott gerettet haben, sei es wegen beider, wissen wir noch nicht; die Geschichte wird es zeigen. Auffallend bleibt auf jeden Fall Trumps Benehmen bei dem Treffen mit Putin im Juli 2018 in Helsinki, bei dem er wie ein Kind den ihm von Putin zugeworfenen Ball auffing und erklärte, er glaube hinsichtlich der These einer russischen Einmischung in den Wahlkampf eher Putin als den eigenen Geheimdiensten. Der ehemalige CIA-Chef Brennan bezeichnete Trumps Verhalten als »hochverräterisch«.[143] Zumindest war es hochgradig verdächtig. Von Juni bis August 2016 hatte mit Paul Manafort ein internationaler politischer Berater Trumps Wahlkampf geleitet, zu dessen Kunden u. a. der ehemalige philippinische Diktator Ferdinand Marcos, der Kleptokrat Mobutu Sese Seko aus Zaire (heute Demokratische Republik Kongo), der Massenmörder aus dem angolanischen Bürgerkrieg Jonas Savimbi sowie in den letzten Jahren der rußlandfreundliche Wiktor Janukowytsch gehörten, dessen Wahlkampf Manafort erfolgreich unterstützte – er wurde 2010 Präsident der Ukraine und beraubte die Staatskasse wohl um viele Milliarden. Sein Sturz 2014 durch die eigene Bevölkerung (er selbst schaffte es, sich nach Rußland abzusetzen) ging der Annexion der Krim durch Rußland und dem Krieg in der Ostukraine unmittelbar voraus.

Gegen Manafort wurde im Oktober 2017 Anklage erhoben u. a. wegen Verschwörung gegen die Vereinigten Staaten, Geldwäsche, Steuerhinterziehung, Falschaussage; 2018 kamen weitere Anklagen u. a. wegen Zeugenbeeinflussung hinzu. Im August 2018 wurde er wegen verschiedener Verbrechen schuldig gesprochen. Manafort, der aufgrund seines luxuriösen Lebensstils bei russischen Oligarchen stark verschuldet ist, traf sich im Juni 2016, zusammen mit Trumps Sohn und dessen Schwiegersohn, mit der russischen Anwältin und Vertreterin russischer Regierungsinteressen Natalja Wesselnizkaja, die belastendes Material gegen Hillary Clinton anbot. Manafort war nicht der einzige aus Trumps

Team, der illegale Beziehungen zu Rußland unterhielt. Nach nur 24 Tagen mußte Trumps erster Sicherheitsberater, der ehemalige General Michael Flynn, zurücktreten, weil er über ein Telefongespräch mit dem russischen Botschafter gelogen hatte, in dem er rechtswidrige Verabredungen getroffen hatte. Inzwischen wird untersucht, ob Flynn auch für die türkische Regierung arbeitete, die ihm angeblich bis zu 15 Millionen Dollar für Hilfe bei der Auslieferung des Predigers Fethullah Gülen zu bezahlen willens war[144] – übrigens eines Mannes, der die Greencard, also das unbegrenzte Aufenthaltsrecht in den USA, besitzt. Flynn ist nicht deswegen rechtskräftig verurteilt worden, aber man wird den Eindruck nicht los, daß das Bedürfnis nach zusätzlichem Taschengeld selbst die wichtigsten Amtsinhaber der USA heute nicht mehr davon abhält, gleichzeitig für Staaten zu wirken, die bisher nicht als mit den USA gleichwertig galten. Man denkt an den Ausruf des numidischen Königs Jugurtha, der durch die Bestechung römischer Politiker lange Zeit sein Unwesen treiben konnte, über Rom: »O käufliche Stadt, die bald zugrundegehen wird, wenn sie nur einen Käufer finden wird!«[145]

Vielleicht die unglücklichste Bemerkung Obamas während seiner Amtszeit war die abschätzige Bemerkung nach der Annexion der Krim, Rußland sei keine Bedrohung für die USA, weil es sich dabei nur um eine »Regionalmacht« handle.[146] Die Bemerkung war nicht nur als öffentliche Äußerung deswegen töricht, weil sie den Nationalstolz eines Landes traf, das ein Vierteljahrhundert vorher noch als eine der beiden Supermächte galt; sie war auch sachlich falsch, wie sich u.a. daran zeigte, daß zwei Jahre später Rußland dazu beitragen konnte, in das Präsidentenamt der USA einen genialen Scharlatan zu bringen. Man muß gestehen: Nicht schlecht für eine Regionalmacht! In der Tat kann nicht bestritten werden, daß Rußland mit aller Macht danach strebt, zum Supermachtstatus zurückzukehren – nun gezwungenermaßen als dritte Macht neben den USA und China –, daß es unter Putin große Erfolge darin aufzuweisen hat und daß es ein gefährlicher Irrtum ist, Rußland zu unterschätzen. Zwar ist die Auffassung weit verbreitet, China sei die weitaus gefährlichere Herausforderung des Westens, weil seine Bevölkerung viel größer und seine Wirtschaft viel stärker sei. Aber wenn das auch langfristig richtig ist, gibt es m. E. starke Gründe, kurz- und mittelfristig die von Rußland ausgehende Bedrohung für viel ernsthafter zu halten. Warum?

Ein Grund ist paradoxerweise gerade der, daß Rußland nicht nur wirtschaftlich schwächer ist als China, sondern im weltweiten Vergleich weiter an Stärke verlieren wird. Das gilt besonders für die demographische Entwicklung: Ohne eine massive Förderung von Einwanderung, die sich mit dem gegenwärtigen russischen Nationalismus nicht leicht verträgt, wird die Bevölkerung bis 2050 schrumpfen. Und selbst bei hoher Einwanderung würde die Qualität der Arbeitskraft fallen, da die Migranten sehr wahrscheinlich weniger gut ausgebildet wären.[147] Das heißt freilich, daß die Zeit nicht für Rußland arbeitet. *Wenn* Rußland etwas an der aktuellen Machtverteilung ändern will, dann kann es nicht mehr lange warten. Für China dagegen arbeitet die Zeit. Es ist fast unvermeidlich, daß ihre relative Machtposition in der internationalen Arena in den nächsten Jahrzehnten noch steigen wird. Ja, die enorme wirtschaftliche Rationalität Chinas wird das Land eher vor einem großen Krieg zurückschrecken lassen – es hat viel mehr zu verlieren als Rußland. Und schließlich verfolgt China keine revanchistische Ideologie. Es gibt keine Territorien, die zurückgeholt werden sollen (außer Taiwan); und die Zeit der Demütigungen durch das Ausland liegt so lange zurück, daß man deswegen nicht mehr das Bedürfnis nach Rache hat.

In Rußland ist das anders, wie die 2014 verstärkt wiedereinsetzende Rückgewinnung ehemals sowjetischen Territoriums beweist. (Schon vorher wurden Teile der Republik Moldau und Georgiens unter russische Kontrolle gebracht.) Zwar hat Rußland bisher nur die Krim annektiert, aber die Anerkennung der Pässe der Republiken Donezk und Lugansk, die dortige Einführung des Rubels und die Gewährung russischer Pässe an deren Bewohner deuten darauf hin, daß auch diese Gebiete Rußland bei günstiger Gelegenheit zugeschlagen werden sollen (obwohl sich Rußland im Budapester Memorandum von 1994 zur Wahrung der Souveränität der Ukraine verpflichtet hatte). Ob darauf eine weitere Expansion in die Ukraine erfolgen wird, wissen wir nicht; sie würde vermutlich erleichtert, wenn Rußlands Gaslieferungen an Europa nicht mehr durch die Ukraine erfolgten, sondern über die geplante Pipeline Nord Stream 2 durch die Ostsee,[148] gegen die daher ebenso wie aus wirtschaftlichen Gründen manches spricht. Ich habe in meinem kleinen Buch »Russland 1917–2017«[149] auf die Konstanten hingewiesen, die das postsowjetische Rußland mit dem sowjetischen und dieses mit dem zaristischen verbinden und die Natur des gegenwärtigen politischen Systems beschrieben. Zu den russischen Konstanten gehört eine tiefsitzende Skepsis gegenüber bürgerlichen Werten wie Wirtschaftlichkeit und Gewaltenteilung, eine Verachtung von Feigheit und statt dessen eine Hochschätzung des Selbstopfers, und zwar in seiner edlen wie in seiner gewalttätigen Form. (Man kann daher nur hoffen, daß die Korruption der russischen Eliten diese inzwischen in dem Wunsch befestigt hat, das unrechtmäßig Erworbene bis ins hohe Alter ungestört zu genießen.) Eine solche Kultur kann sich, sofern nötig, auf eine enorme Leidensfähigkeit der eigenen Bevölkerung stützen, die im Kriegsfall viel wichtiger ist als die Wirtschaftskraft. Die Demütigung, die darin besteht, wirtschaftlich nicht besonders erfolgreich zu sein (denn Rußland exportiert primär Ressourcen und hat sich sonst hauptsächlich mit Waffenexporten auf dem Weltmarkt durchgesetzt), kann dann überwunden werden, wenn man eine Ebene der Auseinandersetzung betritt, die eben nicht primär wirtschaftlicher Natur ist. Rußland hat zudem seit 1998 seine Militärausgaben konstant erhöht. 2017 sind sie allerdings erstmals gefallen, und zwar immerhin um 20 %, aber das war dem Niedergang der Wirtschaft geschuldet, teils dem Fall der Ölpreise, teils den durchaus erfolgreichen westlichen Sanktionen seit 2014. Damit ist Rußland vom dritten auf den vierten Platz gesunken (nach den USA, China und Saudi-Arabien), was die absolute Höhe der Militärausgaben ausgeht. Man vergesse dabei nicht, daß derselbe Betrag in Dollars in Rußland wesentlich mehr militärische Dienstleistungen kaufen kann als im Westen. Als Prozente des Bruttoinlandsprodukts gemessen sind die russischen Ausgaben mit 4,3 % freilich immer noch mehr als doppelt so hoch wie in China und mehr als ein Drittel höher als in den USA.[150] Die Ausgaben galten u. a. einer sehr weitgehenden Modernisierung des nuklearen Arsenals. Und wenn man die russischen und die europäischen Streitkräfte vergleicht, vergesse man nicht, daß die europäischen NATO-Länder oft voneinander stark abweichende Waffensysteme benutzen und der Transport über die Landesgrenzen hinweg auch im Kriegsfall immer noch sehr zeitaufwendig wäre – von dem nicht sonderlich abwehrbereiten derzeitigen Zustand der Bundeswehr, sei es technisch, sei es psychologisch, einmal ganz abgesehen.

Entscheidend ist aber das verbreitete Gefühl der Russen, am Ende des Kalten Krieges über den Tisch gezogen worden zu sein. Dieses Gefühl ist leider nicht unberechtigt, und in den unbedingt erforderlichen Gesprächen mit Rußland muß dies auch anerkannt werden. Gorbatschows enorme Großzügigkeit gegenüber dem Westen wurde nicht angemessen erwidert, und auch wenn das ideologische und wirtschaftliche Chaos Rußlands nach der Auflösung der Sowjetunion – für die nicht der Westen, sondern Boris Jelzin die Verantwortung trägt – effiziente Hilfe nicht leicht machte, muß sich der Westen vorwerfen lassen, Rußland anders als die mittelosteuropäischen Staaten weitgehend im Stich gelassen zu haben.[151] Die ungeheure nationale Demütigung, die darin bestand, aus dem Status einer Supermacht auf das Niveau eines von anderen Staaten bevormundeten Entwicklungslandes, zumindest was die Wirtschaft angeht, gestürzt zu sein, weist auffallende Analogien auf zu derjenigen Deutschlands nach dem Ende des Ersten Weltkrieges. Die außenpolitischen Vorstellungen Rußlands wurden kaum berücksichtigt, und während es manchmal gute Gründe dafür gab (angesichts der eigenen und der russischen Geschichte war der Wunsch der mittelosteuropäischen Staaten, der NATO beizutreten, verständlich), war etwa der Sturz Muammar al-Gaddafis sowohl eine Verletzung der Absprachen mit Rußland als auch sachlich unverantwortlich. Letzteres gilt auch für die verdeckte Intervention der USA in Syrien. Bei allem Verständnis für die Sicherheitsbedürfnisse Mittelosteuropas hätte der Westen zudem nicht vergessen dürfen, daß auch Rußland eine traumatische Leidensgeschichte wegen der Angriffe durch andere Länder – letztmals durch Deutschland 1941 – hinter sich hat. Der heutige Monokrat Rußlands, Putin, erlebte am 5. Dezember 1989 in Dresden persönlich das Versagen der sowjetischen Macht. Zwar konnte er mit der Drohung des Waffengebrauchs eine Plünderung der

Villa des KGB verhindern, nachdem diejenige der Stasi gestürmt worden war; aber als er einen Panzerverband der Roten Armee anrief und um Hilfe bat, erhielt er die Antwort, man könne nichts tun ohne Befehle Moskaus, und Moskau schweige.[152] Psychologisch hat das sicher den Willen erzeugt, Moskau in Zukunft nicht mehr schweigen zu lassen. Es ist die grundsätzliche Übereinstimmung dieses seines individuellen Willens mit dem kollektiven der Russen, die seine unstrittige Popularität erklärt. Ferner trugen dazu bei Putins Überwindung des wirtschaftlichen Chaos der Jelzin-Zeit und die Wiederherstellung von Stabilität.

Im Februar 2018 mußte der niederländische Außenminister Halbe Zijlstra zurücktreten, weil er fälschlicherweise behauptet hatte, er habe selber 2006 Putin bei einem Treffen erklären hören, er strebe ein größeres Rußland mit Einschluß der Ukraine, Weißrußlands und der baltischen Staaten an. Wichtig ist freilich, daß Zijlstra mit Nachdruck an der Richtigkeit seiner Behauptung hinsichtlich Putins Äußerung festhielt – nur er selber sei nicht dabei gewesen, sondern eine Quelle, die er nicht verraten dürfe.[153] Gewiß war der Rücktritt wegen der Unwahrheit unvermeidlich. Aber die partielle Unwahrheit sollte einen nicht die partielle Wahrheit übersehen lassen. Nicht nur in seiner Rede vom 25. April 2005 erklärte Putin die Auflösung der Sowjetunion zu einer größeren geopolitischen Katastrophe;[154] im März 2018 antwortete Putin auf eine Frage im Wahlkampf, welches Ereignis der russischen Geschichte er am liebsten verhindert hätte, nicht etwa »die Terrorherrschaft Stalins«, sondern »die Auflösung der Sowjetunion«. Wichtig ist, daß er damit nicht allein steht: 58 % der heutigen Russen bedauern die Auflösung.[155] Während in der Perestroika-Zeit die offizielle Linie war, Lenin zu preisen und Stalin zu verdammen, hat Putin in einer Rede vom Januar 2016 Lenin scharf angegriffen, weil er durch den Gedanken der Autonomie der sowjetischen Republiken die Auflösung der Sowjetunion mitzuverantworten habe.[156] Stalin dagegen genießt wieder steigendes Ansehen.[157] Nun ist es sicher legitim, den Zusammenbruch der Sowjetunion zu beklagen – ich selbst war keineswegs glücklich, als die Sowjetunion Ende 1991 aufhörte zu existieren, keineswegs aus Sympathie für den Kommunismus, sondern weil voraussehbar war, daß dieses Ereignis eine Ära zuerst der Wirren, dann aggressiver Nostalgie zur Folge haben müsse. Es war auch klar, daß ein solches Ereignis nur auf gewaltsame Weise rückgängig gemacht werden könnte. Denn wir haben schon gesehen, daß freiwillige Fusionen von Staaten ganz selten sind – was im übrigen ein starkes Argument dagegen ist, Sezessionen leichten Herzens zu unterstützen. Schon in der Sowjetunion war zudem Rußland gegenüber den anderen 14 Sowjetrepubliken so dominant, daß eine Rückkehr in eine vergleichbare Abhängigkeit kaum attraktiv ist.

Aber man kann etwas beklagen, was man für irreversibel hält, weil gegen dessen Wiederherstellung überwältigende moralische Gründe sprechen, oder aber man kann nach der Klage zum Versuch der Restauration schreiten, selbst wenn dieser schreckliche Konsequenzen hat. Leider findet sich bei den meisten russischen Nostalgikern der Sowjetunion keineswegs die zusätzliche Reflexion, noch schlimmer als der Fehler der Auflösung wäre derjenige der gewaltsamen Wiederherstellung. Seit langem verlangen Extremisten die Rückgewinnung des sowjetischen Territoriums – es genüge, Wladimir Schirinowski, den Vizepräsidenten des Russischen Parlaments und Vorsitzenden der Liberal-Demokratischen Partei Rußlands, einer 1991 vom KGB gegründeten scheinoppositionellen Partei, oder aber den »Philosophen« Alexander Dugin zu nennen, dessen »Grundlagen der Geopolitik« angehenden Generalstabsoffizieren als Lehrbuch dient.[158] Die in Rußland mehrheitlich herrschende Ideologie ist heute nicht, wie etwa in China, präliberal. Da der »Liberalismus« der 1990er Jahre im wesentlichen als Ära des Raubkapitalismus und der Verarmung großer Teile der Bevölkerung in Erinnerung geblieben ist, ist Rußland heute explizit antiliberal, antiwestlich und, anders als der Marxismus, antiuniversalistisch. Der Antiliberalismus hat heute zu einer Konzentration raubkapitalistischer Aktivitäten bei Trägern von staatlichen Ämtern und ihren Vasallen geführt. Antiwestlich ist zumal die orthodoxe Kirche, die nie den Gedanken des Rechtsstaates theologisch zu rechtfertigen unternommen hat und statt dessen zurückgreift auf die slawophilen Ideen des 19. Jahrhunderts. Dazu gehört ein Bild vom dekadenten Westen, der durch den Sieger des 59. Eurovision Song Contests, den Travestiekünstler Conchita Wurst alias Thomas Neuwirth, repräsentiert werde.[159]

Wie steht Putin zu diesen Ideen? Putin ist strategisch die größte Begabung unter den derzeitigen Politikern und viel zu intelligent, um jene Ideen selbst offen zu vertreten. Er weiß, was er sagen muß, um in der internationalen Arena zu reüssieren und diejenigen zu beruhigen, die beruhigt sein wollen. Aber es ist schwer, den Eindruck loszuwerden, daß jene Ideen seit langem im Hintergrund sein Handeln bestimmen und daß er nur auf einen vorteilhaften Augenblick wartet, in dem er wird losschlagen können. Anders als die meist schnell wechselnden Regierungen des Westens ist Putin seit 2000 an der Macht und wird es mindestens bis 2024 bleiben (vier Jahre lang gab es eine durch die Verfassung bedingte Rochade mit Dmitri Medwedew, aber auch von der formal nachrangigen Position des Ministerpräsidenten aus bestimmte Putin die Politik). Zumindest wäre es unverantwortlich seitens des Westens, nicht ernsthaft mit der Möglichkeit zu rechnen, Putin werde weiterhin eine expansionistische Politik betreiben, und sich nicht dagegen durch eine glaubwürdige Abschreckung zu wappnen. Denn derjenige irrt, der meint, Nachgiebigkeit führe bei Aggressoren zu Nachsicht. Sie erzeugt nur Verachtung, und anders als bloßer Haß senkt Verachtung die Aggressionsschwelle, weil der Gegner als schwach gilt. Für die Hypothese eines langfristigen Planes sprechen folgende Fakten.

Wenig ist wichtiger für Putins Außenpolitik, als die transatlantische Gemeinschaft zu zerstören und die Europäische Union weiter zu schwächen, weil er in einem solchen Umfeld seine Ziele mit viel geringeren Kosten wird erreichen können. Wie zielstrebig er an dieser Zerstörung arbeitet, beweisen erstens seine Unterstützung des Aufstiegs Trumps ins Präsidentenamt, zweitens die in seinem Auftrag handelnden Troll-Armeen, die die zentrifugalen Kräfte innerhalb der EU unterstützen (siehe oben S. 114), drittens die engen Kontakte zu den rechtspopulistischen und oft antieuropäischen Parteien Europas wie der Freiheitlichen Partei Österreichs, der Lega (Nord) Italiens, dem Front bzw. Rassemblement National Frankreichs und der Alternative für Deutschland. Auch daß er mit Gerhard Schröder einen ehemaligen deutschen Bundeskanzler als Aufsichtsratsvorsitzenden bei der Nord Stream AG, die zu 51 % der russischen Gazprom gehört, und als Aufsichtsratsmitglied des russischen Ölkonzerns Rosneft plazierte, war russischen Interessen sehr dienlich, zumal Schröder sich als Instrument der russischen Propaganda gerne zur Verfügung stellt.

Sehr wahrscheinlich ist auch, daß Rußland geltende Verträge zur Begrenzung von Waffensystemen verletzt. Sicher war es ein großer moralischer und politischer Fehler der USA, daß sie 2002 aus dem ABM-Vertrag von 1972 zur Begrenzung von Raketenabwehrsystemen ausstiegen; damit läuteten sie eine neue Runde der Aufrüstung ein und zerstörten, ebenso wie mit dem Irakkrieg, das Vertrauen Rußlands. Aber sie hielten die Kündigungsbedingungen ein; ihr Verhalten war dumm und unmoralisch, aber nicht illegal. Das Kaliningrader Gebiet ist heute wieder, wie schon zwischen Erstem und Zweitem Weltkrieg, eine Exklave, nun nicht mehr Deutschlands, zu dessen ostpreußischem Teil es gehörte, sondern Rußlands, und leider schaffen Exklaven oft Spannungen mit den Staaten, die zwischen ihnen und dem Hauptterritorium des Landes liegen – damals war das Polen, heute sind es die baltischen Staaten. Die Aufrüstung der taktischen Iskander-M-Raketen in diesem russischen Gebiet ist wohl eine weitere Verletzung eines der wichtigsten Abrüstungsabkommen aus dem Ende des Kalten Kriegs, des Washingtoner Vertrags über nukleare Mittelstreckensysteme von 1987.[160] Im Oktober 2018 erklärte daher Trump, ihn kündigen zu wollen, was er dann am 1.2.2019 tat, wobei die Kündigung nach sechs Monaten wirksam wird. Die Entscheidung war nicht absurd; man denkt an den NATO-Doppelbeschluß von 1979. Aber es handelte sich damals um einen *Doppel*beschluß: Auf die Aufstellung der Pershing II und BGM 109-Tomahawk durch die NATO als Antwort auf die sowjetischen SS-20 sollten bilaterale Abrüstungsverhandlungen folgen. Diese führten, nach vielen Schwierigkeiten, zum Ziel, dem genannten Washingtoner Vertrag, der eben jetzt zur Debatte steht – und zwar ohne daß Politiker vom Format Ronald Reagans und Michail Gorbatschows sichtbar wären, die einen Ersatz ausarbeiten könnten (ganz davon abgesehen, daß ein solcher Vertrag heute nicht mehr bilateral, sondern multilateral sein müßte). Das letzte große Abrüstungsabkommen des »goldenen Vierteljahrhunderts«, der New Strategic Arms Reduction Treaty von 2011, wird 2021 auslaufen, und es schaut nicht danach aus, daß Trump an dessen Verlängerung interessiert ist.

Ohne jeden Zweifel eine Verletzung der Chemiewaffenkonvention von 1997 war der Einsatz chemischer Waffen in Syrien, mit an Sicherheit grenzender Wahrscheinlichkeit durch die syrische Regierung und damit, angesichts deren Abhängigkeit von russischer Hilfe, ohne die sie sich nicht an der Macht gehalten hätte,[161] schwerlich ohne Billigung Moskaus. Der Einsatz erfolgte wohl mindestens fünfzig Mal.[162] Besonders provokant war der Giftgasangriff in Dura im April 2018. Denn Macron hatte vorher erklärt, ein erneuter Einsatz sei eine rote Linie, deren Überschreitung einen französischen Militärschlag zur Folge haben werde. Dieser erfolgte zwar mit US-amerikanischer und britischer Beteiligung am 14. April, aber da die Russen vorab informiert worden waren, gab es keine Toten. Der Einsatz hatte hauptsächlich eine symbolische Bedeutung – ganz allgemein ist im Zeitalter der Massenmedien eine Zunahme der Symbolpolitik zu beobachten. Das Vorgehen der Syrer zeigte freilich, daß man sich um die roten Linien Frankreichs noch weniger schere als um diejenigen Obamas, der 2012 eine ähnliche Drohung ausgestoßen hatte, an die er sich aber nicht hielt, was die amerikanische Glaubwürdigkeit im Nahen Osten nachhaltig untergrub.[163] Vermutlich erfolgte der erneute Giftgaseinsatz in Syrien bewußt nur einen Monat nach der Nowitschok-Attacke im März 2018 gegen den ehemaligen russischen Geheimdienstagenten Sergei Skripal in Salisbury, die den ersten Angriff mit einem Nervengift auf dem Territorium eines NATO-Mitglieds darstellte und mit sehr hoher Wahrscheinlichkeit auf russische Rechnung ging. Denn sonst hätten die Russen ganz anders bei der Aufklärung kooperiert. Zumindest hätten sie dafür gesorgt, daß nicht so kurz darauf weitere Giftgasangriffe erfolgten. Dank der Wiederholung darf die Botschaft an die europäische Bevölkerung so gelesen werden: Wir verfügen über chemische Waffen und zögern nicht mit deren Einsatz, was auch immer das Völkerrecht dazu sagt.

Daß der Nahe und Mittlere Osten ein Pulverfaß ist, das jederzeit explodieren kann, ist wohlbekannt. Neben den Konflikten zwischen Israel und seinen islamischen Nachbarn sowie den innerislamischen Konflikten zumal zwischen Sunniten und Schiiten (etwa im Jemen) mit Saudi-Arabien bzw. Iran als jeweiliger Führungsmacht ist weltpolitisch am gefährlichsten der Gegensatz russischer und US-amerikanischer Soldaten in Syrien. Die Situation wird zudem weiter durch die Präsenz der Türkei erschwert, die ganz eigene Interessen verfolgt, die weder mit den russischen noch den US-amerikanischen zusammenfallen. Im Februar 2018 kam es bei Deir al-Zour zu der tödlichsten Auseinandersetzung zwischen US-Amerikanern und Russen seit dem Ende des Kalten Kriegs. Daß das Ganze nicht zu einem Krieg eskalierte, hatte u. a. damit zu tun, daß die zahlreichen Russen, die getötet bzw. verwundet wurden, nicht den regulären Streitkräften angehörten, sondern der Gruppe Wagner, einem nach dem deutschen Komponisten benannten privaten Militärunternehmen, in dem viele ehemalige Soldaten arbeiten und das eng mit dem russischen Militärgeheimdienst GRU zusammenwirkt. Möglicherweise lag bei dem gescheiterten Angriff der Gruppe Wagner auf US-Soldaten auch ein Kompetenzkonflikt zwischen Kreml und Verteidigungsministerium vor.[164] Auf jeden Fall war der Vorgang hochgradig gefährlich. In Rußland wurde darüber weitgehend Schweigen bewahrt; der Journalist Maxim Borodin, der über die Hintergründe berichtete, »fiel« vom Balkon eines fünften Stockes – mit großer Wahrscheinlichkeit ein weiterer der zahlreichen politisch motivierten Morde an russischen Journalisten.[165]

Besorgniserregend ist neben den Zivilschutzübungen, die die russische Bevölkerung auf einen Krieg unter Einsatz von Massenvernichtungswaffen vorbereiten sollen,[166] die häufige Präsenz russischer U-Boote in der Nähe der transatlantischen Unterwasserkabel, die offenbar im Falle eines Konfliktes sabotiert werden sollen, um die Kommunikation zwischen den USA und der EU zu erschweren.[167] Zu erwähnen ist ferner das Sapad-Manöver vom September 2017 im Westen Rußlands, bei dem russische und weißrussische Truppen zusammenwirkten. (Beide Staaten gehören zusammen mit Armenien, Kasachstan, Kirgisistan und Tadschikistan zur Organisation des Vertrags über kollektive Sicherheit.) Angeblich nahmen nur 12.700 Soldaten daran teil; denn ab 13.000 müssen nach dem Wiener Dokument 2011 der Verhandlungen über vertrauens- und sicherheitsbildende Maßnahmen der Organisation für Sicherheit und Zusammenarbeit in Europa ausländische Beobachter zugelassen werden. Die Sorge, daß unter anderem Namen gleichzeitige russische Militärmanöver mit viel mehr Soldaten stattfänden, wurde von vielen geäußert, u. a. von der deutschen Verteidigungsministerin Ursula von der Leyen, die mit bis zu 100.000 Soldaten rechnete.[168] In der Kola-Halbinsel etwa fanden gleichzeitig Manöver statt. Zwar ist es gut möglich, daß die Russen durch ihr mannigfaches Säbelrasseln primär Angst erzeugen wollen, aber diese Angst soll vermutlich in einer Krise dahingehend mobilisiert werden, daß man russischen Forderungen ohne Widerstand nachgibt. Ob nach dem Manöver russische Truppen in Weißrußland verblieben sind, war umstritten; die Ukraine behauptete es, doch Rußland und Weißrußland verneinten es.[169] In jedem Fall ist Weißrußland inzwischen wirtschaftlich so stark von Rußland abhängig, daß man es fast als dessen Protektorat bezeichnen kann. U. a. nimmt es mit Serbien und Rußland seit 2015 jährlich an den Militärübungen »Slawische Bruderschaft« teil.[170] Allerdings widersetzt der weißrussische Diktator Alexander Lukaschenko sich immer wieder einzelnen russischen Vorgaben. Sapad 2017 hatte wohl u. a. das Ziel, direkte Kommandoketten vom Russischen Generalstab hinunter zu den weißrussischen Soldaten unter Umgehung des weißrussischen Generalstabs zu üben.[171]

Da im Kaliningrader Gebiet zu wenige Soldaten stationiert sind, braucht Rußland den Durchmarsch durch Weißrußland, *falls* es beschließen sollte, sich die baltischen Staaten wieder anzueignen, die seit dem 18. Jahrhundert zu Rußland gehörten und vielen Russen daher als »identitätsrelevant« gelten. Bekanntlich sind diese drei Staaten nur durch die in der Luftlinie 65 km lange Suwalki-Lücke mit einem anderen NATO-Staat, nämlich Polen, verbunden. Diese Strecke verbindet das Kaliningrader Gebiet mit Weißrußland. Das Gebiet gilt als das labilste der NATO; deswegen sind dort seit 2016 im Rahmen der NATO Enhanced Forward

Presence vier Bataillone stationiert, die allerdings ständig ausgewechselt werden müssen, da eine permanente Stationierung nicht mit der NATO-Rußland-Grundakte von 1997 kompatibel wäre. Lange wären diese Bataillone einem russischen Angriff nicht gewachsen, der deswegen auch mit andern Mitteln glaubwürdig abgeschreckt werden muß. Entscheidend ist es, die Schnelligkeit einer etwaigen Reaktion zu erhöhen, etwa durch bessere Verkehrswege und geringere Grenzübertrittsformalitäten zwischen den NATO-Mitgliedstaaten. Denn eine Hinnahme der Aggression wäre der Todesstoß für die NATO, die damit jede Glaubwürdigkeit verlöre. Es ist insbesondere von äußerster Bedeutung, daß sich die USA durch den Artikel 5 des Nordatlantikvertrags moralisch verpflichtet fühlen (rechtlich sind sie es nicht wirklich), massiv Hilfe zu leisten. Denn ansonsten werden der russischen Phantasie, eine Provokation zu organisieren, die in den Augen einer ängstlichen Öffentlichkeit weltweit und selbst innerhalb Europas einen russischen Einmarsch ins Baltikum rechtfertigt, keine Grenzen gesetzt sein.[172]

Ist nicht angesichts dieser Gefahren Trumps Wunsch mehr als legitim, mit Rußland zu einem besseren Verständnis zu gelangen? Im Prinzip sicher. Nur hat man nicht den Eindruck, daß Trump genau weiß, was die Konflikte sind, um die es geht, welche Zugeständnisse moralisch zulässig nicht und welche nicht und warum etwa die USA ihrer Schutzverpflichtung gegenüber Alliierten nachkommen müssen, die im Vertrauen auf die USA etwa auf eigene Atomwaffen verzichtet haben. Seine Hinwendung zu Rußland hat zudem im Kongreß, auch und gerade bei den Republikanern, viel Mißtrauen ausgelöst, und glücklicherweise ist der US-amerikanische Präsident nicht autonom in der Gestaltung der Außenpolitik. Das größte Risiko dieser Politik ist daher, daß sie sowohl China entfremdet, mit dem Obama einen Ausgleich anstrebte, als auch bei Rußland zunächst Erwartungen erzeugt, die am Senat der USA und am Militär scheitern werden, und alsdann Enttäuschung und Verachtung. Sollten daraufhin China und Rußland gemeinsame Sache machen, steht es nicht gut um das Projekt des Westens. Zwar sind Rußland und China bisher nur in der Shanghaier Organisation für Zusammenarbeit vereint, zu der auch sechs andere Staaten gehören und die kein Verteidigungsbündnis darstellt. Doch wurde die bilaterale militärische Kooperation kürzlich intensiviert: Man denke an die gemeinsamen russisch-chinesischen Militärmanöver, die im Mai 2015 im Mittelmeer, im September 2016 im Südchinesischen Meer und im Juli 2017 in der Ostsee stattfanden.[173] Bei einem Besuch in Moskau im April 2018 erklärte der chinesische Außenminister Wang Yi, die Beziehungen zwischen beiden Staaten (die zwischen 1960 und 1985 sehr schlecht waren) seien auf dem besten Niveau ihrer ganzen Geschichte.[174] Angesichts der zunehmenden Schwäche des Westens ist das nicht nur eine gute Nachricht. Das zeigten besonders die größten Manöver Rußlands seit 1981, die im September 2018, diesmal im Osten des Landes, stattfanden (und daher »Wostok« benannt sind) und an denen chinesische und mongolische Truppen teilnahmen.

Sollte es zu einem großen Krieg kommen, wird man anfangs den Einsatz nuklearer Waffen zu vermeiden suchen. Aber wie lange diese Zurückhaltung währen würde, ist nicht zu sagen, zumal die neue Nuklearstrategie der USA, die auf Atomwaffen mit einer geringeren Sprengkraft setzt, die Hemmschwelle, sie zu verwenden, senkt.[175] Angesichts des zusätzlichen, durchaus nicht geringen Risikos eines durch Computerfehler ausgelösten Nuklearkrieges, der wahrscheinlichen weiteren Zunahme von Atommächten[176] und der viel größeren Komplexität einer multipolaren Ordnung gegenüber der früheren bipolaren ist die Wahrscheinlichkeit einer nuklearen Auseinandersetzung stark gestiegen. Hinzukommt, daß die langen Jahre des Weltfriedens 1989–2016 das Bewußtsein der Gefahren von und die Wachsamkeit im Umgang mit Nuklearwaffen, die die Zeit von 1945 bis 1989 kennzeichneten, korrodiert haben – und je länger der Zeitraum, desto höher ist die Wahrscheinlichkeit eines Atomkrieges aus Versehen. Ein intellektuell wie moralisch gleichermaßen unbestechlicher Experte wie der ehemalige US-amerikanische Verteidigungsminister William Perry hält das Risiko eines Atomkrieges heute für höher als während des Kalten Krieges und setzt sich daher für eine Welt ohne Atomwaffen aufgrund allgemeiner Abrüstung ein.[177] Daß in wenigen Jahrzehnten die Verbindung immer weiterreichender Umweltkatastrophen mit einem nuklearen Krieg um die letzten Ressourcen das Ende der Menschheit oder, viel wahrscheinlicher, einen zivilisatorischen Rückfall einläuten könnte, verglichen mit welchem der Zusammenbruch des Römischen Reiches und der Übergang zum frühen Mittelalter harmlos wären, versteht sich von selbst. Die Menschheit mag leicht auf eine vorindustrielle Kulturstufe zurückgeschleudert werden und Jahrhunderte damit verbringen, eine existentiell tiefer verankerte Moral wiederzugewinnen, als der Spätmoderne zur Verfügung steht. Ich verzichte darauf, diesen Prozeß im Detail auszumalen. Zu erwähnen ist allerdings, daß im Falle eines Sieges Rußlands und Chinas über einen immer mehr geschwächten Westen ein Endkampf der beiden asiatischen Weltmächte um die Weltherrschaft wahrscheinlich wäre. Und aufgrund der viel größeren Bevölkerung und der überlegenen Wirtschaft ist es viel plausibler, daß China der Sieg zufallen würde. Die jahrtausendealte Kultur würde wohl wirksamer sein als selbst Putins brillantes geostrategisches Denken. Vielleicht mag diese Perspektive Rußland vor zu enger Zusammenarbeit mit China abschrecken. Denkbar ist natürlich auch, daß sich beide Mächte wechselseitig zerstören und die Weiterentwicklung der Menschheit hauptsächlich in der südlichen Hemisphäre erfolgen wird, primär in Afrika und Lateinamerika, mit Australien und Neuseeland als letzten Überbleibseln dessen, was einst westliche Kultur war.

7. Auswege aus der Krise

Dieser Essay begann mit einer Schilderung der optimistischen Geschichtsphilosophie der Aufklärung, die so vielen Aspekten der geschichtlichen Entwicklung der letzten 250 Jahre gerecht zu werden scheint (Kap. 1). Allerdings ist die Zeit der totalitären Bedrohung, die mit dem Ende des Ersten Weltkrieges einsetzt und teils 1945, teils 1989 überwunden wird, ein beunruhigendes Intermezzo. Es wäre schön, wenn man es als einmalige Entgleisung auf dem Wege zu immer größerem Fortschritt abtun könnte. Aber das, was sich seit 2016 immer schärfer abzeichnet (Kap. 2), deutet darauf hin, daß diese Abwiegelung leichtfertig wäre. Der moderne Rechtsstaat ist leider nicht irreversibel; sein Zusammenbruch kann sich wiederholen. Wer die Ursachen studiert, die Trumps Wahlsieg möglich gemacht haben (Kap. 3), erkennt bald, daß mit dem Niedergang der Arbeiterklasse und dem raschen Aufstieg der Frauen für weiße, ungebildete Männer eine Demütigung verbunden ist, die für Demagogen der näheren Zukunft ein vorzügliches Arbeitsinstrument ist: Auf dieser Klaviatur können von ihnen noch eindrucksvolle Sonaten aus Haß und Ressentiment gespielt werden. Trump wird nicht der letzte und nicht der schlimmste der neuen Demagogen sein. Vielleicht noch bedrohlicher als die innenpolitischen Gefährdungen des liberalen Rechtsstaates ist zweitens die weltanschauliche Korrosion des Glaubens an objektive Normen wie Wahrheit und Gerechtigkeit (Kap. 4). Ich sage »noch bedrohlicher«, denn ohne einen solchen Glauben ist der Mensch nichts als ein besonders intelligentes Tier. Zudem läßt jener Glauben sich nicht einfach durch politisch-administrative Maßnahmen wiederherstellen. Er gehört zur Tiefenschicht jeder Kultur, die direkter Politik unzugänglich ist – auch eine komplexe Kulturpolitik, wie sie aristokratischen Epochen vermutlich leichter fiel, konnte höchstens Rahmenbedingungen schaffen, innerhalb deren wesentliche geistige Klärungen von selbst erfolgen mußten. Neben den innenpolitischen und weltanschaulichen Gefahren bestehen drittens außenpolitische. Dazu gehört die zunehmende Spaltung des transatlantischen Westens, ja, die immer deutlichere Unfähigkeit der EU, drängende Herausforderungen gemeinsam anzugehen (Kap. 5). Halbheiten bei der Zuweisung nur partieller finanz- und außenpolitischer Kompetenzen von den Einzelstaaten an die EU rächen sich, und zumal die Frage nach dem richtigen Umgang mit den Millionen Menschen, die aus Afrika und dem Nahen Osten nach Europa streben, hat durchaus die Kraft, die EU zu zerbrechen, weil antiuniversalistische und abstrakt-universalistische Konzeptionen miteinander ringen, ohne einen gemeinsamen Boden für eine rationale Debatte zu finden. Daneben ist der Aufstieg nicht-westlicher Großmächte unaufhaltsam (Kap. 6). Ich erwähnte schon (siehe S. 174), daß bis 2050 wahrscheinlich das indische Bruttoinlandsprodukt am US-amerikanischen und diejenigen von Indonesien, Brasilien, Rußland und Mexiko am deutschen vorbeigezogen sein werden. Das ist auch nur gerecht: Wenn man wünscht, daß sich die Pro-Kopf-Einkommen zwischen den Staaten angleichen, soll die Wirtschaft der bevölkerungsreicheren stärker sein als die der bevölkerungsschwächeren. Dagegen kann keiner einen großen Krieg wünschen. Ein solcher aber ist aufgrund des raschen Aufstiegs Chinas und zumal der Revanchegelüste Rußlands – um vom Zusammenbruch professioneller Außenpolitik im Weißen Haus zu schweigen – leider mindestens so wahrscheinlich geworden wie während des Kalten Krieges, diesmal jedoch ohne die gleiche Furcht vor ihm, die ihn seinerzeit zu verhindern vermochte.

Diese Gefahren habe ich nicht aus Fatalismus dargelegt, sondern weil einzig ihre nüchterne Analyse Chancen eröffnet, ihnen entgegenzutreten. Was ist zu tun? Erstens ist darauf zu verweisen, daß eine liberale Demokratie nur dann richtig funktionieren kann, wenn die Mehrheit weiß, wie sie funktioniert. Das ist in einer Monarchie oder Oligarchie anders, eben weil die Staatsgewalt nicht von allen ausgeht. Doch für eine Demokratie ist eine politische Erziehung des Volkes über die Erfolgskriterien von Demokratien und die internen Gefahren, die sie bedrohen, eine Lebensnotwendigkeit. Insbesondere die Klärung des Vorrangs des Prinzips der Gewaltenteilung vor demjenigen der Mehrheitsherrschaft scheint mir von ausnehmender Bedeutung zu sein, wenn die Errichtung einer demagogischen Demokratie verhindert werden soll, die sehr schnell zur Diktatur führt. Die Prinzipien der Gewaltenteilung, der Unabhängigkeit der Justiz, der richterlichen Kontrolle von Verwaltungsentscheidungen und Gesetzgebung sind nicht von Gnaden der Mehrheit, denn sie sollen den einzelnen vor der Mehrheit schützen. Aber die Mehrheit muß diese Prinzipien kennen und hinter ihnen stehen, wenn sie vor Demagogen Bestand haben sollen. Ebenfalls klar ist, daß eine Anerkennung des unbedingten Charakters der Grundrechte diese besser schützt als die egoistische Einstellung, man sei für sie, solange man selbst davon profitiert. Denn die Rahmenbedingungen können schnell dahingehend umschlagen, daß man zumindest kurzfristig weiterkommt, wenn man sich dem Demagogen anbiedert. So richtig es auch ist, daß nicht alle Religionen die liberale Demokratie begünstigen oder auch nur positiv ihr gegenüber eingestellt sind, so unsinnig, ja, letztlich selbstzerstörerisch ist die Auffassung, das Verschwinden der Religion sei ein unausweichlicher Teil des menschlichen Fortschritts und das Beste, was der liberalen Demokratie widerfahren könne. Die liberale Demokratie setzt voraus, daß es ein moralisches Prinzip gibt, das die Bürger bei der Suche nach einer gerechten Politik leitet und das daher nicht selbst eine Funktion der Meinungen der jeweiligen Mehrheit sein kann. Die Natur dieses moralischen Prinzips zu deuten ist nicht einfach, aber dessen idealer Seinscharakter wird von bestimmten Formen der Religion durchaus angemessener erfaßt als von naturalistischen bzw. konstruktivistischen Ideologien, die alles zu einem Resultat der natürlichen Evolution bzw. menschlicher Konstruktionen erklären. Sofern eine Religion das grundlegende liberale Prinzip der Religionsfreiheit akzeptiert, ist sie in der Regel eher eine Stütze als eine Gefährdung des liberalen Staates. Sie liefert dem einzelnen eine starke Motivation, die angeborene Selbstsucht zu transzendieren, sowie eine Immunisierung gegen den subtilen Druck der Anpassung an Mehrheitsmeinungen, nur weil sie Mehrheitsmeinungen sind. Als Universalreligion ermöglicht sie weltweit Gemeinschaftserfahrungen, ohne die kollektives, von Idealen inspiriertes Handeln kaum erfolgen kann. Letztlich ist die Herausbildung einer rationaleren Form von Universalreligion, die gleichzeitig im Prinzip allen zugänglich ist, das eigentliche Desiderat einer globalisierten Welt. Diese verlangt nach einer gemeinsamen spirituellen Grundlage – der rationale Eigennutz allein ist dazu nicht ausreichend. Die sich trotz ihrer philosophischen Unhaltbarkeit immer weiter ausbreitende naturalistische Ideologie, die den Menschen nur als materielles Zufallsprodukt einer blind und ziellos evolvierenden Natur sieht, ist offenkundig nicht in der Lage, zu Idealen und moralischen Anstrengungen zu motivieren, ohne die die Herausforderungen der Spätmoderne nicht zu meistern sind.

Die liberale Demokratie wird zweitens nicht nur durch den demokratischen Absolutismus gefährdet, der alles der Herrschaft der gerade herrschenden Mehrheit unterwerfen will. Nicht minder zerstörerisch ist ein Egalitarismus, der sich nicht damit begnügt, die rechtliche Gleichheit aller Menschen zu lehren, sondern darüber hinaus auch eine faktische Gleichheit annimmt. Daß das letztere nicht stimmt, weiß jeder, der ehrlich ist – die Begabungen und das Verantwortungsgefühl der Menschen sind ungleich verteilt (auch die Begabung, durch die Verbreitung von Falschaussagen die eigene Position zu verbessern). Wer dies leugnet, bestreitet unweigerlich die Notwendigkeit, in einer Demokratie ernsthaft nach den qualifiziertesten Kräften zu suchen. Damit wird jede Meritokratie zerstört. Denn dort, wo ein System differenzierender Bewertung aufgegeben worden ist, erfolgen Stellenbesetzungen unweigerlich nach Sympathie und Eigennutz. Gerade eine dem Universalismus verpflichtete Ethik bedarf des Sinns für Unterschiede zwischen Menschen, aber auch zwischen Kulturen; denn paradoxerweise sind nicht alle Menschen und Kulturen gleichermaßen für den Universalismus begabt. Dieser ist eine sehr voraussetzungsreiche, keine natürliche Position; natürlich ist es vielmehr, den anderen zu übervorteilen und seiner Rechte zu berauben. Es gibt eine Karikatur des Universalismus, die sich zwar mit ihm verwechselt, ihn aber in Wahrheit über kurz oder lang zerstört: Unfähig zur Differenzierung, ja, zur Abweisung dort, wo diese erforderlich ist, erklärt sie alles für gleichwertig; weder beim Aufstieg in politische Ämter noch bei der Aufnahme von Migranten dürfe es Hinderungsgründe geben; und selbst der Gedanke an Landesverteidigung sei unziemlich, da er anderen zu Unrecht aggressive Absichten unterstelle. Dieser kindische Universalismus hat sicher den antiuniversalistischen Aufstand der letzten Jahre mitprovoziert, und der vernünftige Universalismus hat ein vitales Interesse daran, daß man ihn nicht mit seinem infantilen Halbbruder verwechsle.

Die liberale Demokratie muß sich gegen innere wie gegen äußere Gefahren wappnen. Vermutlich wird man zuerst auf wirklich katastrophale Konsequenzen der Wahl inkompetenter Führungspersönlichkeiten warten müssen, bevor der Aufstieg in höhere Ämter an bestimmte Qualifikationen intellektueller und moralischer Art geknüpft werden wird. Dagegen müssen jetzt schon alle finanziellen Abhängigkeiten von Abgeordneten dem Publikum offengelegt werden, der Spendenfluß aus der Wirtschaft in die Politik begrenzt und die Regeln für die Disqualifizierung bei Entscheidungen im Fall deutlicher Interessenkonflikte verschärft werden. Auch gesetzliche Begrenzungen der Hetze im Internet und der Manipulation von Wahlen durch Trolle zumal aus dem Ausland sollten bald erfolgen, denn die Meinungsfreiheit darf nicht dazu benutzt werden, jenes politische System zu untergraben, das sie allein aufrechterhalten kann, also die liberale Demokratie. Was auf jeden Fall klar ist, ist drittens, daß das allgemeine Wahlrecht Hand in Hand gehen muß mit einer Verhinderung des weiteren Wachstums des Nährbodens für Demagogen. Wenn durch den Rückgang öffentlicher Ausgaben die Bildungsunterschiede in der Gesellschaft sich noch mehr verschärfen, wird die Spaltung des politischen Systems in Manipulierte und Manipulatoren nahezu irreversibel werden. Wir haben gesehen, daß Globalisierung und Automatisierung beide zum Niedergang der Arbeiterklasse beigetragen haben. M. E. ist an der Globalisierung nicht zu rütteln, denn sie hat sich weltweit als segensreich erwiesen, indem sie die Ungleichheiten zwischen den Staaten, wenn auch nicht innerhalb dieser, insgesamt gemindert hat. Durch die Schaffung wechselseitiger Abhängigkeiten stärkt sie zudem den

Weltfrieden. Doch müssen die Globalisierungsverlierer Kompensationen erhalten, u. a. in Gestalt einer großzügigen Umschulung, und der Ausbau des Welthandels muß mit der Vertiefung supranationaler Institutionen Hand in Hand gehen. Dagegen gibt es keinen vergleichbaren moralischen Grund, auf immer mehr Automatisierung zu setzen. Sicher wird das Land, das dies tut, Wettbewerbsvorteile haben, aber dabei handelt es sich um unlauteren Wettbewerb, denn die sozialen Kosten der Arbeitslosigkeit werden von den Unternehmen auf die öffentliche Hand abgewälzt; und dagegen kann sich ein anderer Staat, der diese Externalisierung der Kosten nicht zuläßt, durchaus mit Zöllen wehren. Ohne eine klare Strategie darüber zu haben, wie mit der neu entstehenden Arbeitslosigkeit umzugehen sei, sollte man die Industrie 4.0 schwerlich vorantreiben.

Es ist noch zu früh, um die Schäden abzuschätzen, die die Wahl Trumps für die USA sowohl im Innen- als auch im Außenverhältnis langfristig bedeutet. Sollte er 2020 wiedergewählt werden, was leider nicht ausgeschlossen ist, dürfte die Rolle der USA als Führungsnation des Westens bis 2024 so massiv zusammengebrochen sein, daß selbst ein neuer Präsident mit noch mehr Talent als der hochbegabte Obama sie kaum mehr wiederherstellen können wird – zuviel Mißtrauen gegenüber dem homo americanus und der Staatsform der Demokratie wird sich bis dahin auf dem Planeten ausgebreitet haben. In einem solchen Vakuum ist es viertens außerordentlich wichtig, daß die Europäische Union einesteils ihre Abhängigkeit von den USA reduziert und anderenteils ihre Handlungsfähigkeit erhöht. Reduktion der Abhängigkeit bedeutet unweigerlich den Aufbau einer eigenen Verteidigungsfähigkeit. Angesichts des gegenwärtigen Sicherheitsumfelds, zumal der Bedrohung durch Rußland und der Unberechenbarkeit Trumps, gibt es dazu keine Alternative. Selbst der Nachfolger Trumps wird erwarten, daß sich die Europäer in viel höherem Maße selber schützen, als es jetzt der Fall ist, denn die USA werden sich im 21. Jahrhundert unweigerlich eher als pazifische denn als atlantische Nation verstehen. Das Land ist für seinen Geschäftssinn berühmt, und die Wachstumsmöglichkeiten sind in Ost- und Südostasien entschieden besser als in Europa. Neben einer Erhöhung des Verteidigungsbudgets ist eine Stärkung des Wehrwillens wichtig. Es versteht sich, daß dies alles zu dem Zwecke der Kriegsverhinderung geschehen muß. Aber ein Krieg mit einem Land, das nicht primär durch moralische Bedenken gezügelt wird, kann am ehesten durch glaubwürdige Abschreckung verhindert werden. Neben der Abschreckung durch Bestrafung (»deterrence by punishment«), also der Drohung mit Vergeltungsangriffen gegen den Aggressorstaat, gibt es die Abschreckung durch Versagung (»deterrence by denial«), die dem Aggressor wenig Hoffnung auf die Erreichung seiner Ziele läßt. Die zweite Form ist moralisch viel weniger problematisch, ja, die erste ist nur dann moralisch rechtfertigbar, wenn sie sich nicht gegen die Zivilbevölkerung, sondern gegen das richtet, was der Regierung des Aggressorstaats besonders wichtig ist. Diplomatisch ist ferner entschieden dahingehend zu arbeiten, daß für China Rußland nicht als natürlicher Bündnispartner erscheint.

Angesichts der nuklearen Bedrohung durch einen potentiellen Aggressor bedarf eine glaubwürdige Abschreckung selbst einer nuklearen Komponente. Glücklicherweise verbleibt auch nach dem Ausscheiden des Vereinigten Königreichs der EU mit Frankreich eine Nuklearmacht. Von Frankreich und Deutschland als dem wirtschaftlich stärksten Staat muß daher fünftens die Vertiefung der europäischen Einigung ausgehen – durchaus mit einem Bundesstaat als langfristigem, aber doch deutlich erklärtem Ziel. Sofern die geschichtliche Erinnerung noch dahin reicht, mag das Reich Karls des Großen statt desjenigen Ottos des Großen – in der Zeit zwischen den beiden Herrschern erfolgte die Trennung Deutschlands und Frankreichs – als Inspirationsquelle dienen. Da es völlig ausgeschlossen ist, daß sich die 27 Mitgliedstaaten der EU synchron auf eine Vertiefung einigen werden, müssen Frankreich und Deutschland zumal in der Haushalts-, Migrations- und Verteidigungspolitik vorangehen, freilich ohne jene EU-Staaten auszuschließen, die später mitmachen wollen. Aber die Sorge dieser, bei dem Entscheidungsprozeß zunächst einmal abgehängt zu werden, darf nicht zu einer Lähmung eines Einigungsprozesses im kleineren Kreise führen; denn die Furcht, daß die EU, wenn sie sich auf ein »Weiter so« beschränkt, auseinanderfallen wird, ist viel gewichtiger als jene Sorge. Am ehesten werden sich gegen eine deutsch-französische Allianz die mittelgroßen EU-Staaten wehren, zumal Polen. Aber gerade Polen hat durch seine flagrante Verletzung der Grundwerte der EU jedes moralische Recht verwirkt, einen solchen Schritt zu verhindern. Im Gegenteil, ein engerer Kreis innerhalb der EU mag ein Signal an die anfangs nicht Beteiligten sein, daß sie sich an europäische Standards anpassen müssen und nicht das Recht haben, sie ungestraft zu subvertieren, sofern nur zwei Staaten das Gleiche tun. Ein solcher Schritt ist zudem mit EU-Recht kompatibel, und er ist der einzige realistische Weg, der europäischen Form des Westens eine vernehmbare Stimme auf der Bühne der Weltpolitik zu geben. Mit Macron besteht eine wirkliche Chance zu einem qualitativen Sprung in der Natur der EU, und es ist nicht wahrscheinlich, daß eine solche Chance in absehbarer Zukunft wiederkehren wird. Dieses Zeitfenster wird sich bald schließen, ja, hat sich vielleicht nach den massiven innenpolitischen Protesten gegen Macron durch die »Gelbwesten« schon geschlossen, und dann kann es lange dunkel werden – für den Westen, aber damit für die ganze Welt.

Denn sosehr es Pflicht jedes Universalisten ist zu wünschen, die Segnungen der Moderne möchten allen Menschen zuteil werden, sosehr darf er durchaus die These vertreten, was dem Projekt der Moderne seine letzte Legitimation gebe, sei die Idee der Menschenrechte. Und diese hat so tiefe Wurzeln in der westlichen Kultur, daß mit dem Ende des Abendlandes der ganzen Welt etwas Entscheidendes und vielleicht Unersetzliches fehlen würde. Die gemeinsamen geistig-moralischen Grundlagen, deren eine globalisierte Welt bedarf, werden sich aus den intellektuellen Ressourcen aller Weltkulturen speisen müssen. Aber da die westliche Kultur diejenige ist, die erstmals das Projekt einer umfassenden Erschließung der geistigen Schätze anderer Kulturen entworfen hat, kann sie bei der Suche nach dem gemeinsamen moralischen Fundament vielleicht besonders hilfreich sein. Wie auch immer ihre Stellung am Ende dieses 21. Jahrhunderts sein wird: Das Projekt der Moderne wird für die Menschheit nur dann segensreich enden, wenn es gelingt, einen weltweiten Wertkonsens zu erzielen, der die verschiedenen Kulturen zu einen vermag. Ansonsten wird die gegenwärtige Kombination von Selbstzerstörung der westlichen Demokratien, Aufstieg Chinas und zunehmendem Revanchestreben Rußlands sich als in hohem Maße explosiv erweisen, bis hin zu einem Nuklearkrieg, um von der unerbittlich weiterschreitenden Umweltzerstörung zu schweigen, die das Konfliktpotential auf dem Planeten weiter erhöhen wird. Angesichts der globalen Verflechtung der einzelnen Kulturen mag es zudem der Fall sein, daß die Epoche des Kulturverfalls des Westens nicht mehr durch andere aufsteigende Kulturen ausgeglichen werden kann. Das Ideal des geschichtlichen Fortschritts würde sich dann als Traumblase einer relativ kurzen Epoche der Menschheitsgeschichte erweisen. Gegen derartige naheliegende Sorgen hilft nur das Beharren auf der normativen Fortschrittsthese – man *soll* für den Fortschritt der Menschheit arbeiten, auch wenn man nicht wissen, sondern nur hoffen kann, daß er sich trotz aller Krisen und Verfallsprozesse auf teilweise unvorhersehbaren Wegen durchsetzen wird. Und man steigert die Wahrscheinlichkeit, daß das Vernünftige sich durchsetzen wird, wenn man Gefahren schonungslos analysiert. Pessimismus ist beim Denken nur deswegen Pflicht, weil man dadurch die Chancen erhöht, beim Handeln verantwortlicher Optimist zu bleiben. Das goldene Vierteljahrhundert ist vorbei – nur wer dies anerkennt, hat eine Chance, goldenen Jahrhunderten einer entfernten Zukunft vorzuarbeiten.

Anhang
Anmerkungen

[1] S. 21 Vgl. den Aufsatz von Branko Milanovic für die Weltbank http://documents.worldbank.org/curated/en/389721468330911675/Global-inequality-and-the-global-inequality-extraction-ratio-the-story-of-the-past-two-centuries.
[2] S. 22 Siehe den Bericht der Food and Agriculture Organization der Vereinten Nationen von 2018: http://www.fao.org/state-of-food-security-nutrition/en/.
[3] S. 28 Siehe dazu die vorzügliche Studie von Knut Borchardt: Globalisierung in historischer Perspektive, München 2001.
[4] S. 29 http://www.bpb.de/nachschlagen/zahlen-und-fakten/globalisierung/52506/zoelle.
[5] S. 30 Den Terminus hat Samuel Huntington geprägt (The Third Wave: Democratization in the Late Twentieth Century, Norman, OK 1991). In Anspielung darauf wird das, was sich derzeit abzeichnet, als dritte Autokratisierungswelle bezeichnet. Siehe den Aufsatz von Anna Lührmann / Staffan I. Lindberg https://doi.org/10.1080/13510347.2019.1582029.
[6] S. 31 Frankfurt 2011 (engl. Original: The Better Angels of Our Nature. Why Violence Has Declined, New York 2011).
[7] S. 32 Frankfurt 2018 (engl. Original: Enlightenment Now: The Case for Reason, Science, Humanism, and Progress, New York 2018). Ein ähnlich positives Bild der jüngeren Entwicklung aufgrund von Statistiken bietet Hans Rosling (mit Anna Rosling Rönnlund und Ola Rosling), Factfulness, Berlin 2018.
[8] S. 32 Vgl. etwa Thomas W. Teasdale / David R. Owen, Secular declines in cognitive test scores: A reversal of the Flynn Effect, in: *Intelligence*.36/2 (2008), 121–126.
[9] S. 34 http://news.abs-cbn.com/halalan2016/nation/04/28/16/duterte-vows-to-pardon-himself-for-murder.
[10] S. 34 Immanuel Kant, Werke, Bd. 6: Die Religion innerhalb der Grenzen der bloßen Vernunft. Die Metaphysik der Sitten, Berlin 1968, 336.
[11] S. 35 Vgl. Heinrich August Winkler, Zerbricht der Westen? Über die gegenwärtige Krise in Europa und Amerika, München 2017, 139.
[12] S. 36 https://www.reuters.com/article/us-turkey-security-judges-arrest-idUSKCN1002HW.

Anmerkungen

[13] S. 37 Gábor Halmai, The Early Retirement Age of the Hungarian Judges, in: EU Law Stories: Contextual and Critical Histories of European Jurisprudence, hg. von Fernanda Nicola und Bill Davies, Cambridge 2017, 471–488.
[14] S. 37 https://budapestbeacon.com/full-text-of-viktor-orbans-speech-at-baile-tusnad-tusnadfurdo-of-26-july-2014/.
[15] S. 38 Im folgenden entnehme ich die meisten Informationen dem wikipedia-Artikel https://de.wikipedia.org/wiki/Polnische_Verfassungskrise_und_Justizreformen_(seit_2015)#Richterwahl_durch_die_8._Gesetzgebungsperiode. Dort sind die Quellen angegeben, die mir aber meist nicht direkt zugänglich sind, da ich des Polnischen leider nicht mächtig bin.
[16] S. 40 Siehe Artikel 354 des Vertrags über die Arbeitsweise der Europäischen Union.
[17] S. 45 https://www.bbc.co.uk/news/uk-politics-36754376.
[18] S. 47 Vgl. den Aufsatz von Rafal Kierzenkowski u. a. für die Organisation für wirtschaftliche Zusammenarbeit und Entwicklung https://www.oecd-ilibrary.org/economics/the-economic-consequences-of-brexit_5jm0lsvdkf6k-en.
[19] S. 51 https://www.theguardian.com/us-news/2018/jul/08/nato-atlantic-alliance-survive-trump-analysis.
[20] S. 51 https://www.theguardian.com/us-news/2018/jul/19/very-aggressive-trump-suggests-montenegro-could-cause-world-war-three.
[21] S. 52 https://www.washingtonpost.com/opinions/global-opinions/trump-is-trying-to-destabilize-the-european-union/2018/06/28/729cb066-7b10-11e8-aeee-4d04c8ac6158_story.html?utm_term=.2e04697d70ad.
[22] S. 54 https://www.theguardian.com/us-news/2015/jul/18/donald-trump-john-mccain-vietnam-iowa-republicans.
[23] S. 54 https://abcnews.go.com/Politics/donald-trump-jokes-shoot-losing-support/story?id=36474145.
[24] S. 54 https://www.nytimes.com/2018/07/13/us/politics/trump-russia-clinton-emails.html.
[25] S. 55 https://www.thestar.com/news/world/analysis/2017/12/22/donald-trump-has-spent-a-year-lying-shamelessly-it-hasnt-worked.html.
[26] S. 57 Vgl. die Liste von Merkmalen im Diagnostic and Statistical Manual of Mental Disorders IV bzw. 5.
[27] S. 57 https://www.washingtonpost.com/politics/trump-calls-for-defense-sequester-to-end/2016/09/07/7dda8548-7513-11e6-be4f-3f42f2e5a49e_story.html.
[28] S. 57 https://www.politico.com/story/2017/05/24/trump-rodrigo-duterte-call-transcript-238758.
[29] S. 58 https://www.washingtonpost.com/news/worldviews/wp/2018/03/04/in-a-jokey-speech-trump-praised-chinas-xi-for-ditching-term-limits-saying-maybe-well-give-that-a-shot-some-day/?utm_term=.3f4d1e234328.

30 S. 58 https://www.cnn.com/2018/06/04/politics/donald-trump-pardon-tweet/index.html. Vgl. auch https://www.theguardian.com/us-news/2018/jun/04/is-trump-correct-that-he-can-pardon-himself-experts-weigh-in.
31 S. 60 http://www.afsa.org/list-ambassadorial-appointments. Siehe auch das Buch von Ronan Farrow, War on Peace. The End of Diplomacy and the Decline of American Influence, New York 2018.
32 S. 62 https://www.cnn.com/videos/politics/2017/04/12/trump-xi-syria-iraq-misspeak-fox-intv-orig-vstop-aa.cnn.
33 S. 66 http://www.gunpolicy.org/firearms/region/united-states.
34 S. 66 https://foreignpolicy.com/2017/03/10/will-we-have-a-civil-war-a-sf-officer-turned-diplomat-estimates-chances-at-60-percent/.
35 S. 66 https://www.newyorker.com/news/news-desk/is-america-headed-for-a-new-kind-of-civil-war.
36 S. 66 https://www.independent.co.uk/news/world/americas/us-politics/trump-voter-fraud-commission-matthew-dunalp-maine-kris-kobach-mike-pence-trump-voter-fraud-a8477716.html.
37 S. 67 https://news.gallup.com/poll/1597/confidence-institutions.aspx.
38 S. 72 https://michaelmoore.com/trumpwillwin/.
39 S. 75 http://www.nber.org/chapters/c1567.pdf.
40 S. 75 https://www.epi.org/productivity-pay-gap/.
41 S. 76 https://www8.gsb.columbia.edu/faculty/jstiglitz/sites/jstiglitz/files/Inequality%20and%20Economic%20Growth.pdf. Die folgenden Daten stammen aus diesem Text.
42 S. 76 Siehe dazu Noam Chomsky, Requiem for the American Dream: The Principles of Concentrated Wealth and Power, hg. von Peter Hutchinson, Kelly Nyks und Jared P. Scott, New York 2017.
43 S. 76 Vgl. Miles Corack, Inequality from Generation to Generation: The United States in Comparison, in: The Economics of Inequality, Poverty, and Discrimination in the 21st Century, ed. by Robert S. Rycroft, 107–125, 109 ff.
44 S. 76 https://www.oecd.org/els/soc/49499779.pdf.
45 S. 76 https://www.bloomberg.com/news/articles/2018-05-23/with-death-rate-up-us-life-expectancy-is-likely-down-again.
46 S. 77 https://stats.oecd.org/Index.aspx?DataSetCode=TUD#.
47 S. 77 https://nces.ed.gov/programs/coe/indicator_cma.asp.
48 S. 77 http://www.nber.org/papers/w20847.
49 S. 78 Vgl. die vorzüglichen Analysen bei Jeffrey D. Sachs, A New Foregn Policy. Beyond American Exceptionalism, New York 2018, 131 ff.
50 S. 79 https://www.oxfordmartin.ox.ac.uk/downloads/academic/The_Future_of_Employment.pdf.
51 S. 81 https://www.cnn.com/2016/05/01/politics/donald-trump-china-rape/index.html.
52 S. 81 Zürcher Ausgabe. Werke in zehn Bänden, Zürich 1977, Bd. 8, 394.

Anmerkungen

⁵³ S. 83 Berlin 2012 (engl. Original: The End of Men and the Rise of Women, New York 2012). Der Artikel, aus dem sich das Buch entwickelte und dem ich die Zahlen entnehme, findet sich unter https://www.theatlantic.com/magazine/archive/2010/07/the-end-of-men/308135/.
⁵⁴ S. 83 http://www.apa.org/news/press/releases/2014/04/girls-grades.aspx.
⁵⁵ S. 83 The War against Boys. How Misguided Feminism Is Harming Our Young Men, New York 2000.
⁵⁶ S. 84 Wer an den Kompensationsstrategien verunsicherter, aber immerhin alphabetisierter Machos interessiert ist, sei auf die sogenannte »Androsphere« oder »Manosphere« des Internets verwiesen.
⁵⁷ S. 84 http://newlaborforum.cuny.edu/2018/01/18/why-did-a-majority-of-white-women-vote-for-trump/; http://www.pewresearch.org/fact-tank/2016/11/09/behind-trumps-victory-divisions-by-race-gender-education/.
⁵⁸ S. 84 https://www.sueddeutsche.de/politik/politiker-in-der-fettnaepfchen-falle-einfach-mal-die-klappe-halten-1.1472069-9.
⁵⁹ S. 85 https://www.cnn.com/2016/03/03/politics/donald-trump-small-hands-marco-rubio/index.html.
⁶⁰ S. 85 Eine reiche Auswahl findet man unter https://www.cafepress.com/+anti-hillary-clinton+buttons.
⁶¹ S. 86 LGBT steht für lesbian, gay, bisexuell, transgender.
⁶² S. 87 New York 2017.
⁶³ S. 88 https://www.cnbc.com/2016/06/06/hillary-clinton-wore-an-armani-jacket-during-a-speech-about-inequality.html.
⁶⁴ S. 89 http://www.pewresearch.org/fact-tank/2016/11/09/how-the-faithful-voted-a-preliminary-2016-analysis/.
⁶⁵ S. 89 http://ericmetaxas.com/media/articles/eric-metaxas-bonhoeffer-brexit-backing-trump.
⁶⁶ S. 89 https://www.vox.com/identities/2018/4/20/17261726/poll-prri-white-evangelical-support-for-trump-is-at-an-all-time-high.
⁶⁷ S. 89 https://www.onenewsnow.com/politics-govt/2018/05/04/franklin-graham-god-put-trump-in-office.
⁶⁸ S. 89 https://www.bloomberg.com/politics/graphics/2016-presidential-campaign-fundraising/. Zur Fragwürdigkeit einiger ihrer Finanzquellen siehe https://www.washingtonpost.com/news/powerpost/wp/2017/12/27/whats-behind-the-claim-that-hillary-clinton-got-84-million-in-illegal-contributions/?utm_term=.cbadba852494.
⁶⁹ S. 91 https://splinternews.com/trump-tells-his-supporters-deplorables-are-so-hot-righ-1826549017.
⁷⁰ S. 91 https://www.usatoday.com/story/news/politics/onpolitics/2016/02/24/donald-trump-nevada-poorly-educated/80860078/.
⁷¹ S. 91 Als wär's ein Stück von mir. Horen der Freundschaft, Frankfurt 2013, 30.

[72] S. 91 https://www.theguardian.com/us-news/2016/jan/25/donald-trump-economic-pitch-to-iowa-is-simple-the-blessing-of-his-midas-touch.
[73] S. 92 What's the Matter with Kansas? How Conservatives Won the Heart of America, New York 2004.
[74] S. 92 https://www.npr.org/2017/08/24/545812242/1-in-10-sanders-primary-voters-ended-up-supporting-trump-survey-finds.
[75] S. 97 Vgl. Hans Joas, Die Sakralität der Person. Eine neue Genealogie der Menschenrechte, Berlin 2011.
[76] S. 100 https://www.corriere.it/Primo_Piano/Politica/2003/09_Settembre/04/berlusconi.shtml.
[77] S. 102 https://priceonomics.com/the-rate-of-return-to-lobbying/.
[78] S. 102 Towards a Political Theory of the Firm, in: Journal of Economic Perspectives 31 (2017), 113–130, 124 f.
[79] S. 103 https://www.bloomberg.com/view/articles/2018-07-18/trump-s-tax-cut-hasn-t-done-anything-for-workers.
[80] S. 104 https://apnews.com/678cf65e53c1406482284f1fef2a0f8f.
[81] S. 106 Es ist nicht Aufgabe dieses Buches, das zu zeigen. Nähere Argumente finden sich in dem von Fernando Suarez Müller und mir herausgegebenen Sammelband »Idealismus heute«, Darmstadt 2015.
[82] S. 108 Er mag früher freikommen, denn Trump erwägt Blagojevichs Begnadigung – ob aus überparteilichem Staatssinn oder aus Sympathie für das Verbrechen, dessen er überführt wurde, sei dahingestellt. Vgl. http://thehill.com/homenews/state-watch/391741-illinois-republican-delegation-asks-trump-not-to-pardon-blagojevich.
[83] S. 108 https://www.rollingstone.com/tv/tv-news/watch-sacha-baron-cohen-get-georgia-state-rep-to-shout-racial-slur-drop-pants-702442/; https://www.chortle.co.uk/video/2018/07/16/40483/guns_for_kids.
[84] S. 109 https://www.axios.com/war-of-words-trump-vs-former-intelligence-officials-james-comey-john-brennan-95ea2b7c-0a1c-4112-8b18-0e9f92e6d048.html.
[85] S. 111 https://www.independent.co.uk/arts-entertainment/music/news/kanye-west-us-president-run-bid-2024-twitter-campaign-latest-a8321106.html.
[86] S. 113 https://www.usnews.com/opinion/articles/2008/11/19/barack-obama-and-the-facebook-election.
[87] S. 114 Siehe das Working Paper no. 2017.12 der University of Oxford: Samantha Bradshaw und Philip N. Howard, Troops, Trolls, and Troublemakers: A Global Inventory of Organized Social Media Manipulation (http://comprop.oii.ox.ac.uk/wp-content/uploads/sites/89/2017/07/Troops-Trolls-and-Troublemakers.pdf).
[88] S. 114 https://thediplomat.com/2017/11/beware-dutertes-troll-army-in-the-philippines/.

Anmerkungen

[89] S. 114 https://www.foreign.senate.gov/imo/media/doc/FinalRR.pdf. Siehe auch das wichtige Buch von Timothy Snyder, Der Weg in die Unfreiheit, München 2018 (englisches Original: The Road to Unfreedom, New York 2018).
[90] S. 114 https://www.zeit.de/politik/2017-02/fake-news-emanuel-macron-russia-history.
[91] S. 115 Wir amüsieren uns zu Tode. Urteilsbildung im Zeitalter der Unterhaltungsindustrie, Frankfurt 1988 (englisches Original: Amusing Ourselves to Death. Public Discourse in the Age of Show Business, New York 1985).
[92] S. 115 New York 1964, 9. Die deutsche Übersetzung hat den Titel: Die magischen Kanäle, Düsseldorf 1968.
[93] S. 116 https://www.nytimes.com/2018/03/20/technology/facebook-cambridge-behavior-model.html.
[94] S. 119 Digitale Gefolgschaft, München 2019, 39 f.
[95] S. 121 http://nymag.com/daily/intelligencer/2016/04/america-tyranny-donald-trump.html.
[96] S. 121 577a ff. der kanonischen Stephanus-Paginierung.
[97] S. 125 Giovanni Battista Vico, Prinzipien einer neuen Wissenschaft über die gemeinsame Natur der Völker, 2 Bde., Hamburg 1990, 604 f. In der Zählung der kanonischen Ausgabe Fausto Nicolinis handelt es sich um Absatz 1106.
[98] S. 126 Auf dem Weg ins Imperium. Die Krise der Europäischen Union und der Untergang der römischen Republik, Berlin 2014.
[99] S. 126 Spengler nach dem Untergang, in: Theodor W. Adorno, Gesammelte Schriften, Bd. 10.1: Kultur und Gesellschaft I: Prismen. Ohne Leitbild, Frankfurt 1977, 47–71, 48.
[100] S. 127 Der Untergang des Abendlandes. Umrisse einer Morphologie der Weltgeschichte, Bd. 2: Welthistorische Perspektiven, München 1922, 568.
[101] S. 130 Die Skizze einer Hegels Ansatz weiterführenden Geschichtsphilosophie des Fortschritts findet sich in Kapitel 6.2. meines Buches »Moral und Politik«, München 1997, 671–743.
[102] S. 133 Johann Peter Eckermann, Gespräche mit Goethe in den letzten Jahren seines Lebens 1823–1832, 2 Bde., Leipzig o. J., I 177 (vom 29. Januar 1826). Eine spezifische Zyklentheorie für die Philosophiegeschichte habe ich in: Wahrheit und Geschichte. Studien zur Struktur der Philosophiegeschichte unter paradigmatischer Analyse der Entwicklung von Parmenides bis Platon, Stuttgart-Bad Cannstatt 1984 vorgelegt.
[103] S. 135 Als wär's ein Stück von mir. Horen der Freundschaft, Frankfurt 2013, 529.
[104] S. 136 5.85–116.
[105] S. 138 Der folgende Vergleich zwischen USA und EU ist eine stark verkürzte Fassung meiner Überlegungen in: The European Union and the

USA: Two contemporary versions of Western »empires«?, in: Symposium. Canadian Journal of Continental Philosophy 14/1 (2010), 22–51.

[106] S. 139 Zu den subtilsten Kritikern des amerikanischen Selbstverständnisses, seines oft infantilen Fortschrittsglaubens und Optimismus gehört Morris Berman. Siehe sein Buch: Why America Failed, Hoboken, NJ 2012. Patrick Deneen, Why Liberalism Failed, New Haven 2018, geht in eine ähnliche Richtung, unterschätzt aber ebenfalls die Unverzichtbarkeit der Prinzipien des liberalen Rechtsstaates, der ergänzt, nicht abgeschafft gehört, und die moralischen Gründe hinter der Globalisierung.

[107] S. 139 Ein Klassiker zu den Gründen, warum es in den USA kaum sozialistische Ideen gegeben hat, bleibt Louis Hartz, The Liberal Tradition in America, New York 1955.

[108] S. 144 https://www.sipri.org/sites/default/files/3_Data%20for%20all%20countries%20from%201988%E2%80%932017%20as%20a%20share%20of%20GDP.pdf.

[109] S. 146 Winkler, op. cit., 221.

[110] S. 150 https://ec.europa.eu/commission/sites/beta-political/files/weissbuch_zur_zukunft_europas_de.pdf.

[111] S. 155 Zum folgenden siehe meinen Aufsatz »Principles of morals, natural law, and politics in dealing with refugees«, in: Towards a Participatory Society: New Roads to Social and Cultural Integration, hg. von P. Donati, Vatican City 2018, 260–286, der zumal die moralischen und die komplexen juristischen Probleme viel detaillierter behandelt, als es in diesem Essay möglich ist.

[112] S. 161 Siehe https://www.project-syndicate.org/commentary/global-education-fund-replenishment-broken-promises-by-jeffrey-d-sachs-2018-01.

[113] S. 162 http://report.educationcommission.org/wp-content/uploads/2016/09/Learning_Generation_Full_Report.pdf.

[114] S. 165 Vgl. die Zahlen des Bundesamtes für Migration und Flüchtlinge http://www.bamf.de/SharedDocs/Anlagen/DE/Downloads/Infothek/Statistik/Asyl/aktuelle-zahlen-zu-asyl-juli-2018.pdf?__blob=publicationFile.

[115] S. 165 Siehe zum folgenden den klugen Bericht von Adrienne Millbank von 2000/01 für das australische Parlament: https://www.aph.gov.au/About_Parliament/Parliamentary_Departments/Parliamentary_Library/pubs/rp/rp0001/01RP05.

[116] S. 165 http://www.unhcr.org/globaltrends2017/.

[117] S. 167 https://www.zeit.de/politik/ausland/2013-10/EU-Asyl-Migration/komplettansicht.

[118] S. 168 https://www.reuters.com/article/us-germany-wikileaks-idUSTRE6AR3EC20101129.

[119] S. 168 So die Schätzung des klugen und integren Bundesentwicklungshilfeministers Gerd Müller (https://www.nzz.ch/meinung/kommentare/die-fluechtlingskosten-sind-ein-deutsches-tabuthema-ld.1316333).
[120] S. 170 Aischylos, Schutzflehende, V. 397 ff.; Euripides, Schutzflehende, V. 349 ff., 403 ff.
[121] S. 170 https://www.tagesschau.de/inland/umverteilung-fluechtlinge-103.html.
[122] S. 171 https://www.welt.de/politik/ausland/article168638394/Wenn-Ungarn-nicht-spurt-kann-die-EU-zwangsvollstrecken.html.
[123] S. 172 Es versteht sich, daß Rußland Drohungen ausgestoßen hat für den Fall, daß Schweden oder Finnland der NATO beitreten sollten: https://www.libera.fi/blogs/russias-escalation-of-hostile-actions-against-sweden-and-finland/?lang=en.
[124] S. 174 https://www.pwc.com/gx/en/issues/economy/the-world-in-2050.html.
[125] S. 175 Boston/New York 2017. Eine Kurzfassung des Buchs erschien schon 2015 in »The Atlantic«: https://www.theatlantic.com/international/archive/2015/09/united-states-china-war-thucydides-trap/406756/.
[126] S. 176 http://www.chinadaily.com.cn/world/2015xivisitus/2015-09/26/content_21990302.htm.
[127] S. 176 Vgl. den Artikel von Cheng Li, dem ich viele Informationen verdanke: https://www.brookings.edu/opinions/assessing-u-s-china-relations-under-the-obama-administration/.
[128] S. 176 https://de.statista.com/statistik/daten/studie/14560/umfrage/wachstum-des-bruttoinlandsprodukts-in-china/.
[129] S. 176 https://en.wikipedia.org/wiki/List_of_countries_by_GDP_(PPP)_per_capita#cite_note-IMF_2017-4.
[130] S. 176 http://www.faz.net/aktuell/wirtschaft/exportweltmeister-china-ist-jetzt-die-groesste-handelsnation-der-welt-12745612.html.
[131] S. 176 https://yearbook.enerdata.net/total-energy/world-consumption-statistics.html.
[132] S. 176 https://www.dw.com/de/erneuerbare-energien-china-%C3%BCbernimmt-europas-vorreitterrolle/a-42291799.
[133] S. 177 https://www.nature.com/articles/d41586-018-00927-4.
[134] S. 177 https://www.cgdev.org/sites/default/files/examining-debt-implications-belt-and-road-initiative-policy-perspective.pdf. Zu Montenegro siehe https://www.reuters.com/article/us-china-silkroad-europe-montenegro-insi/chinese-highway-to-nowhere-haunts-montenegro-idUSKBN1K60QX.
[135] S. 178 Sie wird gut dargestellt von einem ihrer Architekten, Kurt Campbell: The Future of American Statecraft in Asia, New York 2016. Eine Kritik der Pivot-Politik findet sich etwa in folgendem Artikel von John Ford:

https://thediplomat.com/2017/01/the-pivot-to-asia-was-obamas-biggest-mistake/.

[136] S. 178 https://thediplomat.com/2015/10/china-and-the-trans-pacific-partnership/. Zu den Fehlern im Umgang mit China siehe https://foreignpolicy.com/2015/05/15/china-liked-trans-pacific-partnership-until-us-officials-opened-their-mouths-trade-agreement-rhetoric-fail/.

[137] S. 178 https://www.cia.gov/library/publications/resources/the-world-factbook/rankorder/2102rank.html#ch.

[138] S. 178 https://www.cfr.org/backgrounder/chinas-environmental-crisis.

[139] S. 178 https://www.migrationpolicy.org/research/emigration-trends-and-policies-china-movement-wealthy-and-highly-skilled.

[140] S. 180 https://www.sueddeutsche.de/kultur/china-vs-usa-ueberall-nur-lug-und-trug-1.3233752.

[141] S. 181 https://obamawhitehouse.archives.gov/blog/2014/11/12/us-and-china-just-announced-important-new-actions-reduce-carbon-pollution.

[142] S. 182 https://www.theguardian.com/news/2017/nov/15/how-trump-walked-into-putins-web-luke.

[143] S. 182 https://twitter.com/johnbrennan/status/1018885971104985093?lang=de.

[144] S. 183 https://www.nbcnews.com/news/us-news/mueller-probing-possible-deal-between-turks-flynn-during-presidential-transition-n819616.

[145] S. 183 Sallust, Der Krieg mit Jugurtha, 35.10.

[146] S. 183 https://www.washingtonpost.com/world/national-security/obama-dismisses-russia-as-regional-power-acting-out-of-weakness/2014/03/25/1e5a678e-b439-11e3-b899-20667de76985_story.html?utm_term=.def49cd4b8e2.

[147] S. 184 https://www.brookings.edu/blog/up-front/2015/04/02/the-russian-economy-in-2050-heading-for-labor-based-stagnation/.

[148] S. 185 https://www.nzz.ch/wirtschaft/die-umgehung-der-ukraine-ist-ein-geopolitischer-schachzug-putins-ld.1414409.

[149] S. 185 Basel 2017.

[150] S. 185 https://www.sipri.org/sites/default/files/2018-05/sipri_fs_1805_milex_2017.pdf.

[151] S. 186 Vgl. den Augenzeugenbericht von Jeffrey Sachs, op. cit., 69 ff.

[152] S. 187 https://www.bbc.com/news/magazine-32066222.

[153] S. 187 https://www.reuters.com/article/us-netherlands-russia/dutch-foreign-minister-quits-after-lying-about-putin-meeting-idUSKBN1FX1FG.

[154] S. 187 http://en.kremlin.ru/events/president/transcripts/22931.

[155] S. 187 https://www.washingtonpost.com/news/worldviews/wp/2018/03/03/putin-says-he-wishes-he-could-change-the-collapse-of-the-soviet-union-many-russians-agree/?utm_term=.d8468aab1c21.

[156] S. 187 http://www.interfax.ru/russia/490856.

Anmerkungen

[157] S. 187 https://www.newsweek.com/2017/07/21/why-russia-still-loves-stalin-633086.html.

[158] S. 188 Siehe das sehr lehrreiche Gespräch zwischen Christian Neef und Dugin in: Der Spiegel, Nr. 29, 2014, S. 120–125. Dugin beruft sich auf die kulturrelativistischen Theorien des Panslawisten Nikolai Danilewski und Oswald Spenglers, um den Universalitätsanspruch des Liberalismus zurückzuweisen.

[159] S. 189 https://www.telegraph.co.uk/news/worldnews/europe/russia/10856197/Putin-attacks-Eurovision-drag-artist-Conchita-for-putting-her-lifestyle-up-for-show.html.

[160] S. 190 https://www.theguardian.com/world/2018/jun/18/kaliningrad-nuclear-bunker-russia-satellite-photos-report.

[161] S. 191 Vgl. Martin Malek, Kampf dem Terror? Russlands Militärintervention in Syrien, in: Osteuropa 65, 11–12 (2015), 3–21.

[162] S. 191 https://www.nytimes.com/2018/04/13/world/middleeast/un-syria-haley-chemical-weapons.html.

[163] S. 191 Treffend sagt dazu der bedeutende israelische Politikwissenschaftler Shlomo Avineri in einem Interview: »Europa hat keine Außen- und Sicherheitspolitik. Und Obama hat zwei schreckliche Fehler gemacht: Zuerst zog er eine rote Linie für den Fall, dass Assad Chemiewaffen einsetzt. Und als die Linie überschritten wurde, handelte er nicht. In Riad und Kairo entstand der Eindruck: Man kann sich auf Amerika nicht verlassen. Ägypten erhält nun Waffenlieferungen von Russland. Bei allem Verständnis für Obamas Rückzugspolitik nach den Bush-Katastrophen: Es gibt kein Vakuum: Ziehen die USA sich zurück, kommt ein anderer: Russland.« (https://diepresse.com/home/politik/aussenpolitik/4842973/Nahost_Diese-Staaten-brechen-zusammen).

[164] S. 192 https://www.washingtonpost.com/news/worldviews/wp/2018/02/23/what-we-know-about-the-shadowy-russian-mercenary-firm-behind-the-attack-on-u-s-troops-in-syria/?utm_term=.4b5c3885b8f1.

[165] S. 192 https://www.zeit.de/gesellschaft/zeitgeschehen/2018-04/maxim-borodin-investigativer-journalismus-todesfall-russland-pressefreiheit.

[166] S. 192 https://www.businessinsider.de/russland-bereitet-sich-auf-den-atomkrieg-vor-2016-10?IR=T.

[167] S. 192 https://www.sciencealert.com/us-to-sanctioning-companies-helping-russian-subs-lurk-near-undersea-comms-cables.

[168] S. 193 http://www.tagesschau.de/ausland/sapad-101.html; http://www.spiegel.de/politik/ausland/sapad-manoever-in-weissrussland-und-russland-das-grosse-knallen-a-1168557.html.

[169] S. 193 https://www.suedkurier.de/ueberregional/politik/Manoever-Russland-dementiert-Verbleib-von-Truppen-in-Weissrussland;art410924,9434665.

[170] S. 193 https://warsawinstitute.org/slavic-brotherhood-against-nato/.

[171] S. 193 https://jamestown.org/program/zapad-2017-a-test-for-the-west/.
[172] S. 194 Siehe zu der Gefahrensituation um die Suwalki-Lücke den ausgezeichneten Bericht des Centers for European Policy: https://www.cepa.org/securing-the-suwalki-corridor.
[173] S. 195 http://www.spiegel.de/politik/ausland/manoever-von-china-und-russland-kriegsschiffe-auf-dem-weg-in-die-ostsee-a-1158387.html.
[174] S. 195 https://www.cnn.com/2018/04/06/asia/russia-china-relations-us-intl/index.html.
[175] S. 195 https://www.handelsblatt.com/politik/international/neue-art-von-atomwaffen-was-die-us-nuklearstrategie-fuer-deutschland-bedeutet/20925262.html?ticket=ST-7474296-6pJSfY3BvIP4ndNgf5Oj-ap3.
[176] S. 195 Ich bin mir dessen bewußt, daß der bedeutende Politikwissenschaftler Kenneth Waltz in der Vermehrung von Atommächten eine Senkung des Kriegsrisikos sieht, weil sich dann kaum ein Angriff noch lohnen würde. Aber selbst wenn er damit recht hat, daß die Abschreckungswirkung zunähme, stiege das Risiko eines Atomkrieges aus Versehen und aufgrund unverantwortlicher oder gar wahnsinniger Politiker bedeutend. Siehe die Auseinandersetzung mit Sagan: Scott D. Sagan/Kenneth N. Waltz, The Spread of Nuclear Weapons. An Enduring Debate, New York ³2012.
[177] S. 195 My Journey at the Nuclear Brink, Stanford 2015.

Bibliographie (ohne online-Quellen und Zeitungsartikel)

Adorno, Theodor W.: Spengler nach dem Untergang, in: Theodor W. Adorno, Gesammelte Schriften, Bd. 10.1: Kultur und Gesellschaft I: Prismen. Ohne Leitbild, Frankfurt 1977, 47–71

Albright, Madeleine: Fascism. A Warning, New York 2018

Allison, Graham: Destined for War: Can America and China Escape Thucydides's Trap?, Boston/New York 2017

Berman, Morris: Why America Failed, Hoboken, NJ 2012

Borchardt, Knut: Globalisierung in historischer Perspektive, München 2001

Campbell, Kurt: The Future of American Statecraft in Asia, New York 2016

Chomsky, Noam: Requiem for the American Dream: The Principles of Concentrated Wealth and Power, hg. von Peter Hutchinson, Kelly Nyks und Jared P. Scott, New York 2017

Corack, Miles: Inequality from Generation to Generation: The United States in Comparison, in: The Economics of Inequality, Poverty, and Discrimination in the 21st Century, ed. by Robert S. Rycroft, 107–125

Deneen, Partick: Why Liberalism Failed, New Haven 2018

Eckermann, Johann Peter: Gespräche mit Goethe in den letzten Jahren seines Lebens 1823–1832, 2 Bde., Leipzig o.J.

Engels, David: Auf dem Weg ins Imperium. Die Krise der Europäischen Union und der Untergang der römischen Republik, Berlin 2014

Farrow, Ronan: War on Peace. The End of Diplomacy and the Decline of American Influence, New York 2018

Frank, Thomas: What's the Matter with Kansas? How Conservatives Won the Heart of America, New York 2004

Fukuyama, Francis: The End of History?, in: The National Interest 16 (Summer 1989), 3–18

Ders.: Das Ende der Geschichte, München 1992

Halmai, Gábor: The Early Retirement Age of the Hungarian Judges, in: EU Law Stories: Contextual and Critical Histories of European Jurisprudence, hg. von Fernanda Nicola und Bill Davies, Cambridge 2017, 471–488

Hartz, Louis: The Liberal Tradition in America, New York 1955

Hoff Sommers, Christina: The War against Boys. How Misguided Feminism Is Harming Our Young Men, New York 2000

Hösle, Vittorio: Wahrheit und Geschichte. Studien zur Struktur der Philosophiegeschichte unter paradigmatischer Analyse der Entwicklung von Parmenides bis Platon, Stuttgart-Bad Cannstatt 1984
Ders.: Philosophie der ökologischen Krise, München 1991
Ders.: Moral und Politik, München 1997
Ders.: The European Union and the USA: Two contemporary versions of Western »empires«?, in: Symposium. Canadian Journal of Continental Philosophy 14/1 (2010), 22–51
Ders.: Russland 1917–2017, Basel 2017
Ders.: Principles of morals, natural law, and politics in dealing with refugees, in: Towards a Participatory Society: New Roads to Social and Cultural Integration, hg. von P. Donati, Vatican City 2018, 260–286
Hösle, Vittorio /Suarez Müller, Fernando (Hg.): Idealismus heute, Darmstadt 2015
Huntington, Samuel: The Third Wave: Democratization in the Late Twentieth Century, Norman, OK 1991
Joas, Hans: Die Sakralität der Person. Eine neue Genealogie der Menschenrechte, Berlin 2011
Kant, Immanuel: Werke, Bd. 6: Die Religion innerhalb der Grenzen der bloßen Vernunft. Die Metaphysik der Sitten, Berlin 1968
Lilla, Mark: The Once and Future Liberal: After Identity Politics, New York 2017
Malek, Martin: Kampf dem Terror? Russlands Militärintervention in Syrien, in: Osteuropa 65, 11–12 (2015), 3–21
McLuhan, Marshall: Die magischen Kanäle, Düsseldorf 1968
Perry, William: My Journey at the Nuclear Brink, Stanford 2015
Pinker, Steven: Gewalt. Eine neue Geschichte der Menschheit, Frankfurt 2011
Ders.: Aufklärung jetzt, Frankfurt 2018
Postman, Neil: Wir amüsieren uns zu Tode. Urteilsbildung im Zeitalter der Unterhaltungsindustrie, Frankfurt 1988
Rosenstock-Huessy, Eugen: Die europäischen Revolutionen. Volkscharaktere und Staatenbildung, Jena 1931
Rosin, Hanna: Das Ende der Männer und der Aufstieg der Frauen, Berlin 2012
Rosling, Hans (mit Anna Rosling Rönnlund und Ola Rosling): Factfulness, Berlin 2018
Sachs, Jeffrey D.: A New Foreign Policy. Beyond American Exceptionalism, New York 2018
Scott D. Sagan/Kenneth N. Waltz: The Spread of Nuclear Weapons. An Enduring Debate, New York ^{3}2012
Schopenhauer, Arthur: Zürcher Ausgabe. Werke in zehn Bänden, Zürich 1977

Snyder, Timothy: Der Weg in die Unfreiheit, München 2018
Spengler, Oswald: Der Untergang des Abendlandes, 2 Bde., München 1918–1922
Thomas W. Teasdale/ David R. Owen, Secular declines in cognitive test scores: A reversal of the Flynn Effect, in: *Intelligence*.36/2 (2008), 121–126
Türcke, Christoph: Digitale Gefolgschaft, München 2019
Vico, Giovanni Battista: Prinzipien einer neuen Wissenschaft über die gemeinsame Natur der Völker, 2 Bde., Hamburg 1990
Winkler, Heinrich August: Zerbricht der Westen? Über die gegenwärtige Krise in Europa und Amerika, München 2017
Zingales, Luigi: Towards a Political Theory of the Firm, in: Journal of Economic Perspectives 31 (2017), 113–130
Zuckmayer, Carl: Als wär's ein Stück von mir. Horen der Freundschaft, Frankfurt 2013

Namensregister

Adams, John Quincy 88, 110
Adorno, Theodor W. 126–127
Aischylos 159, 170
Albright, Madelaine 16
Allison, Graham 175
Aristides 109–110
Aue, Walter 134
Avineri, Shlomo 216

Bacon, Francis 23
Bannon, Stephen 121
Bergsten, Fred 176
Berlusconi, Silvio 58, 100, 115
Berman, Morris 213
Bernay, Edward 104
Blagojevich, Milorad 108
Bolsonaro, Jair 93, 99, 135
Bonhoeffer, Dietrich 89
Borchardt, Knut 207
Borodin, Maxim 192
Bradshaw, Samantha 211
Brennan, John 109, 182
Brzezinski, Zbigniew 176
Bush, George W. 70, 88, 90, 216
Bush, Jeb 55, 88

Cain, Herman 94
Cameron, David 44–46, 48–49
Campbell, Kurt 214
Carter, Jimmy 176
Casaleggio, Gianroberto 113
Cheng Li 214

Chomsky, Noam 209
Christus 23
Churchill, Winston 49, 169
Clinton, Bill 69, 85, 87
Clinton, Hillary 54–55, 64, 73–74, 85, 87–90, 92–93, 117, 182
Cohen, Sacha Baron 108
Comey, James 59
Condcorcet, Nicolas 24
Conway, Kellyanne 57, 104
Corack, Miles 209
Corbyn, Jeremy 47–48
Cox, Jo 49
Cruz, Ted 55
Curiel, Gonzalo 53

Damon 115
Danilewski, Nikolai 216
Deneen, Patrick 213
Derrida, Jacques 132
Dollfuß, Engelbert 101
Duda, Andrzej 38
Dugin, Alexander 188, 216
Duterte, Rodrigo 34, 53–54, 57–58, 84–85, 99, 114, 135
Duverger, Maurice 68

Eckermann, Johann Peter 212
Elisabeth II. 57
Engels, David 126
Erdoğan, Recep Tayyip 35
Euripides 159, 170

221

Namensregister

Farage, Nigel 42, 52
Farrow, Ronan 209
Faymann, Werner 167
Fiorina, Carly 84
Flynn, Michael 183
Ford, John 214
Foucault, Michel 105
Frank, Thomas 92
Frey, Carl Benedikt 79
Fukuyama, Francis 19–20

Gabriel, Sigmar 167
Gaddafi, Muammar 186
Giscard d'Estaing, Valéry 150
Giuliani, Rudy 104
Goethe, Johann Wolfgang 133
Gorbatschow, Michail 20, 186, 190
Graham, Franklin 89
Graham, William 89
Gregor VII. 26
Grillo, Beppe 111
Gülen, Fethullah 35–36, 183

Haddad, Fernando 99
Halmai, Gábor 208
Hamon, Benoît 71
Harrison, Benjamin 88
Hartz, Louis 213
Hegel, Georg Wilhelm Friedrich 25–26, 71, 93, 130, 179, 212
Heidegger, Martin 131, 133
Hitler, Adolf 42, 81, 94, 100
Hoff Sommers, Christina 83
Horthy, Miklós 41
Howard, Philip N. 211
Hughes, Christopher 113
Huntington, Samuel 207

Jackson, Andrew 110
Janukowytsch, Wiktor 182
Jefferson, Thomas 73
Joas, Hans 211

Johnson, Boris 49, 52
Jugurtha 183

Kaine, Timothy 89
Kant, Immanuel 22, 24, 42, 34, 127
Karl der Große 203
Kasich, John 55
Katsav, Mosche 84
Kelly, Megyn 84
Khan, Imran 111
Kierzenkowski, Rafal 208
Kim Jong-un 51, 55, 57, 60
Kirchner, Cristina 88
Kirchner, Néstor 88
Kissinger, Henry 15
Kohl, Helmut 151
Kukiz, Paweł 37, 111
Kurz, Sebastian 111
Kushner, Jared 182

La Rochefoucauld, François de 118
Lenin, Wladimir Iljitsch 187
Le Pen, Jean-Marie 71
Le Pen, Marine 70
Lewinsky, Monica 85
Leyen, Ursula von der 193
Lilla, Mark 87
Lim, Freddy 111
Lima, Leila de 34
Lincoln, Abraham 68, 73
Lindberg, Steffan I. 207
Lott, Trent 108–109
Lührmann, Anna 207
Lukaschenko, Alexander 193
Lula da Silva, Luis Inácio 99

Macron, Emmanuel 52, 71, 114, 152, 191, 204
Mair, Thomas 49
Malek, Martin 216
Manafort, Paul 182
Mandeville, Bernard 27
Mann, Thomas 133

Mao Zedong 179–180
Marcos, Ferdinand 182
Marx, Karl 26, 105, 127
May, Theresa 48, 52
McCain, John 54, 110, 113
McLuhan, Marshall 96, 115
Medwedew, Dmitri 189
Merkel, Angela 51, 167–168, 170
Metaxas, Eric 89
Milanovic, Branko, 207
Millbank, Adrienne 165
Mines, Keith 66
Mitterand, François 150
Mobutu Sese Seko 182
Montesquieu 22, 97
Moore, Michael 72–74, 84–85, 87, 92–93
Müller, Gerd 214
Murphy, Philip 168

Napoleon Bonaparte 42
Neef, Christian 216
Neuwirth, Thomas 189
Nietzsche, Friedrich 20, 105, 126, 133
Nixon, Richard 63

Obama, Barack 13, 56–57, 63, 70, 73, 87, 108, 113, 117, 176–177, 181, 183, 191, 194, 202, 216
O'Leary, Kevin 111
Orbán, Viktor 36–37
Orwell, George 104
Osborne, Michael A. 79
Otto der Große 203
Owen, David R. 207

Palin, Sarah 110, 180
Park Geun-hye 63
Perikles 169
Perry, William 195
Piłsudski, Jósef 41
Pinker, Steven 31–32, 83

Platon 111, 115, 121–125, 132–133
Plutarch 109
Postman, Neil 115
Priebus, Reince 59
Pruitt, Scott 50
Putin, Wladimir 51, 57, 60, 84–85, 114, 179, 182–183, 186–187, 189, 196

Rand, Ayn 107
Reagan, Ronald 63, 190
Renan, Ernest 93
Renzi, Matteo 46
Ricœur, Paul 71
Robespierre, Maximilien de 24
Roosevelt, Franklin Delano 73, 140
Roosevelt, Theodore 73
Rosenstock-Huessy, Eugen 25–26
Rosin, Hanna 83
Rosling, Hans 207
Rosling, Ola 207
Rosling Rönnlund, Anna 207
Rousseau, Jean-Jacques 127
Rubio, Marco 55, 85
Ryan, George 108
Ryan, Paul 107
Rzepliński, Andrzej 40

Sachs, Jeffrey D. 209, 215
Sagan, Scott D. 217
Sallust 215
Salvini, Matteo 111
Sanders, Bernie 55, 74, 88, 92–93
Santos, Juan Manuel 46
Savimbi, Jonas 182
Scaramucci, Anthony 59
Schirinowski, Wladimir 188
Schmidt, Helmut 150, 168
Schopenhauer, Arthur 81, 133
Schröder, Gerhard 168, 190
Schumpeter, Joseph 82
Schwarzenegger, Arnold 58

223

Seehofer, Horst 167
Selenskyj, Wolodymyr 111
Serdjukow, Anatoli 172
Skripal, Sergei 191
Smith, Adam 22, 27
Snyder, Timothy 212
Sophokles 159
Soros, George 117
Spencer, Jason 108
Spengler, Oswald 26, 125–128, 130, 216
Spicers, Sean 104
Stalin, Josef 187
Steele, Christopher 182
Stiglitz, Joseph 75–76
Suarez Müller, Fernando 211
Sullivan, Andrew 121
Szydło, Beata 38

Taper, Jake 53
Teasdale, Thomas W. 207
Thatcher, Margaret 47
Thukydides 136, 175–176
Tillerson, Rex 59
Trump, Donald 33–74, 81, 84–85, 87–94, 96, 98–99, 104, 109–111, 113, 116, 121, 135, 143–144, 167, 174, 178, 181–183, 189–191, 194, 197, 202, 211

Trump, Ivanka 57, 121
Tsipras, Alexis 154
Türcke, Christoph 119

Ventura, Jesse 74
Vermes, Timur 94
Vico, Giambattista 124–125, 130

Waltz, Kenneth 217
Wallace, George 69
Wang Yi 195
Wasserman Schultz, Debbie 74
Wesselnizkaja, Natalja 182
West, Kanye 110–111
Winkler, Heinrich August 14, 207
Wnendt, David 94
Wurst, Conchita s. Neuwirth, Thomas

Xi Jinping 57, 60, 175–176, 179, 181

Yeats, William Butler 134

Zijlstra, Halbe 187
Zoellick, Robert 176
Zhou Enlai 15
Zingales, Luigi 102
Zuckmayer, Carl 91, 134